国家出版基金项目
NATIONAL PUBLICATION FOUNDATION

浙江文化艺术发展基金资助项目
PROJECTS SUPPORTED BY ZHEJIANG CULTURE
AND ARTS DEVELOPMENT FUND

迈向共同富裕

理论、起点、目标和路径

第三卷·共同富裕的国际经验

刘　涛　等◎著

TOWARDS
COMMON PROSPERITY

THEORY, THRESHOLD, GOAL AND PATH

ZHEJIANG UNIVERSITY PRESS
浙江大学出版社
·杭州·

图书在版编目（CIP）数据

迈向共同富裕：理论、起点、目标和路径. 第三卷，
共同富裕的国际经验 / 刘涛等著. -- 杭州：浙江大学
出版社，2024.7. --ISBN 978-7-308-25307-9

I. F124.7

中国国家版本馆 CIP 数据核字第 202452C3M6 号

迈向共同富裕：理论、起点、目标和路径

李　实　何文炯　刘　涛　等著

策划编辑	张　琛　吴伟伟　陈佩钰
责任编辑	吴伟伟　陈逸行
责任校对	汪　潇
封面设计	雷建军
出版发行	浙江大学出版社
	（杭州市天目山路 148 号　邮政编码 310007）
	（网址：http://www.zjupress.com）
排　　版	浙江大千时代文化传媒有限公司
印　　刷	浙江新华数码印务有限公司
开　　本	710mm×1000mm　1/16
印　　张	57.25
字　　数	850 千
版 印 次	2024 年 7 月第 1 版　2024 年 7 月第 1 次印刷
书　　号	ISBN 978-7-308-25307-9
定　　价	298.00 元（共三卷）

前　言

　　2020 年是中国历史上不同寻常的一年。在这一年，中国完成了两大历史使命，一是消除了长期困扰中华民族的绝对贫困问题，二是实现了全面建成小康社会的目标。这一年召开的党的十九届五中全会审议通过了《中共中央关于制定国民经济和社会发展第十四个五年规划和二〇三五年远景目标的建议》，开启了全面建设社会主义现代化国家新征程，提出到 2035 年"全体人民共同富裕取得更为明显的实质性进展"，到 2050 年"基本实现共同富裕"的中长期发展目标。这意味着，在未来 30 年中，中国将会不断推进共同富裕，一方面坚持高质量发展，继续做大"蛋糕"，提高人民的富裕程度，先是赶上中等发达国家，然后赶上发达国家；另一方面更加重视社会公平原则，最大限度地实现发展成果的共享，合理分好"蛋糕"，缩小城乡和地区差距，缩小收入和财产分配差距，实现基本公共服务均等化。党的二十大报告系统阐述了"中国式现代化"的新概念，进一步指出中国式现代化的五大特征，其中之一是全体人民共同富裕。共同富裕的重要性得到进一步提升：没有共同富裕就不可能实现中国式现代化。

　　共同富裕是自古以来人类的共同理想和美好追求。人类社会采取了不同的方式平衡公平与效率、发展与共享。中国共产党人高举共同富裕的旗帜，力图走出一条有中国特色的实现共同富裕的道路。正如中国式现代化不同于其他国家的现代化模式一样，中国的共同富裕道路也具有显著的自

1

身特点。中国的共同富裕具有两大特征：一是全体人民的高水平的富裕，二是人与人之间的高度共享。两大特征的有机统一就是，全体人民都能过上富足的物质生活和精神生活，共同进入富裕社会，实现人类社会的终极发展目标——实现人自由而全面的发展。

然而，我们要充分认识到实现共同富裕的长期性、艰巨性和复杂性。特别对于中国这样一个发展中国家来说，推进共同富裕比起许多发达国家需要更长的时间，要面临更多的挑战和困难，需要付出更多的努力，更需要具备坚定的信心和卓越的智慧。历史的经验告诉我们，只是拥有共同富裕的理念是不够的，还需要对共同富裕的有关理论进行深入研究，对推进共同富裕的实践进行反复探讨和细致论证，坚持理论创新、制度创新、实践创新、文化创新，才能够逐步形成一套丰富的有中国特色的共同富裕理论和行之有效的推进共同富裕的行动方案。

2021 年 5 月，《中共中央 国务院关于支持浙江高质量发展建设共同富裕示范区的意见》印发。近几年来，浙江省积极探索推进共同富裕的目标和实现路径，出台了一套较为完整的行动方案，鼓励市县区域结合自身特点，采取实际行动，扎实推进共同富裕。浙江省本着实事求是和在实践中不断创新的原则，在推进共同富裕方面已取得明显的进展，积累了一些值得总结的经验。

研究共同富裕不能"闭门造车"，要有开阔的眼界、全球的视野，学习和借鉴别国的经验，吸取他国的教训，才能准确理解中国特色的共同富裕的目标和实现路径。在平衡发展与共享、效率与公平等问题上，一些国家有独特的做法，也有一些值得中国学习的经验。学习他国经验并不意味着全盘照搬，还是要结合中国自身的国情和发展阶段加以吸收和借鉴。这样做的前提是要全面了解这些国家的做法，并在此基础上进行分析和研究。

浙江大学共享与发展研究院成立于 2021 年 6 月，旨在持续深入地研究中国特色的共同富裕理论，密切关注浙江和全国的共同富裕进程，通过高水平研究成果为国家实现共同富裕贡献智慧和力量。这正是研究院的根本宗旨,更是研究院的初心所在。研究院自成立以来,在组织实施持续性基础理论研究的同时,开展了一系列深入的调查研究,与有关各方建立了稳定的合作机制,研究成果直接服务于中央有关部门的政策制定,服务于浙江省高质量发展建设共同富裕示范区的制度设计,服务于社会公众对共同富裕的认知和关切。正是出于这份初心,研究院在成立之初设立"共同富裕研究课题",对共同富裕的理论、浙江建设高质量发展共同富裕示范区的经验、推进共同富裕的国际经验进行持续研究,取得了一些研究成果。这些研究成果构成了本书的基本内容。

本书共有三卷。第一卷对共同富裕的理论、目标、实现路径等重大主题进行探讨。从共同富裕的基本内涵出发,对当前推进共同富裕面对的挑战和困难进行分析和论证,提出缩小城乡差距、地区差距和收入差距,实现高水平基本公共服务均等化的制度优化和政策措施。第二卷重点论述和总结浙江省自改革开放以来,特别是近几年建设共同富裕示范区过程中实施的重大改革举措和取得的初步经验。该卷在系统回顾共同富裕浙江实践探索的基础上,细致论述了浙江省在促进经济高质量发展、居民就业增收、城乡融合发展、区域协调发展、保障和改善民生、实施面向外来人口的包容性政策、促进精神生活共同富裕等方面的具体经验,也指出了存在的不足和进一步改进的建议。第三卷对发达国家现代化建设进程中在处理公平与效率、发展与共享、做大"蛋糕"与分好"蛋糕"的关系方面取得的经验和教训进行了回顾与总结。中国式现代化并非孤立于世界之外的、偏居一隅的独自发展,借鉴域外经验并将其本土化始终是我国现代化发展进程中的重要方法与路径。虽然"共同富裕"作为一个特定的表述来自我国的政治体系,属于中国"首创"的原生性概念,但是在人类历史发展的长河中,从来都不乏关于普遍性福利及普遍性繁荣的讨论,尤其是在第二次世界大战后,关于普遍性富足和全民福利的概念已经沉淀为多数西方国家的普遍性制度安排,因此我们有必要从国别的角度来梳理发达国家所积累沉淀的历史经验和历史教训,为我国设立共同富裕的目标、体制、机制和实现路径提供借鉴和帮助。

本书由李实、何文炯、刘涛共同负责全书的总体框架设计，三人分别担任第一卷、第二卷和第三卷的主编，负责相应章节的设计、组稿和统稿工作。第一卷的各章作者分别是李实、朱梦冰（第一章），李实（第二章），李实、詹鹏、陶彦君（第三章），杨修娜、李实（第四章），茅锐（第五章），杨一心（第六章），何文炯（第七章），张翔、孙源（第八章），刘晓婷（第九章），马高明（第十章）。第二卷的各章作者分别是刘培林、辛越优（第一章），郭继强、李新恒（第二章），张海峰（第三章），史新杰、吴宇哲（第四章），刘来泽（第五章），何文炯（第六章），杨一心（第七章），董扣艳（第八章）。为该卷写作做出贡献的还有姚引妹、蒋潮鑫、王中汉、陈鹏举、郭瑞恬、潘绘羽、许智钇、张世艳、曾培等。第三卷的各章作者分别是刘涛（第一章、第二章），王滢淇、刘涛（第三章），王滢淇（第四章），李秋璇、孟小秋、刘涛（第五章），陶彦君（第六章），刘木兰、刘涛（第七章），朱梓媛、刘涛（第八章），刘涛（第九章）。

在过去两年中，学术界对共同富裕进行了广泛的研究和较为深入的讨论，将共同富裕的研究推向了一个新的高度。本书作者也以各种方式参加国内外的学术研讨会和活动，与国内外专家进行交流与讨论，获得许多有益的启示和建议。本书的研究成果部分来自作者们的长期学术积累和课题研究，这些研究课题得到了中央和浙江省政府部门、相关基金会和社会组织特别是浙江大学相关机构的资助和支持。在本书付梓之际，我们特别感谢全国哲学社会科学工作办公室、国家自然科学基金、国家发展和改革委员会、财政部、中央农村工作领导小组办公室、国家高端智库、浙江省委、浙江省人民政府、浙江省委政策研究室、浙江省发展和改革委员会、浙江省社会科学界联合会和有关部门的信任、帮助和支持，感谢浙江大学领导，浙江大学社会科学研究院、公共管理学院和经济学院的大力支持，感谢课题组全体成员的辛勤劳动和卓有成效的工作，感谢浙江大学出版社为本书出版提供的优质服务。

李　实　何文炯　刘　涛
2023 年晚秋于杭州

目　录

第一章　西方社会不同时代对"共同富裕"的表达

虽然在西方历史上并没有直接出现"共同富裕"这一词语和概念，但古今中外关于家家殷实、人人富足和普遍繁荣的思潮一直未曾中断。因此"共同富裕"的思想观和世界观具有深厚的历史积淀和文化渊源，我们所言及的国际视野下的"共同富裕"也需要对历史上的文化思潮和文化积淀做细致的梳理。

本章首先介绍西方思想史上一些哲学家、思想家和政治学家关于"共同富裕"的思考和论述，特别聚焦柏拉图"理想国"、托马斯·莫尔"乌托邦"和罗伯特·欧文的"空想社会主义"概念等所包含的早期关于"共同富裕"的思想。在此基础之上，本章将重点介绍西方福利国家的源流和制度安排，以及西方福利国家模式是如何在二战后促进西方形成普遍繁荣和大众富裕型社会的，同时将介绍自20世纪90年代以来西方国家面临的重大改革与变迁，特别介绍了后福利国家时代社会投资型国家、能力促进型国家和发展型社会政策如何改变和塑造了西方社会内部分配与再分配结构，也将讨论后福利主义时代西方社会在"共同富裕"的道路上发生了哪些显著的变化。除了重点介绍福利国家与后福利国家对于西方普遍繁荣格局形成的影响，本章也将介绍西方资本主义经济体中的不同模式，主要的焦点是英美盎格鲁-撒克逊的高流动金融资本主义模式和西欧莱茵资本主义模式是如何影响社会财富的分配格局的，对这几种资本主义模式对于社会共同富裕程度的正面影响及负面影响等进行比较研究。在历史缘起的情境化讨论和思想理念梳理的基础之上，本章将建构概念和理论框架，特别是将详细阐释"共同富裕"所包含的规范基础、思想理念基础和制度基础，这也将构成本卷的思想总纲和理论基础。

第一节　古代思想界关于"共同富裕"的理想

在西方思想起源地古希腊，关于未来人类理想社会的发展与设想成为早期古希腊哲学家讨论的重要话题，定居于古希腊城邦的柏拉图设计出了他心目中关于人类社会的理想形态，他称这样的社会为"理想国"。在柏拉图所著的《理想国》一书中，柏拉图以哲人间对话的形式言及理想国中的政治经济制度、军事制度、社会制度、家庭生活和社区生活等。对于"理想国"中社会财富的分配与再分配等，柏拉图也进行了面向未来的描述性"刻画"，在这样的图谱刻画中，古希腊的哲学家和先贤产生了早期关于"共同富裕"思想的萌芽和关于人人富足型社会的思考。柏拉图认为，在一个理想的城邦国家中，应当有一条坚固的社会纽带，这样的社会纽带将团结和联系着城邦中的每一位公民。在《理想国》第四卷的文书中，柏拉图设想的理想的城邦国家是这样的："当前我认为我们的首要任务乃是铸造出一个幸福国家的模型来，但不是支离破碎地铸造一个为了少数人幸福的国家，而是铸造一个整体的幸福国家。"①在柏拉图看来，社会各个阶层所构成的全国人民就好像人的身体一样，只有身体的各个部分尽责尽职地发挥着其应有的功能和作用，整个身体才可能得到幸福和愉悦。从这个意义上而言，各个阶层例如农民、陶工和政治及法律的守卫者不能放纵自己的生活，而是应当成为善尽其责的城邦公民，那么整个国家将得到和谐发展，而在此基础上，城邦的各个

---

① 柏拉图.理想国[M].郭斌和，张竹明，译.北京：商务印书馆，1986：135.

阶层才能得到属于他们的那一份幸福。① 在这里,柏拉图对未来理想社会的设想非常符合我们所说的"共同富裕型社会"的特征,也就是一个整体幸福和全民幸福的社会,也是一个各个阶层恪尽职守、履行城邦公民职责的社会。在这样的国家中,和谐发展和各个阶层的幸福成为一个理想社会所应有的形态。

那么在柏拉图的未来理想蓝图中,这个"全民幸福"的国家究竟应该是怎样的呢? 其基本运行方式和逻辑原则应该是怎样的呢? 柏拉图在其名著《理想国》的第五卷中提供了更多、更细致的阐释。在这一卷中,柏拉图采用了苏格拉底与格劳孔对话的形式展现了其特有的与共同富裕相关联的世界观。在两人的对话中,苏格拉底表示,在城邦国家中,如果能做到全体公民对于不同生活境遇"万家同欢万家同悲",那么这个国家就具有较强的联系纽带;而在同一国家,如果人们经历各种境遇却悲喜不同,也就是国民之间不再同甘共苦时,这个城邦国家团结的纽带就中断了。② 在这里,柏拉图利用苏格拉底和格劳孔二人的对话对其所运用的"人体"修辞和寓意做了进一步发挥。他借用苏格拉底的论述表示,当一个国家像"人"的时候是管理得最好的,身体中某一部分,例如手指的疼痛就会让全身感到疼痛,而同理,一个人的痛苦也会让城邦作为一个整体感受到,而一个管理得良好的国家就是各个部分相互关联、共享痛苦和快乐的有机体。柏拉图借用苏格拉底的话说,"那么,任何一个公民有时有好的遭遇,有时有坏的遭遇,这种国家很可能会说,受苦的总是国家自己的一个部分,有福应该同享,有难应该同当",一个管理得很好的国家必须是这样的。③ 这里的理想国很符合我们中文语境中的"同甘苦、共患难",一个国家如能做到这样,就符合了柏拉图心目中的"善治"。

而在一个理想形态的城邦国家中,人民应当成为城邦的公民,他们是城

---

① 柏拉图. 理想国[M].郭斌和,张竹明,译. 北京:商务印书馆,1986:135-136.
② 柏拉图. 理想国[M].郭斌和,张竹明,译. 北京:商务印书馆,1986:199.
③ 柏拉图. 理想国[M].郭斌和,张竹明,译. 北京:商务印书馆,1986:200.

邦的纳税者和供应者，而政府管理人员则在平民国家被称呼为"治理者"，因此城邦公民以税收供养了治理者，而城邦的首脑则应该善尽其管理职责，守护城邦内部的公民。无论是城邦公民还是城邦治理人员，所有人民构成一个彼此相连的共同体，各部分之间苦乐同感、息息相关，共同体中大家要有同一行动目标，要尽量做到团结一致、甘苦与共。在这样的共同体中，城邦的护卫者将摆脱一些琐事，例如奉承富人、忧愁日常生活、借债还债等，城邦护卫者获得的报酬从国家而得，他们的儿女也都是由公家来供养，他们所需要的一切皆由公家配给，"活着为全国公民所敬重，死后受哀荣备至的葬礼"[①]，而护卫者应当成为名副其实的护卫者，尽可能使国家作为一个整体得到幸福，而不是只为某一个阶级考虑，只使一个阶级得到幸福。[②] 在这里，柏拉图对城邦护卫者的描述与定义类似于现代国家的公务员体系，公务员受到人民税收体系的供养，同时必须履行其为全体人民服务的神圣职责，谋求全体国民的福祉。

柏拉图关于理想国的构想提供了人类社会早期关于共同富裕的初步哲思和理想主义方案。柏拉图从整体主义角度将国家隐喻为一个以社会纽带为基础的紧密相连的有机体，而关于身体的隐喻则生动形象地阐释了社会各个群体之间的关系以及部分与整体的关系：只有当身体的每个部分都幸福，整个身体才会感到幸福；而每一部分的苦痛也必然反映到整个身体的感知和感觉体系上。通过这样隐喻的修辞方式，柏拉图将全民幸福——也就是早期人类社会对于"共同富裕"的理解——显现出来了，在这样的世界观中，所有人的幸福构成了整个城邦国家的幸福，各阶层国民与城邦国家是部分与整体的关系。同时，柏拉图的理想国方案中也包含着早期哲学家关于国家与社会关系的思考，柏拉图阐释了城邦治理者和城邦公民的关系，也就是只有在一个合理统治的政体结构中（其包含了公务体系和城邦公民的权利义务体系等），才能实现一种有利于城邦全面幸福的合理发展模式。

---

① 柏拉图. 理想国[M].郭斌和，张竹明，译. 北京：商务印书馆，1986：205.
② 柏拉图. 理想国[M].郭斌和，张竹明，译. 北京：商务印书馆，1986：205.

如果说柏拉图的理想国体现了人类社会早期对于共同富裕社会的一种朦胧的想象，那么生活在 15 世纪和 16 世纪之交的托马斯·莫尔则将未来社会关于共同富裕的思考又推进了一步。在莫尔生活的时代，欧洲刚刚结束黑死病带来的瘟疫，人文主义思潮正在疫情后的欧洲大陆全面复兴，同时新兴的市民阶级特别是资产阶级正蓄势待发，即将走上历史舞台。在这样的历史时代，欧洲一方面经历着恢复性的生产力增长和经济及社会生活水平的提高，另一方面社会的贫富分化也初现端倪。莫尔在这个时代提出了他关于乌托邦的构想，也显示了其对未来人类社会发展的思考。莫尔的《乌托邦》一书中包含了他关于社会"共同富裕"的一些思考和想法，与柏拉图时代相比，莫尔笔下的乌托邦将人类社会对于共同富裕的想象又向前推进了一步。

在莫尔笔下的乌托邦中，乌托邦人对于人类幸福有着其独到的理解，他们认为，人类的幸福不是每一种快乐的总和，只有正当高尚的快乐才是人类幸福的真正源泉，而这样一种涉及人类的快乐应当是符合自然的生活，具体而言就是要服从理性的吩咐、遵循自然的指导。在乌托邦的国度，人们不仅要遵从私人之间的合约，也要遵从国家关于物质财富分配的公共法令。如果取去自己的部分所有转让给他人，而这样的财富转移又符合人道主义理念和仁慈的意义，同时因转移而获得的实质回报是大于施给的实惠的，那么这样的行为就是有益的。[①] 莫尔在《乌托邦》一书中这样论述道："当我们回忆起从我们得过好处的人对我们怀有友爱及善意，我们心头所产生的愉快，远非我们放弃了的肉体愉快所能比得上。……因此，乌托邦人经过对这个问题的认真的考虑和权衡，主张我们的全部行为，包括甚至道德行为，最后都是把快乐当做目标和幸福。"[②]莫尔同时提到，乌托邦的居民不仅追求肉体上和物质上的幸福愉悦，也特别注意精神层面的幸福与提高，包括学术活动和智力探讨等，在精神层面不断提升乌托邦公民的理想境界，乌托邦国民充

---

① 莫尔. 乌托邦[M]. 戴镏龄，译. 北京：商务印书馆，1982：74.
② 莫尔. 乌托邦[M]. 戴镏龄，译. 北京：商务印书馆，1982：74.

满着对未来幸福生活的热切期盼。此外，乌托邦国民也特别注重身体健康，健康的身体是幸福生活之源泉和根本，而失去健康的身体也就失去了快乐愉悦的生活。与其他国家相比，乌托邦的国民体格健壮、生病最少，具备一套基于怜悯心和仁慈心的病人照料体系，病人都将得到妥善的照料与护理。①

与柏拉图的理想国相比，莫尔笔下的乌托邦的设想及方案变得更加清晰了。例如莫尔从信仰理念出发开始构建人道主义的观念，这与那个时代欧洲人文主义复苏和高扬个人的价值和尊严紧密相关。在人道主义这面旗帜下，莫尔开始阐释通过国家的力量来转移财富，从而使得社会总收益超过了（财富转移过程中的）总损失。从这个角度而言，国家的财富转移政策是符合社会公共利益的，也是符合社会整体预期的。在这里，莫尔事实上已经尝试为后来国家的再分配机制构建一个合理化的规范性框架。虽然没有明言"再分配"一词，但是莫尔的思想已经包含了中世纪哲学家关于再分配思想的萌芽。此外，莫尔已经开始注意到物质富裕和精神富足之间的区别，认为在物质丰裕之外存在着一种单独的精神和智力层面的追求与成长，将对于精神领域的追求和知识增长看作是乌托邦国民圆满和愉悦生活的一部分。这实际上反映了富裕所包含的两个不同层面：一是物质领域的富裕；二是非物质领域，也即精神文化领域的富裕。在莫尔塑造的这个"完美社会"中，其设想还具体包含了身体健康、疾病治疗等层面，甚至还包含了社会的照护体系。关于"共同富裕"的设想及图景变得逐步清晰起来，这些图景构成了关于"共同富裕"的初期轮廓。

如果说莫尔的乌托邦勾勒出了人类"理想社会"的初步轮廓，那么空想社会主义者则将其观点和论述更进一步具体化，形成更加具体的制度方案。考虑到罗伯特·欧文是空想社会主义理论的集大成者，所以这里重点介绍一些他在这方面的思考、论述和具体方案。

---

① 莫尔.乌托邦[M].戴镏龄,译.北京:商务印书馆,1982:77,78,81,86.

　　欧文生活的年代与莫尔生活的时代已经有很大的不同。如果说在莫尔生活的时代,资产阶级作为一个新兴阶级蓄势待发,即将登上世界历史舞台,那么欧文所处的时代则是早期资本主义和工业化狂飙突进的大发展时代,资本主义经济的迅速发展和资本主义世界市场的形成成为这一时代的重要表征。马克思认为,资产阶级在不到一百年的时间内所创造的财富超过了人类历史上一切阶段的总和。工业机器、新技术进步和资本主义工业化大生产彻底改变了我们这个星球的面貌,带来了物质财富的极大增加,同时也导致了一个赤贫的无产阶级在西方主要资本主义国家的形成,贫富两极分化成为严重的社会问题。巨大生产力所形成的新财富和分配的严重不均等所构成的双重悖论既冲击着社会的稳定,又拷问着哲学家和思想家的灵魂。怎样的社会才是一个向善的社会、理性的社会? 怎样的社会才是一个公平正义的理想社会? 这些问题横亘在那个时代的哲学家和早期社会主义思想家的脑海里。

　　欧文在其丰富的论述中形成了他关于人类"共同富裕"的思想,他对于未来社会的思考和想象是建立在对他生活的那个时代的资本主义社会的批判和反省思考的基础之上的。他认为,尽管人类社会充满了财富,但到处都是困难深重的场景。劳动者虽然辛勤劳动却依然食不果腹,强者的占有和支配欲望以及强者对弱者肆无忌惮的剥削成为社会动荡的肇因,社会由于贫困和极度的道德败坏存在着解体的可能。如果任由这种趋势持续发展下去,那么贫困阶级必将用暴力推翻现存制度。而与以前的思想家和哲学家所不同的是,欧文更加从制度化层面来总结和反思社会的弊端,这种社会制度归因的形式成为欧文早期空想社会主义思想的重要特征。在欧文看来,私有制度、财产的私人占有及公共财产的私人垄断是这个社会产生苦难和压迫的主要根源,而任何社会变革都必须从这个角度来阐释和思考。在这里,欧文对于社会困难和不平等的根源的认识开始上升到制度层面。

　　欧文认为,要迈向一个人人幸福的社会,需要建立一个全新的社会,一个按照公共利益和大众需求而重新组织起来的公社,这个新社会的主要目标是促进一种新人的产生。欧文认为，在这样的公社组成的社会中，应当分阶段完成改造人类的目标。第一步是要对人民大众进行启蒙工作，使人们的行为理性，培养他们的文明新性格，而其中教育将发挥重要的改变人类心性、增加人的知识和锤炼人的心灵的重要作用。[①] 欧文认为，在新的公有形态的社会制度下，人人都可以接受良好的教育，人人都可以获得真知，同时为消灭一切恶劣条件做出自身的贡献。而由于每个人都受到体智德行方面的完善教育，因此人们可以运用知识来源源不断地创造物质财富，直至物质财富超越人们的物质和健康需求，这样就为人类进入下一个文明阶段确立了新物质基础。[②] 在人类物质财富达到富足有余的基础之上，欧文认为社会成员可以运用多余的时间和精力，在有余的财力和时间许可的范围之内永无止境地改善生活条件。为了创造人人幸福的社会，社会上再无有闲人群和有闲阶级，每位社会成员都是社会财富的创造者，不事生产的食利阶层将完全消失。

欧文用新村和新环境来描述他心目中的理想社会，在新村这样的新社会组织结构范围之内，人类财产公有得以实现，主要生产资料和物质资料也归新村所有，每个新村居民既是劳动付出者，也是新村公共产品的享有者。在新村的范围内，过去人类社会的少数人占有多数资源和食利阶层的现象将彻底消失，每位新村居民都是自己和新社会环境的主宰。新村也将根据

---

① 欧文. 欧文选集：第二卷[M]. 2版. 柯象峰，何光来，秦果显，译. 北京：商务印书馆，1981：30-31.

② 在这里，欧文的思想中有一个与现代社会不太一样的观点，欧文整体而言排斥及反对19世纪英国所推广的济贫性质的社会救助制度，也反对富裕阶级和教会等组织的慈善活动，他认为国家的救助和社会慈善组织的善举非但无助于改变穷困群体的境遇，反而使得贫困群体因过分依赖外来力量的援助而走向堕落。而贫困家庭的子女也将效法他们贫困父母不负责任的行为而延续这些恶劣及有害的习惯，从而使得贫困和不负责任的行为世代延续下去。他甚至认为，失业的劳动阶级由富人和有产者来供养也是有违社会道德和公益的，因此这样发展下去的必然结果是愚昧和懒惰所合力产生的恶习。欧文批评道：他们（失业的劳动阶级）和正式的贫民混在一起，变成社会的赘瘤。欧文认为，帮助穷人的最好方式是教育，同时为有劳动能力的贫民和失业者提供适当的劳动指引，特别要注重消除贫困背后的社会环境因素及其所构成的社会诱因。参见欧文. 欧文选集：第一卷[M]. 2版. 柯象峰，何光来，秦果显，译. 北京：商务印书馆，1979：182-187。

另参见欧文. 欧文选集：第一卷[M]. 2版. 柯象峰，何光来，秦果显，译. 北京：商务印书馆，1979：300-304。从欧文对于社会救济、社会救助和失业者生活保障的基本态度来看，欧文世界观中具有工作福利以及反对非缴费型社会福利待遇的倾向。

每个人的境遇和生活现状将其分为不同的阶级,一些贫困的儿童和无家可归的失业者等都将得到妥善的安排与照顾,而有劳动能力的贫民则将被组织起来从事对新村有意义的工作,领取教区社会救济的唯一目的就是能够成为自立以及能够独立生活劳作的新村居民。而一般的劳动者则组成独立的协作社,在协作社范围内完成自己的工作。在新村的范围内,人们都尽情地享受身心自由,而不再忍受身心的奴役,成千上万心性善良和相互关爱的人将组织在一起,大家彼此相爱、团结一致,利益也高度契合,总体而言,新村是一个自利且利他的全新社会。①

欧文将其心目中的理想社会也即新村与他生活的工业城市做了比较,在居住条件、经济生活、环境质量、组织和生活方式、公共福利和社会照护等领域,新村都呈现出了与工业城市完全不同的特征。与工业城市恶劣的居住条件和日趋恶化的环境不同的是,新村的居民居住在一个宽广的、四方形的环境里,一切生活设备皆齐全。在这四方形的居住区构成的新村环境里,林荫大道和花草树木贯穿着整个居住区,四周则布满了精耕细作的良田,新村居民天天呼吸着新鲜空气。在新村的环境中,人人都丰衣足食,享受丰裕富足的生活条件,父母也不再为子女的衣食住行等忧虑不堪,人们也不再担心因为失去工作而中断生计。由于实施的是公社制,公社作为集体出面采购满足众多人生活需求的生产资料和生活资料等,这些生产及生活资料物美价廉,完全可以满足所有人的生活需求,而公社也将以公用食堂的形式为新村居民提供美餐佳肴,多数新村居民可以从日常(备餐)和其他家庭杂务中解放出来。② 新村的工作小时数每日不超过八小时,而且是在愉快健康的环境下完成工作。新村也不再有贫困居民,因为每位新村居民都储存有丰富的物品,病危伤残者将在新村中得到无微不至的照顾,儿童也享有各式的保障,孤儿也得到很好的照护,新村居民的孩子个个健康。新村特别注重儿

---

① 欧文. 欧文选集:第一卷[M].2版.柯象峰,何光来,秦果显,译.北京:商务印书馆,1979:278-281.

② 欧文. 欧文选集:第一卷[M].2版.柯象峰,何光来,秦果显,译.北京:商务印书馆,1979:230-231.

童教育,所有儿童都将接受良好的教育,他们会循序渐进地学习农艺、手工艺、园艺和其他与生活技能相关的技能,良好的与职业相关联的教育可以保证每位儿童成为新村公民的贡献者和物质财富的创造者。与工业城市的犯罪、贫穷和困难相比,新村是一个充满幸福、善行和睿智的场所。①

欧文对未来社会的划分也有自己的思考,为了消除阶级藩篱带来的社会不平等,为了建立一个合乎自然、合乎理性的新社会,为了未来的社会不再是仅仅符合某个阶级的利益,而是符合人类的普遍性共同利益,新村对于社会的划分应该是基于年龄的划分。根据欧文对于理想社会的规划,新村居民按照年龄划分为不同的组别,例如从 0 岁到 30 岁可以按五年一组分为六组,每一组都享受着新村所给予的全面丰富的照护和供养,接受着良好的教育,孩童可以按照其自然天性得到全面发展和正确及合理思想的熏陶。随着孩童年龄的增长,他们在第二个和第三个组别中也开始承担一些义务,例如协助成人管理家庭花园等。在之后的组别中,每一个根据年龄划分的组别都将随着年龄、见识、知识和智力的增长而担负不同的责任、承担不同的工作,例如负责财富的生产、分管与分配,承担一定的教育职责,担任领导者和管理人员,维护家庭和新村的内部管理秩序、保持社会平衡,等等。②

可以看出,早期思想家和哲学家对于人类理想的社会形态做出了初步思考,这些哲学思想和理念也构成了早期思想家对于"共同富裕"的认知想象和认知谱系。从柏拉图到莫尔再到欧文,他们在有一些相同的理念背景的同时,也存在一些差异。总体而言,古希腊哲学时期关于共同富裕的思考是人类早期社会特别是古代社会对于未来理想社会形态的泛化思考。哲学家柏拉图主要从规范理念和伦理道德的层面来思考共同富裕,其所展示的对于未来理想社会的规划多属于"应然"层面,也就是关注"未来社会应该是怎样的"这一思想哲学和道德问题。在这里柏拉图阐述了其朴素的普遍主

① 欧文. 欧文选集:第一卷[M]. 2 版. 柯象峰,何光来,秦果显,译. 北京:商务印书馆,1979:232-234.

② 欧文. 欧文选集:第二卷[M]. 2 版. 柯象峰,何光来,秦果显,译. 北京:商务印书馆,1981:33-49.

义思想理念,如果城邦国家的居民乃至于更大范围的城邦公民如同身体各部分一样是紧密联系在一起的,那每一部分的幸福和困难都将外溢成为一个整体的感受,这里每个人的幸福乃至于所有人的幸福如同涓涓细流汇集成为全体的幸福,个体的"喜"与"悲"牵一发而动全身。如果说,柏拉图的哲学思考还是更多地集中于理念规范层面,那么莫尔对于共同富裕的关注则在延续规范及理念领域的属性时更多地集中于制度性思考和制度安排层面。莫尔已经开始思考人类社会的一些制度存在的普遍弊端和漏洞,形成了其对于"共同富裕"的具体制度设计的一些思考。例如,莫尔开始思考一种制度化的财富分配方式来缩小社会面临的贫富差距,提出财富划拨及转移应当有利于多数人利益的观点。莫尔关于"共同富裕"的论述将此理想推向了制度化设计和安排的层面,形成了中世纪时期关于社会再分配的初步思考。莫尔笔下的乌托邦从其本质而言就是一个人人幸福、人人向善的社会。莫尔还在那个时代就已经注意到了物质富足和精神富裕不是一回事,应当加以区别,这些都体现了莫尔的远见。而欧文则在延续了规范性基础和制度性改革的基础之上,将他心目中理想的社会形态推进到了实际操作和具体运行的层面,他所构建的未来理想社会的蓝图浓缩在他关于"新村"的架构和设计之中。欧文的新村实质上也是一个彻底实现人类幸福的新型社会形态,与早期的哲学先贤相比,欧文将新村的实践从城邦的居民扩展到可能涵盖整个人类社会的新据点和新空间[①],这是对早期哲学家"城邦国家方案"的超越。而与莫尔相比,欧文的新村在实现"共同富裕"的设想上走得更远更彻底,也对未来公共政策和社会政策做了更加具体的设计。他对未来社会的改造涉及居住空间、住房政策、居住政策、食品供给、儿童照护、儿童和青少年教育、职业教育及培训、老年人照料护理等诸多领域,涉及我们现在讨论的共同富裕的方方面面,也包含了初次分配和再分配的初步构想。

---

　　①　从这个意义上来说,欧文在英格兰克莱德河谷着手建立的新村相当于一个更大范围制度变革实施前的试点,而试点本身则包含着人类普遍主义的价值及目标,也就是要在全世界逐步实现和推广新村的蓝图与方案。

可以说，从柏拉图的"理想国"到欧文的"新村"，就是一个将理想转化为实践蓝图的过程。欧文对于如何实现人人幸福做出了更多的实践设计和政策设计。尽管受到时代的限制，他的计划和蓝图还没有渠道得以真正地实现，但是细节的描述和设计让欧文的理想很像一部现代社会的法典，而这部法典事无巨细地规定了社会各个层面应当怎样操作才能让所有人不被落下。在这一过程中，"共同富裕"也逐渐从哲学理念转化成为社会实践方案。

第二节　福利国家和后福利国家时代的"共同富裕"

一、福利国家发展模式及其对社会的影响

"福利国家"一词最早出现在 18 世纪德国的一些封建邦国，在当时的开明专制时代，君主和封建主认为自己虽拥有无限权力，但这样的无节制权力必须与促进下属的福利和福祉联系起来。封建统治者行使权力的合法性应基于提供福利和扮演好"警察"的角色。19 世纪，德国各封建邦国出现了"君主专制福利国家"（Tönnies，1914）组合概念。那个时代的福利国家带有父权主义色彩，认为一个好的君主应当关心臣民和下属福利，"福利国家"概念与"警察国家"密切关联，"福利专制主义"成为国家管理和控制社会的一种方式。这与我们今天所熟悉的福利国家范式具有较大的距离。

现代意义上的福利国家与现代社会保障制度的形成、发展密切关联，福利国家形成于西方社会工业化、现代化和民族国家构建这一漫长的历史进程之中。关于具有现代性的、国家立法组织经办的社会保障制度究竟首先产生于哪一个国家，说法不一。如果将以欧美为主的西方社会作为一个整体来对待，那么现代社会保障制度的渊源有三个：一是 17 世纪初英国王室通过的《伊丽莎白济贫法》，国家向底层的城市贫民提供一定的现金救济和住房支持，这是国际公认的现代社会救助制度的最初来源。二是 1865 年美国在南北战争结束后实施的针对军人及军属的社会保障制度，包括针对阵

亡士兵家庭和家属的抚恤津贴制度等。这些制度措施开启了军人社会保障制度的先河。三是对于现代社会保障制度产生最具影响力的无疑是德国。19世纪末期，德意志帝国在著名的铁血宰相俾斯麦的推动下，建立了世界上最早的社会保险制度，包括医疗保险制度、工伤事故保险制度以及残疾人与老年人保险制度。德国对于现代社会保障制度，特别是社会保险制度在全世界的辐射扩散具有举足轻重的作用（Liu，2018）。以上三种社会保障制度的来源实际上反映了这一制度建立和"撑开"的三种方式，福利国家正是在现代社会保障制度的持续推动下逐步形成了自身的制度框架。

作为一种定型的制度类型，福利国家的诞生与第二次世界大战密不可分。世界大战残酷的后果和对人类尊严的践踏，使得普遍性的人道观念和福祉观念在战争末期成为世界性诉求。在世界福利史上具有重要地位的英国，于二战末期提出战后建立福利国家（welfare state）的目标。在英国福利经济学家威廉·贝弗里奇的推动下，英国政府于1942年通过了《贝弗里奇报告》，确立了二战后英国消灭贫困，建立全面社会保障制度，促进老人、儿童和家庭福利等多样化目标。《贝弗里奇报告》标志着英国向普遍性社会保障制度和普惠式福利国家迈出了重要一步（汪行福，2003）。二战后，英国著名社会学家托马斯·汉弗莱·马歇尔提出了社会公民权理论学说，认为继民事权利、政治权利之后，社会权利构成了福利国家的核心（Marshall，1950）。从此，现代福利国家与古典专制时代的福利国家产生了根本区别，古典时代福利国家映射出的是君主对于臣属的恩典和庇护，而现代福利国家及其构筑的综合社会保障网络是公民社会权利的一部分。从这个意义上来说，福利待遇是宪法赋予现代公民的基本权利。这反映了从中世纪到现代西方世界国家与社会关系的巨大转变。正是基于此，德国社会学家弗兰茨-克萨韦尔·考夫曼认为，福利国家是建立在现代合法性基础上的一种制度形态，国家通过宪法和法律的形式明确了国家对于公民福利和福祉的基本责任（考夫曼，2004）。德国社会学家沃尔夫冈·查普夫更进一步指出，福利国家已经构成现代西方社会基本制度的一部分，福利国家与市场经济、民主政治并举,成为西方现代化制度的核心制度安排(Zapf,1994)。

对于福利国家研究贡献最为卓越的学者当属丹麦裔西班牙巴塞罗那大学教授考斯塔·艾斯平-安德森。艾斯平-安德森对于福利资本主义的三个世界的研究使其成为福利国家研究领域最为知名的学者之一,其所建构的三种福利国家模式对于后世认识和理解福利国家产生了重要作用(艾斯平-安德森,2003)。从共同富裕的视角来看,艾斯平-安德森的三种福利国家模式也对应着社会分配和再分配领域的三种不同政策及制度安排。第一种自由主义福利国家更注重初次分配领域,而相对而言再分配领域比较薄弱。此类福利政体比较强调初次分配领域的市场竞争,无论是在私人产品领域还是公共产品领域,市场机制的资源配置方式都发挥着决定性作用,而国家的再分配政策特别是社会政策仅仅发挥着拾遗补阙的作用,仅仅在公民个人及家庭无法借助自身力量保障其基本生活状况时予以有限度的介入,国家更多扮演的是"守夜人"的角色。在自由主义福利体制范围内,市场竞争机制在社会各个领域的广泛渗透使得市场成为撬动社会发展、促成社会财富迅速增加的根本性动力。而再分配领域的不发达和弱化使得社会财富分配严重不均衡,出现了社会两极分化、"富者越富、穷者越穷"的社会马太效应。应该说自由主义福利体制更多地是促进了社会财富总量的增长,但是并没有促进共享和均衡维度的富裕,因此距离共同富裕的目标依然有相当大的距离。

而第二种保守主义(法团主义)福利国家在初次分配和二次分配中都具有一些基于西欧社会传统的独立特色。在初次分配中,保守主义福利国家实施的是劳资集体协议制度和三边协商制度,这样的制度有利于雇员通过组织化和理性谈判的形式来提高其薪酬和相应的社会待遇及福利待遇等,有利于从源头减少"工作贫困",也就是通过市场上的全时劳动依然无法获得足够的货币持有量(工资收入)来满足基本生活需求的现象。从再分配角度而言,保守主义福利国家与自由主义福利国家相比具有较强的再分配效应,其与工资收入和职业行业团体及同行业工会相连的社会保险制度高度发达。但必须看到的是,保守主义福利国家的再分配形式更多属于"横向再分配"领域,其"纵向再分配力度"其实有限。这里的"纵向再分配"是指各个社会阶层之间的、自上而下的社会再分配形式,其主要目的是缩小社会各阶级、阶层之间的差距,而"横向再分配"则更多的是在同一阶级、阶层特别是行业团体内部的资金统筹共济,主要的目的是促进社会稳定与安全。在保守主义福利国家中,税收筹资的普惠型社会待遇较为少见,而主要的社会再分配是在职业团体和行业协会团体内部的财富调剂和分配,因此其缩小社会阶级差距的效用较小,主要的社会再分配是社会水平面的再分配,而非强力缩小社会差距的"纵切式"再分配。从共同富裕角度来看,保守主义福利体制在保护了就业人员基本权利的同时,通过横向分配极大地促进了社会安全与财富稳定,与自由主义福利体制相比,保守主义福利体制距离共同富裕更近了一步。但从共享角度来看,保守主义依然没有促使社会各团体和阶层之间出现"扁平化"发展趋势,社会"共享度"层面的发展有限。

福利国家的第三种类型也即社会民主主义福利国家,具有较为强势、高密度的工会,工会较强的组织能力可以有效地保护员工免于市场和商品化力量的控制。按照艾斯平-安德森所提出的概念,北欧斯堪的纳维亚国家具有最高程度的非商品化,也即市场中的雇员等可以在一系列条件下短暂或长期离开市场(例如请病假、产假,失业,年老及进行职业教育等),而不用担忧其基本生活水准和社会福利有所损失。同时,与前两种福利国家类型相比,社会民主主义福利国家具有最高的纵向再分配力度和效度,和保守主义福利国家与职业相关联的社会保险制度相比,社会民主主义福利国家更具北欧特色的是普惠型现金转移支付制度(如覆盖全体国民的养老金和儿童福利金)和普惠式的社会基本公共服务制度(如覆盖全体国民的医疗和老年、儿童及残障人士的照护体系),社会保障待遇在更为广泛的程度上与劳动市场中的工作绩效脱钩,较强的"纵切式"再分配效应使得社会民主主义福利国家在更大范围内和更广泛的社会阶层范围内可以减少社会等级之间的差异,促进社会向更加平等的方向发展。从共同富裕角度来看,社会民主主义福利国家有力地降低了社会阶层分化的程度,促进了社会财富更加公正平等地分配,促进了社会阶级结构"扁平化"的趋势,社会共享程度为三种福利国家中最高。

在艾斯平-安德森构建的三种福利国家制度类型之外,一些西方学者也沿着其思维曲线继续发展与建构了其他福利国家和福利体制类型。例如,莱塞尼希和莱布弗里德所构建的地中海式福利国家就将南欧国家的福利体制包含在内,根据这些新制度类型,南欧地中海式福利国家更接近于西欧保守主义福利国家,但其社会保障制度相较于西欧国家要起步更晚一些、更落后一些,社会保险制度的覆盖面也不如西欧国家那么广泛(Lessenich,1994)。在福利产品供给中,南欧农村地区依然流行的大家族也扮演着福利供给者的角色,国家提供的公共产品也只是众多提供公共产品的角色中的一环,国家的社会政策更多地起着拾遗补阙的作用(Castles,1995)。而对此东亚则形成了生产主义和发展主义福利体制,我们将在后文中具体论述。

根据经济合作与发展组织(OECD)所提供的关于社会性支出和基尼系数的数据,各个福利国家大致沿着所归类的发展模式在国际比较中占据着相应的位置。例如,北欧社会民主主义福利国家处于社会性支出的第一集团,近年来法国有所超越,居于社会性支出的第一名,但多数西欧保守主义福利国家的社会性支出要低于北欧社会民主主义福利国家。而相较于这两个类型的福利国家,英国和美国的社会性支出水平就明显偏低,尤其是美国的社会性支出在 OECD 国家中排名较为靠后。① 而从反映收入分配差异程度的基尼系数来看,北欧社会民主主义福利国家也属于三种福利国家类型中财产收入分配差距最小、社会相对公平的国家群组,西欧保守主义国家在收入分配和社会平等领域处于中间位置,而盎格鲁-撒克逊体系下的美国则

---

① 根据 OECD 提供的 2022 年公共社会支出占 GDP 的比重的数据,北欧国家中公共社会支出占 GDP 比重最大的国家为芬兰,其公共社会支出占 GDP 的比重为 29%,而典型的保守主义国家——德国的公共社会支出占 GDP 的比重为 26.7%,自由主义的典型代表国家——美国的社会支出占 GDP 的比重为 22.7%。参见 OECD. Social Expenditure Database (SOCX) [EB/OL]. (2023-02-01)[2023-03-15]. https://www.oecd.org/social/expenditure.htm。

具有相对较高的基尼系数,其社会不平等及两极分化的情况也相应更为严峻。[①] 事实证明,不同的福利国家制度安排及社会支出水平的确会对社会共同富裕水平产生较为显著的影响。

二、后福利国家时代西方社会"共同富裕"的曲折发展

一般认为,20 世纪 50 年代至 70 年代是二战后西方福利国家的黄金发展期,而从 20 世纪 70 年代开始,西方社会在经过二三十年的持续发展后遇到了第一次发展瓶颈,石油危机、通货膨胀与收缩交替等引发了西方主要经济体经济滞胀的现象,而人口黄金期——高出生率的婴儿潮时期——的终结也使得西方社会的人口红利效应出现持续减弱的状态,过去维系高速发展的社会经济条件不再存在。20 世纪 80 年代,跨大西洋分别出现了经济自由主义领导人掌权的状况,英国的撒切尔夫人和美国的里根总统承诺将削减福利国家社会性支出,主要西方国家政党力量和阶级关系的变化出现了不利于福利国家发展的情势。发轫于英美撒切尔—里根体系的新自由主义开始在全球扩散。这些发展都揭开了福利国家变革的序幕。

在此背景下,20 世纪 80 年代,一些西方国家开展了新公共管理运动。这项运动是针对当时政府管理的弊端而兴起的,试图取代传统政府管理理论,力图将企业管理和私人管理方法运用于公共部门,积极对政府进行改革或重塑政府的思想和实践活动。新公共管理运动中对于官僚科层制的反思以及将市场机制融入福利领域的做法使得福利国家的侧翼出现了新兴的福利市场。市场机制因其更好地校准市场需求、提供灵活优质的服务而具有特定的优势,同时因其追求盈利的本能可以更好地控制成本费用,也可以从

[①] 根据 OECD 提供的 2018—2021 年各个成员基尼系数的数据,北欧三国挪威、芬兰和瑞典的基尼系数较低,分别为 0.263、0.265 和 0.268;而保守主义的典型代表国家的基尼系数要略高于北欧,奥地利和德国的基尼系数分别为 0.274 和 0.296,但依然属于收入分配相对比较平等的国家;自由主义国家的基尼系数则相对而言较高,英国和美国的基尼系数分别为 0.355 和 0.375。参见 OECD. OECD Data: Income Inequality［EB/OL］.（2023-02-01）［2023-03-16］. https://data. oecd. org/inequality/income-inequality. htm。

控制成本费用的目标出发来倒逼管理体制和管理流程领域的程序重置，从而撬动了公共行政和公共管理领域的一系列改革。但福利市场派别在批评福利国家管理机构臃肿和官僚主义的同时，也易于将自身置于批评的箭靶之下，因为除了"国家失灵"的问题，"市场失灵"也是福利体制中易于被大众和知识精英识别的"显性问题"，市场谋利、利润最大化倾向、存在的大量社会排斥机制以及市场中的消费陷阱等都使得以市场化为导向的改革易于遭受诟病，过度商品化改革还容易使得公共产品的生产及供给不足，从而出现原本属于公共领域的社会福利被过度谋利的现象，而这些因素都会对社会共同富裕产生负面影响，甚至出现与共同富裕相逆行的发展趋势。

在新公共管理运动开始盛行的几乎同一时期，新公共治理的观点也开始在西方福利国家出现，并逐渐成为一种具有影响力的理论思潮。新公共治理的观点以及随后在我国历经概念本土化后出现的社会治理论述对于福利国家的改革与转型也产生了较大影响，在社会福利领域与其相对应的论述就是福利多元主义。与福利国家和福利市场过于强调某种单一机制和角色相比，福利多元主义更多地主张提供福利的供给角色和机制来自多元的社会体系及社会力量。与此相适应的是，一位公民所获得的福利公共产品和社会福利待遇并非来自国家和市场这样的垄断实体，公民福利实际上源自一个包含了国家公法体系、市场机制、社会组织、社区及社会资本网络和家庭互助共同体在内的多元机制的组合体。这也意味着，人们的福利水平和社会保障水平不仅与国家组织的社会保障相关，也与市场辅助补充提供的社会待遇以及民间组织、社会组织、慈善组织和社区机构等提供的社会服务待遇相关。从共同富裕的视角来看，这也意味着人们的福利水平取决于国家、社会、市场、社区管理组织和个人所拥有的社会资本所能提供的福利的总和。

二战后福利国家的持续扩张与高水平待遇的承诺也提高了人们的需求欲望，将福利和社会保障待遇定义为权益和公民的应享权利（entitlement）的一个显著的发展结果就是，人们内心的需求和愿望被大幅度调动起来。这一方面激发了人们对于福利国家的热忱及推动了其对于福利合法性论述的建构；另一方面也不可避免地使人们产生了对于福利国家的更高期待，一些社会群体变得更加依靠社会救济金的给付来享受相对宽松悠闲的生活。源于对这种依赖文化的产生和固化，特别是对福利国家高峰期不断扩张的反思，后福利国家时代，"工作福利"（workfare）的观念开始在不同类型的福利国家流行起来（Peck，2001）。工作福利主张"就业政策就是最好的社会政策"的观点，要求积极发展就业福利，鼓励人们尽可能加入劳动市场，并通过获得相应的劳动收入来保障自身的福利与社会安全等。工作福利比较重视职业培训及职业能力的促进及培养等，同时也注重通过制度设计来提升职业福利，也就是企业内部的福利及社会保障计划。"工作福利"这一理念和运行模式不仅在与其文化相匹配、相接近的新教自由主义福利国家流行，也在具有慷慨给付水准的斯堪的纳维亚福利国家流行，毕竟高福利也依赖于高税收和高就业率。北欧如果想要长期维系其高水平福利国家这样的模式，就需要将工作福利这一理念框架融入北欧福利国家范围之内。相较于"工作福利"方案，吉登斯（2000）提出的社会投资国家更加系统地提出了改变过去福利国家运行机制和投资方向的新蓝图，社会投资型国家（也称社会投资型福利国家）强调权利和义务之间的对等均衡，认为"没有责任就没有权利"，在福利公共产品的供给中同时强调集体和个人的责任。社会投资型国家尤其强调对教育、儿童福利、职业培训和转训、就业技能和终身学习等领域的投入，在社会投资的流向上强调对儿童和青少年的投入，特别注重对家庭的投资，对于福利国家过度集中于老年保障和老龄话题等领域提出了异议。社会投资型国家面向未来的投资方式和社会分配事实上促使后福利国家内部产生了一个社会保障及社会投资的"朝阳产业"，也就是面向儿童、青年和就业群体的社会投资。

与上述工作福利和社会投资型国家相关联的是"能促型国家"（enabling state）这一概念（Gilbert N and Gilbert B，1989）。能促型国家强调社会服务的重要性，主张通过不同层面的社会服务网络来提升人们的经济能力、就业能力和发展能力。该种类型的社会保障制度更多强调市场、社区和社会组织等福利多元角色，从而达到增加福利产品和公共服务产品供给之目的与效果。总体而言，能促型国家模式主张将更多的权力转移到社区、社团和广义的地方自治机构，强调以属地化的社会服务功能精确有效地校准人们的需求。

在后福利主义时代，西方发达国家书写"共同富裕"的方程式发生了显著变化，传统的以福利国家为中心的社会福利供给和递送模式被丰富多样的新模式和新概念补充和丰富，"工作福利""社会投资型国家""发展型社会政策"都在重新定义社会资源的投资方式，也在重新锚定福利制度下所瞄准的重点人群，当然也就不可避免地撬动了福利待遇和支出的基点，改变了福利资源的流向。所有这些因素都对西方社会再分配格局产生了较大影响。后福利国家的改革就像一把"双刃剑"，对于西方社会的"共同富裕"之路产生了双重悖论效应。从正面角度来说，福利投资当中对于人力资本、职业教育和青少年福利及家庭福利的重视有利于增强全社会人力资源的储备，有利于通过增加就业来增加国家公共财政的税收和积累，同时也有利于弱化人口结构老龄化和高龄化带来的影响，增强社会有机体的生命力和活力，促进新福利国家的可持续发展。然而从另外一个角度来看，偏向市场主义和就业激励的福利制度形式容易忽略社会中存在着的很多需求不足和需求漏洞，也容易将一些不具备工作能力的人群或是基于不同原因短期或长期脱离工作市场的人群边缘化。同时，日趋严格的审查机制还会导致福利获取人的污名化，使得不少具有待遇领取资格的应享受益人自动退出"福利场域"。这些因素也弱化了社会团结互助的功能，导致社会出现新贫困现象和需求不足现象。自20世纪90年代以来，多数西方国家中产阶级比重持续下降，社会各阶层之间的收入和财产差距有所扩大，出现了与共同富裕相逆而行的"逆共富"现象，这也是在后福利国家时代大背景下所产生的。

第三节　资本主义的不同经济发展模式
及其与"共同富裕"的关系

20世纪90年代,法国经济学家及保险学家米歇尔·阿尔贝尔在其所著的《资本主义反对资本主义》一书中从经济与社会政治关系的角度提出了不同资本主义模式的观点。他认为在冷战结束、苏联解体后,世界各国特别是原华约体系东部集团国家内部出现了对于资本主义不加区分的顶礼膜拜的现象。而阿尔贝尔则解构了这样的"资本主义一元论"的论述模式和认识论模式,认为不加区分地将资本主义世界视为铁板一块是认知上的谬误,至少也是一种认知的偏差和不完全,因为资本主义内部也存在着有显著差异的亚模式和亚类型,其差别之大甚至不亚于过去两种竞争性制度之间的差距。

阿尔贝尔(1999)认为,美国式的资本主义模式仅仅是资本主义主流制度中的模式之一,而并非唯一。他区分了盎格鲁-撒克逊国家的自由竞争型的资本主义模式和流行于德语文化圈国家的那种社会相互平衡的资本主义模式,他称第一种资本主义模式为"新美国模式",第二种模式为"莱茵资本主义模式"。"新美国模式"描述了盎格鲁-撒克逊集团中的英美资本主义国家所流行的资本主义发展模式,其在20世纪80年代以来通过英国撒切尔首相和美国里根总统面向全面市场经济的改革而获得了新的发展动力,也改变了战后西方福利国家发展的模式和主要路径及走向。盎格鲁-撒克逊的资本主义模式在哲学思潮上受到自由主义经济学家弗里德里希·奥古斯特·冯·哈耶克和米尔顿·弗里德曼的影响,认为自由竞争的市场经济是资本主义制度的核心条件,只有充分全面发挥市场配置的作用,才能促进社会财富的增加和社会自由程度的最大化,而国家干预、介入市场经济领域和社会生活世界则会扭曲市场竞争中价格配置的要素,同时也会约束人们的自由选择和自由生活。在这样的自由主义思潮主导下,国家应当保持扮演"守夜人"的角色,只有在不得不介入经济和社会领域的特殊条件及状态下才可以最低限度地介入分配和再分配领域（弗里德曼，2004）。在这样的自由主义思想主导下，"新美国模式"呈现出早期资本主义较强的"亲市场"及市场竞争主导发展的特征，同时将以国家干预和介入为主要特征的福利国家模式视为意识形态上的竞争对手。新自由主义思潮影响下的"新美国模式"与亚当·斯密时期的市场竞争模式相比更加强调市场配置资源的力量，甚至鼓励市场竞争机制跨越其固有界限进入公共领域和国家管理领域，从而使得"企业人国家"成为英美资本主义世界的一种流行论述。

"新美国模式"的重要制度特征是大幅降低税收以激发社会中富裕阶层创造和收获财富的积极性，同时与凯恩斯主义的扩大货币供给相反，其主张控制货币发行、约束市场中的货币供应量。在对待资本和投资的态度上，"新美国模式"完全吸纳了新自由主义思想而主张去管制化和去国家化，主张通过扩大市场自由竞争机制来促进社会的财富生成和扩张。此外，与古典时代亚当·斯密的自由市场经济理念相类似，新时代的美国模式也主张全面私有化，认为私有化是促进经济发展和激发社会活力的不二法门，与之相对应的则是行政化和福利国家体制对于市场和社会的管制。"新美国模式"认为，福利国家削弱了市场自主的竞争动力，因此主张削弱臃肿的福利科层制，倡导最小化国家干预，特别主张通过减税来为经济卸压（帕尔默，2017）。与古典资本主义和自由主义相比更为激进的是，"新美国模式"的私有化理念呈现出"泛市场化"和"泛商品化"的特征，也就是市场机制和私人资本主义的竞争机制从原有的经济系统跨界而辐射影响到了其他系统。私有化浪潮席卷了交通、福利、社保、土地、森林、国家公共管理等部门，甚至传统属于国家基本职能的法庭和监狱等在美国也被部分私有化，经济系统的逻辑渗透和刺穿了传统属于社会和国家管理的公共领域范围。由于过度强调减税和私有化，福利保障和社会待遇也被相应地削减，社会不可避免地出现贫富两极分化的特征，贫困人口的比重显著增加，在美国特别表现为低收入人口和无家可归人口的增加。

阿尔贝尔认为，盎格鲁-撒克逊的新美式资本主义的基本出发点是短期的利益,而缺乏对长远利益和可持续发展的考量。企业流行的是按季度报表,核算的是短期内肉眼可见的效率和利润,传统银行贷款和融资的功能逐渐萎缩,而高度发达的金融产业和衍生金融产品逐渐替代了古典的银行成为企业融资和贷款的主要来源,股票和期货市场的大量金融产品反映的更是社会的短期利益,在复杂的金融衍生产品公式中充斥的是投机者的投机利益和个体精算法则,富有远见、理性化的社会核算机制和能力则不断弱化。在高度金融资本主义化的"新美国模式"中,日益虚拟化的金融市场和资本市场日渐占据主导地位,而"新美国模式"的核心国家美国还利用美元世界货币的优势推销美国的金融产品,使得美国金融市场和美元升值与贬值所带来的风险日益外溢到整个世界。由于经济的过度虚拟化和金融化,核心国的制造业和实体经济逐渐萎缩,逐步外溢到其他国家,社会实质创造财富的能力也不断下降,核心国日益需要外围资本主义国家实体经济和制造业产品的输血才能存续。如果说 20 世纪 50 年代美国作为制造业最强的国家尚能在全球推行慷慨的美元援助经济和马歇尔计划,那么到了 20 世纪 80 年代,日本和德国的经济崛起,在一个又一个行业和领域内击败了美国,在帝国全球扩张的失败和经济的虚拟金融化进程中,美国逐步从最大债权国退化为最大债务国。到 20 世纪 90 年代为止,德国和日本逐渐成为世界出口大国,保有较高的经常项目盈余,而美国则呈现经常项目赤字的状态,美国日益滑向了债务经济的发展形态,美元所具备的独特优势使得美国可以通过美元吸纳世界其他地区的实体财富来维持美式资本主义的延续,寅吃卯粮成为美式资本主义的常态。所有这些发展都显示了资本主义并非一个完整的均质概念,资本主义内部呈现出完全不同的发展类型。阿尔贝尔(1999)认为,如果说过去是两种制度展开了激烈的全球竞争,那么在苏联解体之后,在全球相互争斗和竞争的则是资本主义内部两种不同的亚模式,一种是以英美为代表的"新美国模式",而另外一种则是阿尔卑斯山麓的西欧国家模式。阿尔贝尔用"莱茵模式"来命名阿尔卑斯山麓的主要资本主义国家模式,主要包括瑞士、奥地利和德国等国,这些国家的资本主义模式呈现出与"新美国模式"非常不同的制度特征。

阿尔贝尔提出的"莱茵模式"也具有自身鲜明的特征,与"新美国模式"相比,在阿尔卑斯山麓的国家中,传统的银行体系依然在实体产业的贷款和融资等领域发挥着主导作用,而莱茵资本主义国家也更加信任这样的稳健货币借贷和投资模式。在英美资本主义体系看来,这甚至是一种保守和谨慎的投资模式。由于注重资本流通的稳健性与安全性,莱茵资本主义国家对金融市场和期货市场存有疑虑,远期交割的金融衍生产品在这些国家相对而言比较滞后。在主流的莱茵资本主义国家中,房地产市场的发展和交易也显得相对较为滞后,住房交易和炒房现象在莱茵资本主义国家中不是一种主流社会现象。由于与金融资本主义、虚拟资本主义发展模式保持着距离,典型的莱茵资本主义国家和具有与莱茵资本主义相似特征的国家(例如日本)具有非常强大的工业生产能力和贸易"打击力",制造业和实体产业在国民经济中占据举足轻重的地位,工业产品也因质量精良而在全世界拥有良好的口碑和声誉。因此相关国家在世界市场具有强大的出口能力,成为经常项目大量盈余的国家,也因强大的出口能力和贸易顺差积累了大量的美元外汇储备。20 世纪 80 年代至 90 年代,制造业实力最强、出口能力最强的国家当数德国和日本。作为老牌的莱茵模式国家,德国在机械设备、精密仪器、光学设备和轿车领域成为最具竞争实力的国家;作为新型莱茵模式国家,日本则在电子产业、家用电器、半导体和轿车产业等领域具有强大实力,不断超越老牌资本主义国家。莱茵资本主义国家的基本共性是社会财富的增长更多地建立在实体产业创造的真实社会财富基础之上,而不是利用金融资本主义的投机杠杆吸纳其他经济体的实际财富来为"产业空心化"的资本主义续命,因此莱茵资本主义国家的财富创造及增长具有坚实稳固的经济基础(阿尔贝尔,1999)。

阿尔贝尔(1999)对两种资本主义模式做了系统区分,他将社会上各个领域例如物质和非物质领域的产品分为商品物品和混合物品。商品物品指的是纯粹通过市场而生产的物品;混合物品则包含了部分属于公共行为的物品,也就是我们通常而言的公共产品,这里的"混合"是指综合了市场和公共特性的物品,也就是那些部分属于市场、部分属于公共行为的物品。阿尔贝尔认为,商品物品在"新美国模式"中占据着显著地位,而混合物品则在莱茵模式中占据着优势位置。

企业在"新美国模式"中完全是商品,而在莱茵资本主义国家,企业则是一种混合产品,其融合了商品经济和社团利益的原则,企业运行也必须考虑到社会及公共利益。工资在"新美国模式"中属于典型的由市场决定的物品,而在莱茵模式中,工资是混合产品,除了反映市场的价格和竞争要素,也必须受制于劳资集体协议、雇主与雇员的谈判机制和职业教育及资历培养等。住房在"新美国模式"中是完全纯粹的商品,而在莱茵模式中,由于有国家针对弱势群体补贴的社会住房和公共住房,因此住房也是一种混合物品。城市公共交通也是相似的情况。在美国,交通基本按照市场原则运作;在莱茵国家,财政给予公共交通大量的补贴,但部分莱茵国家也在向公共交通私有化和股份化的方向迈进。在新闻媒体领域,美国的新闻媒体均按照商业原则运作;在莱茵国家,部分国营电视台属于国家公共部门,因此新闻媒体在莱茵国家也属于公共产品和混合物品。教育在"新美国模式"中更多归属于商品物品,而在莱茵资本主义国家中则更多归属于公共物品。在医疗卫生部门,美国的医疗体系基本按照市场原则来运作,因此医疗产品基本被视为商品,国家仅对老人和贫困群体给予一定的补助,而在莱茵国家中,医疗则广泛地由具有公益性质的国家社会保险制度来承担,因此更具有公共物品的性质(阿尔贝尔,1999)。

不仅在上述的一些具体领域莱茵模式与"新美国模式"呈现出显著不同,两种模式最核心的区别还体现在组织管理模式与其社会及公共属性上,在组织管理理念领域,两种模式也有明显差异。具体而言,在组织管理模式和机制上,英美体制流行的是股东模式(stockholder model),莱茵体制流行的则是利益相关人模式(stakeholder model)。第一种股东模式强调的是股东和股票持有者的利益,注重的是少数具有关键影响的角色——股东——

的意见和决策权。而在股东为股票持有者和期货市场投资者的条件下，股东关心的是本身利益的最大化，特别看重企业短期利润和短期效益，这主要表现在企业的季度表现和利润额上，因此这样的决策结构和模式决定了企业必然以短期利益为发展导向。而在莱茵体制的利益相关人模式中，企业将一条较长利益链条中的不同角色纳入意见评估和决策体制之中，这意味着企业将同时注重将股东（在莱茵体制下通常是银行）、企业主、管理层和全体员工的意见吸纳整合到集体决策体制之中，同时也注意将原材料商、销售商、顾客、公共社会（例如投资城市及其所邻近的社区）和公众民意等纳入企业发展和销售规划之中。在事关企业未来发展及投资的重要事宜上，莱茵体制下的企业多奉行"社会民主"原则，通过广泛吸纳多方的观点和意见使企业可以充分考虑到多方的利益和诉求，通过协商和讨论等形式来平衡不同利益方的观点和诉求。由于要考虑到投资地的社会公众、社会环境和生态环境等因素，莱茵体制下的企业更加注重履行企业的社会责任和生态环境责任，注重建设企业内部的福利和保障机制，促使企业与相邻的社区、生态环境实现和谐共生。

具体而言，阿尔卑斯山麓国家特别是奥地利、瑞士和德国，基于自身的历史和传统形成了较强的社会自治和自我管理的特征，莱茵体制下的企业普遍实行所谓的"共决制"（Mitbestimmung）（哈塞等，2009），也就是重要的决策要经过内部的讨论与协商而产生基于共识的决定，这与英美体制下强调英雄主义和个人主义的"企业卡里斯玛"原则和"精英独断"模式非常不同。莱茵企业内部的机制安排充分体现了"共决制"特色。在企业领导层设有两个主要机构：一是管理委员会（Vorstand），相当于企业内部的决策机构，可以对攸关企业发展的重要事宜制定相关策略、提出建议；二是监事会（Aufsichtsrat），主要由股东全体大会选举产生，负责监督管理委员会的议程设置和决策过程等，两个机构在企业决策权力分配上形成了相互制衡和监督的格局。除了这两个领导层的机构，莱茵企业还有另外一个重要的机构，也就是全体职工委员会（Betriebsrat）。职工委员会由全体职工选举产生，在企业内部关于职工工作条件、待遇和福利等领域扮演着不可或缺的平衡角色。该委员会具有广泛的权力,可以在工作时间、条件待遇、工资支付方式、培训、解雇和劳动组织等领域与雇主协商,通过双边集体协商的形式来决定企业内部的工资待遇和企业劳动福利等。此外,职工选出的代表也参加监事会的工作,在监事会中,职工代表和股东代表各占一半,体现了对等协商和共同责任的基本原则。莱茵模式的核心国德国于1976年颁布了一项法律,规定2000人以上的企业必须实行上述"共决制"。

虽然与英美体制的股东模式相比,莱茵体制的决策模式要复杂得多,但充分考虑到各利益相关方立场的决策模式更有利于疏通各方的不同利益诉求,有利于企业在一个相互尊重、和谐共生的环境中长远发展。如果将实施"共决制"的莱茵资本主义国家与其他未实施该项制度的国家相比,则可以发现,莱茵模式下的大型企业和中小企业的劳资冲突激烈程度较低,在莱茵国家因工人罢工而损失的工作天数要显著少于非莱茵体系国家和英美资本主义国家(参见本卷第二章),长期实施的"共决制"促进了莱茵体系国家的稳定发展和可持续发展。在大型经济危机和全球金融危机侵袭产业经济的危急时刻,莱茵国家的工会经常主动提出降薪的方案,以寻求与企业主共克时艰。这种主动放弃薪资来与企业共度危机的特殊做法是与其长期实行的以共识为主的决策机制紧密相连的。当企业心中装着员工时,员工心里也装着企业。在这里,对话、共识和相互尊重是保证企业长远平稳运转的润滑剂。

莱茵模式下另外一项重要的制度安排是其享誉世界的职业培训制度。这里的职业培训包含了不同层面的含义:第一层含义是国家教育体系下所实施的教育分流制度以及为职业中学所提供的职业教育。在这样的教育体系中,莱茵国家选择接受职业教育的中学生可以较早地将职业理论知识和实习结合起来,莱茵国家为学生提供了全面和专业的职业技能培训,也为中小型企业和大型企业输入了稳定的技术劳动力,巩固了莱茵国家工业大国和技术大国的地位。统计数据显示,在针对青少年实施了系统职业教育的莱茵国家,其青年就业率要显著高于未实施职业教育的国家,而其青年失业率则大大低于莱茵体制之外的国家(参见本卷第二章)。职业教育的第二层含义是指在企业内部实施的职业教育、职业培训和终身教育培训等。在莱茵体制中,一般由管理委员会和职工委员会从企业长远发展的角度来凝聚共识,为企业员工提供专业技能的职业培训。莱茵国家职业培训所蕴含的生命力和活力始于企业员工和管理层的共识协商文化,但其反过来又为企业提供了源源不断的人力资本财富和知识财富,促进了企业面向未来的长远发展。在莱茵模式的核心国,例如德国,职业教育已凝聚成为一种国民文化,深深植根于人们的思想意识之中,选择职业教育并不意味着"向下流动",而是实现社会向上流动的重要通道,职业教育已成为莱茵国家的一种"信誉产品"。

整体而言,莱茵国家经济和社会发展模式、企业组织模式、商业运行模式等建立于其自身的文化和传统之中。与"新美国模式"相比,莱茵模式追求的是长远理念下的长期发展,而并非黏着于短期思维和季度报表思维。这样的长远利益设计和考量使得莱茵体制下的企业和商业运营模式可以主动地去平衡不同角色的利益和不同社会系统的价值观,从而实现平衡稳健的发展。从规范层面的理念价值观和理论模式角度来看,莱茵体制与德国思想史、经济发展史的演变有关,特别是秩序自由主义和社会市场经济模式为德国的发展模式提供了思想和理论基础。秩序自由主义为德国思想家所首创的折中发展思想理念,而社会市场经济则成为对德国发展模式和发展道路的一种综合系统的总结。

20世纪20年代至30年代,德国南部风景如画的城市弗莱堡兴起了一个新的经济学派——弗莱堡学派,在弗莱堡大学任教的一批经济学家形成了一个具有影响力的经济学派,其代表人物是德国著名经济学家瓦尔特·欧肯。在国际上,这个学派也被称为"奥尔多学派",也即秩序自由主义学派(菲尔德和荣根,2019)。"奥尔多"(Ordo)一词来源于拉丁语,也与德语中的"Ordnung"一词相对应,也就是"秩序"的意思。与传统的自由主义学派,特别是亚当·斯密的市场自治自为和市场万能的思想形成鲜明对比的是,弗莱堡学派强调国家在经济发展中的重要作用。同时与苏联模式的中央指令性计划经济和统制性经济不同的是,弗莱堡学派主张在市场经济的范围和框架内促进一个国家社会经济的发展。从这个意义上来说,弗莱堡学派开创了一个不同于自由主义和国家统制主义的新经济学派。"秩序自由主义"思潮将两个不同的维度,也就是"秩序"和"自由主义"结合起来,认为经济发展离不开国家和市场自由竞争这两种机制的衔接和结合,在保障了基本的市场竞争和市场自由的应然条件下,国家应当发挥积极和强有力的作用来为社会和市场创立基本秩序,市场经济不是在一个无政府状态下的无序环境中形成的,而是应当在基本的秩序和法律规范下展开。国家的介入和干预旨在为市场创立一个基本的制度规范和秩序框架。这种秩序应当秉持公正与合理的原则,应当防止市场竞争中的不当手段和恶性竞争等痼疾,应当通过国家积极立法和规范的形式来保障每一位公民的合法权利和基本人格尊严,在一个积极的秩序自由主义环境中,应该是自由和秩序并存,竞争和法制规范并存,生产力和人的基本人道尊严并存,在这些领域,国家都不应该置身事外,而应当积极作为(Biebricher and Ptak,2020)。

欧肯认为,应当把秩序维护和经济活动区分开来,国家的功能作用和基本目标在于维护合理的竞争秩序,但经济的基本层面应当建立于经济的基本规律和自由市场经济基础之上。从这个意义上来说,国家干预的不是微观具体的经济活动和企业投资等,而是从宏观政策及宏观管理的角度来为经济自我发展创造一个适宜的环境,而在需要竞争的地方,还是需要经济自身的活力发展和自主潜力的发挥。从这个角度而言,欧肯明确地将"奥尔多"发展模式与统制式经济模式、计划经济模式区分开来了。欧肯认为,国家可以在以下几个方面创造市场竞争秩序:一是国家必须防止卡特尔等垄断组织的出现,防止垄断经济干扰自由的市场竞争;二是国家必须实施累进所得税以对市场的初次收入分配进行校正,防止社会不公平;三是在进行经济核算时应当考虑到企业经营的外部成本,也就是要考虑到企业生产对社会和环境所产生的负面影响；四是应当纠正非正常的劳动力供给，例如当劳动力的价格不断下降时，国家应当积极介入，建立最低工资制度和最低价格制度，同时通过国家的公共政策来保障工人的福利，例如规范工资、工作时间及针对妇女和儿童的保护等。弗莱堡学派的出现及其思想的辐射为德国战后形成社会市场经济理论进行了一场思想预备（Eucken，1965）。

德国的社会市场经济是由德国著名经济学家阿尔弗雷德·穆勒-阿玛克于二战后提出来的。他将由自己所独创的社会市场经济概念视为和平的公式，主张"市场自由原则与社会平衡原则相结合"，社会市场经济的主要目标是将竞争经济基础上的自由主动性与通过经济绩效和效率所带来的社会进步结合起来。"社会市场经济"这一概念虽然是由阿玛克提出的，但将其发扬光大的则是德国政治家路德维希·艾哈德。艾哈德因其著作《大众福利》而闻名于世，也因此被称为"德国社会市场经济之父"。在他的持续倡导下，德国的社会市场经济模式也逐渐外溢到其他西欧和中欧国家，欧盟也将其定义为欧盟的主要制度模式和发展纲领。这里可以看出，德国市场经济模式逐步转化成为一种欧洲模式。阿玛克和艾哈德对"社会市场经济"概念的定义存在着一些细微的差别。阿玛克认为，社会市场经济是将市场上的自由原则同社会平衡相结合；艾哈德则认为，应该将市场上的自由原则同社会平衡和每个人道德上对全体社会负责的精神结合起来。与阿玛克相比，艾哈德不仅强调市场竞争和社会平衡的相互结合，还特别强调个人的努力奋斗和自立精神，这构成了艾哈德思想的一个特点。由于在二战后，世界处于两种政治制度和两种经济制度的对立与竞争之中，因此艾哈德特别突出强调市场经济不可替代的重要作用，认为个人的努力与创造也是实现全社会富裕的重要一环，但他同时强调社会平衡和国家干预与介入的重要性，认为市场的弊端不能仅靠市场力量来解决，还需要市场外在的社会力量来改变和纠正市场经济中的不平等和不公正（刘光耀，2006）。

纵观关于社会市场经济的不同论述与著作，我们可以发现，社会市场经济理论包含了一些共性和普遍性的因素，该模式捍卫了市场经济体制和建立于其基础之上的自由竞争的价值观和基本理念信条,同时主张将社会团结、社会平衡和社会整合等要素融入市场经济的发展之中,由此而形成了一个"组合社会"。按照艾哈德的思想观点,在这样一个"组合社会"中,首先应当保障人的自由意志和人的天分、天赋得到充分发挥,不应该依靠一个外在权威强迫去做什么、完成什么,而是应该依靠人类自己的意志和自己的力量来激发社会的活力和促进物质领域的高度发展。在这样一个组合模式之中,"社会"维度是理解社会市场经济的枢纽,"社会"一词包含着多样化的含义,一个社会化的市场经济体系意味着劳资权利的平衡,也意味着不能恃强凌弱,不能持有"你死我活"的零和思维,而是应当促进社会的和谐与共生,以社会伙伴关系取代阶级间的敌对关系。其中,最重要的是建立雇主、雇员的相应利益代表组织和发声机制,通过劳资协调和谈判等形式来疏通不同利益及立场带来的矛盾与冲突,以理性沟通的形式取代社会抗争的形式,降低社会冲突的烈度,运用社会机制来谋求社会长远可持续发展。社会市场经济中的"社会"在一定程度上也包含了国家的力量,特别是国家通过公共政策和社会政策的适度介入,例如通过立法形式建立对于劳动者的保护制度和社会保障制度,通过完善的国家社会保险制度和福利制度来防止社会因严峻的两极分化而产生社会分裂和社会摩擦,消除社会冲突产生的制度根源。总结而言,"社会市场经济"是"社会"和"市场经济"的双向结合,这也意味着市场和市场经济属于全社会和全体人民,并不属于某个特定的集团和个人,"社会"是市场经济的"平衡器""稳定器""定位器"(刘光耀,2006)。

第四节　西方社会与"共同富裕"相关的三种思想理念

从早期思想领域的观念阐释和演绎,到近代以来,特别是通过资本主义经济模式和福利国家而来的实践规划和制度安排,西方社会的"共同富裕之路"经历了从理念到实践的发现路径。在人类社会漫长的发展征程中,无论是理念的建构还是实践的推行,都推动着我们在思想上和理论框架上加深对于共同富裕的认识。共同富裕的哲学基础之一是普遍主义，也就是一种对于全体社会成员不加区别的容纳和包含，每一位社会成员都不会被排除在一套均衡的社会体系之外，既不会因为种族、肤色、身份、职业和出身等社会性因素被排除在共享体系之外，也不会因为居住在高原、高山、海岛、荒原等环境中而被系统地遗忘，而是尽可能地在最大地理范围和最大人口范围内被纳入社会经济现代化和共同富裕治理体系之中，这样才能真正实现大数法则下的文明包容式发展。如果因为社会、政治和地理环境等因素导致一部分群体被系统排除在正常的人类文明生活之外，那么社会就被差异化和格式化地区分出中心群体和边缘群体，一部分群体将距离另外的社会群体（无论是物质上、文明生活上还是心灵水准上）越来越遥远，这样就产生了贫富两极分化的区隔性社会。这里的"普遍主义"也与"包容"和"整体主义"具有天然的"理念亲近性"，普遍主义的发展模式就需要普惠式的制度安排，也就自然而然正当化了社会包容性发展的趋势，而抵制一切排斥性发展模式。包容性发展需要建立相应的包容性治理体系，也就是通过国家和政府的整体制度安排，运用国家、社会、市场和公民个体相互合作和相互连接的形式促进社会所有成员融入社会经济现代化发展的宏大进程之中，治理体系的精密设计将防范任何社会成员被系统忽略，也要防范部分社会群体脱离正常的社会经济发展轨道。

从普遍主义的理念和文化出发，这里演绎出了与"共同富裕"密切相关的第二种思想理念，也就是"个体主义"，即人的本体价值论。这里的"个体主义"并不等同于我们通常所说的"个人主义"，而是指每一位社会成员都具有神圣的价值，都具有源于生命本源的本体论意义。任何生命个体，无论出生于怎样的家庭，无论出生于何处，都应该完整地享有生命的价值和意义，都具有平等的权利。即使每个人对于社会的贡献因为天分不同、努力不同而具有大小不同的差别，但是在社会建立的均衡共享体系中都应得到相应规则体系的平等对待，在面临匮乏和不足时都应得到国家和社会相应的援助和资助。"群体主义"强调的是每一个社会群体都不应当自外于社会经济发展的洪流;而"个体主义"则认为每一位国民都不能掉队,在一个高度文明的现代社会中,每一位国民的挨饿和绝对贫困都应被视为整体社会的耻辱,都是与文明社会不兼容的一种"异态"。进一步而言,以生命尊严为基础的"个体正义"也正当化了以"人"为中心的共同富裕思维,也就是国家的公共政策和社会政策应当在人生的不同阶段发挥重要作用,防止出现与生命历程相关的排斥性发展,促进人生每一个阶段,包括童年、少年、青年、中年和老年时期实现全面包容式的发展。

与"共同富裕"相联系的第三种思想理念是"整合性社会公平"。社会公平在不同的思想流派和哲学思潮派别中具有不同的含义,有时候也有一定的歧义。当经济学家和社会学家强调"社会公平"时,他们强调的可能恰恰是不同的侧重点,也就是"出发点公平"或"结果公平",在此之外,社会公平也应包含程序正义,也就是程序上的公平。从共同富裕角度来看,这三种不同形式的公平对于社会正义都具有重要意义,但又不能完全涵盖共同富裕所具备的"正义观"。共同富裕语境下的"公平"更多是一种参与式和链接式的公平,也就是任何群体和任何个人都应该参与到社会系统的沟通之中,都应该被整合到经济系统、政治系统、文化系统、教育系统和科学系统等沟通之中,而不被任何系统排斥在外。

第二章 德语文化圈社会市场经济国家

德语文化圈国家主要有德国、奥地利和瑞士等①,二战后这些国家在实现经济飞速发展和缩小贫富差距上取得了非凡成就,可为我国的共同富裕建设提供重要的域外经验和国际视野。在这三个国家中,德国是世界经济大国,在中国经济崛起之前,长期居于资本主义世界第三大经济体的位置,在世界经济和全球贸易中有举足轻重的地位。阿尔卑斯山麓的两个小国奥地利和瑞士的发展模式路径也各具特色:奥地利是现代资本主义体系中兼具发达工业和发达农业的国家,在城乡均质和乡村富足方面具有自身的特点;而瑞士则在全球金融市场中扮演着重要的角色,在社会均衡发展和全体国民共享富足领域也发展出自己的道路。特别值得指出的是,三个国家除共享德语语言和文化②,在发展特征上也具有一些共性。例如,三国都属于高收入、高度发达的经济体③。与英美国家的发展模式相较,三国的贫富差距都比较小,区域间和城乡之间的发展水平也都比较接近,属于发展较为均

---

① 另外一些较小的"袖珍国家",例如列支敦士登和卢森堡也说德语或部分说德语,但由于这些国家体量过小而不具备代表性,因而未将其包含在内。

② 虽然瑞士以多种语言和多元文化而著称于世,但从其人口结构和主流文化来看,瑞士主要还是受到德语文化的影响。在瑞士,63%的居民母语为德语,23%为法语,而仅有8%为意大利语。瑞士的首都伯尔尼也在德语区。

③ 根据世界银行的数据,2021年,德国的人均GDP为51203美元,奥地利的人均GDP为53637美元,瑞士的人均GDP为91991美元,德语区的主要三国都属于中等及高度发达国家行列。以上数据由作者整理及综合世界银行数据而得。

质的国家①,贫困率和失业率也都相对较低。

从制度类型层面来看,德国、奥地利和瑞士都属于阿尔贝尔所提出的莱茵模式资本主义国家,三国也都实施社会市场经济发展模式,均追求社会伙伴关系的目标,在社会发展领域推动劳资双方力量的平衡,在企业组织和社会生活各个层面均倡导运用协商方式和谈判机制来解决社会矛盾,通过文明理性的协调方式来疏通和缓解社会面临的冲突与摩擦,促进社会长远可持续发展。在社会保障制度领域,三国也都是以社会保险制度为圆心,构建起了完整的社会保障网络,而在社会保险网络不能完全覆盖的空缺之处,社会救助制度和其他一些社会福利项目也发挥着兜底和补充的作用。当然,三国在主要制度类型层面具有共性的基础之上,也具有一些基于自身社会历史文化传统和社会结构而来的特殊性,在市场分配和再分配领域也发展出了一些各具特色的社会政治制度安排。本章将从四个不同领域来介绍德语文化圈三国的制度设计和安排,包括社会伙伴关系、社会保障、职业教育及促进城乡和谐发展等领域。通过这些领域的比较论述,本章将展现出德语文化圈社会发展模式的全景图,以期为我国推动共同富裕提供来自德语世界的"认知对比镜像"。

第一节　德语文化圈国家的社会伙伴关系和劳资力量平衡

在共同富裕治理体系的整体架构中,除了强调再分配的重要功能和制度性作用,也需要特别重视初次分配所包含的市场机制和社会机制所产生的合力作用。事实上,一个社会中的多数成员首先是通过劳动市场的就业来获得基本的生存条件和生活保障,而随着收入的提高,人们的生活质量也

---

①　根据 OECD 2019 年的数据,奥地利的基尼系数为 0.274,德国的基尼系数为 0.296,瑞士的基尼系数为 0.316。参见 OECD 的数据:OECD. OECD Data:Income Inequality［EB/OL］.（2022-02-01）［2023-05-20］. https://data.oecd.org/inequality/income-inequality.htm。

相应得到提升。可以说，市场经济条件下的劳动收入是人们的第一收入来源。人们在市场中通过劳动所获得的收入取决于自身的付出，按照市场价格及生产要素进行核算，也需要有相应配套的社会机制的安排来保障劳动者的基本权益，保证劳动者可以从劳动市场中获得适当的收入，同时，这样的收入也应随着社会经济发展水平的提升而不断提高。在这一领域，劳资之间的力量平衡以及劳动者的协商权、谈判权和参与决策的共决权等都会对劳动者的收入构成产生重大影响，这也是本章重点谈及德语文化圈国家社会伙伴关系的原因。

德语文化圈劳资关系的协调和权力平衡机制最早产生于德意志帝国，1873 年 5 月 1 日，德国图书出版业签署了第一份劳资集体合同[1]，随后奥地利和瑞士也实施了与此相类似的劳资集体协议，这样的劳资协议在第二次世界大战以后逐步在三个德语文化圈国家以法律形式固定下来。这意味着德国、奥地利和瑞士等三国均坚持社会伙伴关系的原则，积极推动劳资之间的协商和利益协调，这样的劳资利益协调机制也成为德语文化圈国家的公共制度文化产品。

一般而言，劳资关系的制度化协调意味着雇员的工资是由工会和雇主协会或单个雇主之间的协商和谈判来决定的，这也意味着在莱茵模式的社会市场经济体制中，劳动者的工资并不是完全由商品化的市场机制决定的，而是需要综合考虑当事人的立场和利益诉求，因此工资薪酬水平是由社会因素和市场机制共同决定的。[2] 在莱茵三国，经过劳资集体协议所达成的劳动合同中，不仅包含了经过集体协商之后的工资薪酬水平[3]，也包含了基本的工作条件，例如工作时间、工作班次、带薪休假权益，特别重要的是也规定

---

[1] 参见德国 ver. di news 对于德国劳资集体合同早期历史的记述。

[2] 在此领域，莱茵模式与"新美国模式"构成了显著区别，"新美国模式"中工人的工资更多反映了市场中的价格因素，而德语文化圈国家工人的工资则综合反映了市场和社会因素相互勾连而构成的综合因素。

[3] 薪酬水平不仅要高于所在国家的最低工资水平，而且要反映出每一个行业的生产力发展水平和市场效率等。

了对于雇员的解雇保护。在莱茵国家中,"解雇"是被一系列严格设置的法律条件和制度因素约束的,雇主任意裁量权受到制约,而劳动者的权益得到很好的保护。莱茵国家的集体协商基础之上的劳动合同还约定了雇员所享受到的基本权利和权益,包括申请和接受企业职业教育、职业培训和专业培训的权利,也包含了企业福利待遇[①]等内容。莱茵国家的劳资利益协调措施和制度安排具有一些总体的共性,但具体而言,每一个莱茵国家也发展出了一些自身的地方特色。接下来,本章将介绍三国的制度安排。

社会伙伴关系的发源地德国基于其自身的历史文化传统,存在着不同形式和种类的劳资集体协议(Tarifverträge):第一种类型为工资和薪酬集体协议(Lohn-und Gehaltstarifverträge),该项协议主要确定雇员的工资薪酬水平,也包含了学徒和实习期间的薪酬水平等内容;第二种类型为德语中的框架协议(Rahmentarifverträge),该项协议明确了各个工资收入组群的具体工作任务和所具备的资格条件等;第三种类型俗称"外套集体协议"(Manteltarifverträge)[②],该项集体协议主要包含了工作时间长度、带薪休假天数、解雇期限和工作试用期等内容。三种类型的集体协议构成了一个综合保障体系,用于保护劳动者的基本权利和利益,同时平衡了劳资双方之间的权力,防止资方滥用权力。

在德国,劳资之间的集体协议所具有的制度效力和约束力要高于单个签署的劳动合同以及由企业委员会和雇主所签署的"企业协议",这也意味着企业在与员工签署工作合同时必须考虑到劳资集体协议所具备的"更高效力",如果雇员的工资和薪酬低于劳资集体协议所确立的薪酬水平,那么雇员可以向德国的劳动法庭(Arbeitsgericht)提出申诉,通过劳动法的规定

---

① 例如参加企业的补充养老保险、企业所提供的特别疗养待遇等。
② 接近于中文概念中的"一揽子协议"。

来保障自身的权益。德国的劳资集体协议需要有一些基本条件才能得以实施，例如在企业内建立有相应的工会组织，同时企业主也加入了相应的雇主协会，通过其相应的组织化结构来参与劳资集体协议。当这些条件不符合的时候，也即企业内部不存在工会或雇主委员会等组织架构时，雇主和雇员所在的企业将无法被劳资集体协议覆盖，在这种条件下，雇主也有义务向员工至少支付最低工资。德国不仅在法律上为所有雇员确立了最低工资标准，而且为实习生和学徒也确立了最低工资标准，这些都是雇主必须严格遵守的最低标准。① 当然，在加入了劳资协议的条件下，企业还必须遵循更高的劳动就业标准。

在德国，雇员和雇主之间的组织化协调机制一般被称为"劳资协议"；在奥地利，这样的协调机制直接被称为"集体协议"（Kollektivvertrag），奥地利在实施了从德国传播而来的社会伙伴关系的同时，也形成了一些具有鲜明的奥地利特色的做法。奥地利的集体协议主要规定了雇员的最低工资、基本工资、特殊薪酬等，包含了圣诞津贴②和假日奖金等。奥地利的"劳动基本法"（Arbeitsverfassungsgesetz）规定了每家企业必须提供最新版本的集体协议以供雇员查看，这也保证了企业内员工对于集体协议和劳动保护法规的基本知情权。在奥地利，由于部门和行业很少单独制定最低工资标准，因此单个行业的最低工资标准都是由工会和雇主委员会协商和谈判制定的。集体协议主要由具有集体协议能力和权力的劳资双方代表通过协商达成共识

---

① 德国于 2015 年正式实施法定最低工资制度，当年每小时最低工资为 8.50 欧元；2022 年，德国法定最低工资已上升至每小时 10.45 欧元。参见德国联邦统计局关于最低工资的数据：Statistisches Bundesamt. Verdienst/Mindestlohn[EB/OL]. （2022-11-25）[2023-05-22]. https://www. destatis. de/DE/Themen/Arbeit/Verdienste/Mindestloehne/_inhalt. html。

② 德语文化圈国家都实施圣诞津贴制度，也就是在 12 月圣诞节之前根据就业人员的收入，按一定比例支付圣诞津贴，这有些类似于英美国家的第 13 个月工资。

而产生,这样的协商模式也构筑了雇主和雇员之间利益的基本规范。① 奥地利在二战后也形成了一套严密完备的劳资集体协调机制,这样的机制在保护雇员基本权益和提高就业人员工资薪酬方面发挥着重要作用。

德国的劳资协议和奥地利的集体协议在瑞士则被称为"一般雇佣协议" (Gesamtarbeitsvertrag),该项协议为每一职业和每一行业及其就业关系下的劳动合同确立了法律基础。由于瑞士实行联邦体制,因此存在着全瑞士层面和各州层面的"一般雇佣协议",该项协议主要规定的是工作时间、解雇期限、假期和最低工资等,所有这些协议均是由瑞士各工会和企业主协会或雇主协商及谈判所产生的。在瑞士,存在着不同类型和性质的"一般雇佣协议",它们也具有不同范围的约束力。第一种针对的是签署了协议的企业,在这样的情况下,"一般雇佣协议"对于签约企业直接有效;第二种则是针对属于企业主协会和雇主协会的企业,"一般雇佣协议"对于这样的企业也直接生效;第三种则是由瑞士各州政府宣布(州内)普遍有效的协议,这样的协议对于州内所有的企业和雇主都有效;第四种则是由瑞士联邦参议院(Bundesrat)宣布有效的"一般雇佣协议",这样的协议在全瑞士范围内生效。如果说第一种和第二种协议更多可以归属为行业内协议的话,那么第三种和第四种属于行政空间和地理空间范围内的集体协议,随着空间范围的扩大(直至全国),一般雇佣协议的覆盖面也就越广,直至覆盖全瑞士。与德国相类似,瑞士也区分"框架协议"和"一揽子协议"等,这些协议中包含了直接

① 在奥地利,具有集体协议能力的利益代表机构主要是指:(1)法定的利益代表机构,例如商会 (Wirtschaftskammer)和劳工协会(Arbeiterkammer);(2)由奥地利联邦协调局所认定的具有集体协议能力的自愿职业代表机构,例如"奥地利工会联合会"(Österreichischer Gewerkschaftsbund);(3)不属于签订集体协议机构成员范围内的雇员,他们可以由公共法律下的法人实体来代表其利益;(4)联邦协调局也可以认定雇员自愿成立的协会为"具有集体协议能力的实体机构",以代表其利益,前提是这些雇员并非集体协议机构成员。在此,奥地利联邦协调局授权的重要原则为"独立对手原则",也就是代表劳资双方的机构和实体必须完全独立于另外一方,如果一方从属于另一方,则无法得到联邦政府的授权。这样的制度安排主要是保障协议双方的独立性和非依附性。集体协议达成后,每份协议都须向奥地利联邦劳动、社会事务、卫生和消费者保护部备案,并在《维也纳日报》的官方公报上公布,以及在公司内公布。关于奥地利集体协议的综合信息,作者根据奥地利政府官方网站下不同子网站的信息综合而成,参见奥地利政府对于集体协议概念介绍的主网站:Österreich Government. Kollektivvertrag [EB/OL]. (2023-05-05) [2023-05-22]. https://www.oesterreich.gv.at/lexicon/K/Seite.991392.html.

合同条款、间接合同条款和规范性条款。此外，瑞士还存有附加协议，主要是解决在签署主要协议中所产生的一些争议和所面临的问题等。[①]

德国、奥地利和瑞士三国的劳资集体协议机制虽呈现出各自的地方特色，但基于雇员、雇主行业内和跨行业谈判的制度安排则更多呈现出德语文化圈国家的一般共性，也就是建立于社会伙伴关系之上的平等和均衡原则。三国的社会伙伴关系在德语区的社会经济和社会政治生活中发挥着重要作用，同时也对全社会的共同富裕具有功能上的保障和增进作用。

第一，以劳资集体协议和谈判机制为基础的均衡体系有利于缓解劳动市场中签署合同的劳资双方的力量不对称，有利于保护劳动合同中的弱势一方，也就是保护受雇人员的基本权益，防止劳动市场中出现"恃强凌弱"和"以大欺小"的现象，促进合同签署双方权力关系的平衡，有利于劳动市场长远稳定的可持续发展。

第二，通过协商和谈判机制，劳动者在劳动市场中赢得了博弈，取得了相对比较平等的法律地位，而集体组织形式也增强了劳动者的信心与底气，劳动者可以通过合理合法的形式来捍卫自身利益，并通过谈判的形式来提高雇员的工资和劳动报酬。在德国、奥地利和瑞士等一系列实施社会伙伴关系的国家，工资薪酬水平可以与社会经济发展水平和通货膨胀等因素联系起来，从而取得与之相适应的增长，不存在雇主故意压低工资来获取超额利润的现象，薪酬水平必须同时反映市场的价格因素、社会权利因素和基本民生福祉的因素。德语文化圈的劳资协议和集体协议是对受雇职员的一种赋权机制。

第三，劳资双方的协调形式和谈判机制在社会中塑造了一种"协商氛围"和"协商文化"，也可以称其为德语文化圈一种特殊的"共识文化"，也就是劳动市场中的劳资双方通过相互间的平等尊重和协作互利的原则来减少

---

① 参见瑞士国家经济事务秘书处（Staatssekretariat für Wirtschaft SECO）对于瑞士一般雇佣协议的介绍：Staatssekretariat für Wirtschaft SECO. Gesamtarbeitsverträge［EB/OL］.（2023-02-06）［2023-05-22］. https://www. seco. admin. ch/seco/de/home/Arbeit/Personenfreizugigkeit_Arbeitsbeziehungen/Gesamtarbeitsvertraege_Normalarbeitsvertraege. html。

社会中所面临的利益和立场的分歧,通过充分听取各方的思想观点和利益诉求,促进社会形成一种和谐共生及共治共决的氛围。在这样的文化氛围中,"恃强凌弱"固然被社会普遍厌弃,但是弱势一方的"漫天要价"和"以弱抗强"的"对抗思维"同样不被社会认可,因为真正的平等与均衡是相互间的信任与尊重,既不提倡"一方压倒另一方",也不提倡毫无节制的斗争和反抗。在社会伙伴关系中,劳资双方可以做到以国民经济利益和行业整体利益为导向开展平等互利的协商与谈判,从而防止恶性斗争和激烈竞争拖垮国民经济,社会在和谐共生的基础上可以实现长远可持续的发展。因此,在莱茵模式国家中,经常不乏这样的例子,也就是在规模较大、影响较大的经济危机中,工会或雇员的利益代表机构在劳资协商和谈判进程中主动放弃加薪要求,雇员代表组织甚至可以通过特殊时期的减薪来与企业主和管理层共克时艰。在这里,相互"体谅"是共识文化浸润下所产生的一种集体行为自觉,是符合整体利益价值观的组织化行为,这有助于德语文化圈国家在经济危机的关头度过危机,重整旗鼓。①

　　第四,在莱茵国家中,一些国家,例如德国,已在全国建立了最低工资制度;部分国家,例如奥地利,则还没有确立全国最低工资制度,因此各个行业的劳资集体协议和谈判也具有"行业秩序维护"和"行为模式维护"的功能,也就是通过集体协议的形式来确定每一个行业的最低工资。劳资双方协议

---

① 例如在 2008 年全球金融危机中,德国金属工业的工会就在经济危机峰值时期表示可以延缓本行业加薪的要求,按原定计划在 12 个月内达成的一项新的劳资协议可以延期到 20 个月甚至更长的时间。工会主席贝特霍尔德·胡贝尔对媒体表示:"我已做好应对经济不确定性的准备。"他同时表示可以暂时放宽加薪的诉求,参见《柏林晨报》2008 年 10 月 11 日的报道;Berliner Morgenpost. IG Metall lockert Tarifforderung wegen Finanzkrise [EB/OL]. (2008-10-11) [2023-05-22]. https://www. morgenpost. de/wirtschaft/article103147202/IG-Metall-lockert-Tarifforderung-wegen-Finanzkrise. html。而面对新冠疫情带来的经济危机和产业危机,德国一些行业通过协商,主动将劳资协议和谈判的时间延期,例如 2020 年在金属和电器行业的一些劳资谈判暂时予以取消和延期,一篇关于德国西南部城市斯图加特劳资集体协议的报道显示,原定于 2020 年的劳资谈判因为疫情危机而暂停。在经济危机期间,德国雇主协会和工会往往从行业的集体利益出发,展现了高度的弹性和灵活性,这也是经济危机期间德国经济界和企业界可以较为顺利地度过危机的重要原因。在其他莱茵国家,例如奥地利和瑞士,也出现了类似的情况,也就是工会和雇员协会为了行业的整体利益而主动放弃和延缓加薪要求,以使得本行业可以顺利度过经济危机周期,这些弹性做法也提升了德语文化圈企业应对危机的韧性,对于危机中企业的生存和工作岗位的保障具有积极正向的作用。

结果对每一个行业的所有企业都具有制度效力,这就在无形中形成了一种行业的他律机制,使得各企业都必须遵守行业的共识与规范,防范了一些企业通过人为压低雇员工资的形式在行业内部滋生恶性竞争。这也意味着,每个行业关于最低工资的协商结果事实上都构成了每个行业的最低劳动标准。从这个意义上来说,劳资集体协议也发挥着"准劳动法"的作用。①

第五,在莱茵三国,国家给予了企业组织、工会组织和劳资利益代表机构以集体谈判和协议的权利,代表劳资双方的利益团体以协商和谈判等非冲突和非暴力形式构成了一个具有自主权的意义空间,在这个自主意义空间范围内,劳资双方的代表机构可以自主签署集体协议,以平和的方式解决劳资之间所面临的问题和立场分歧。具有莱茵特色的社会伙伴关系在德语文化圈国家取得了巨大的成功,该项制度安排成为促进劳资关系和谐的重要制度安排,从关于劳资冲突的硬指标"罢工次数"和"罢工频率"来看,在发达国家中,莱茵国家具有较少的罢工天数,这反映了莱茵国家劳资关系比较和谐,这对于莱茵国家创造财富、积累财富、共享财富具有至关重要的意义。根据各国际机构的数据,各发达国家在该项指标,即"1970—1999年因劳资纠纷(罢工)而损失的工作天数(每千名就业者/年)"上差别显著。冰岛以879天高居榜首,而南欧国家则以劳资纠纷冲突多和罢工激烈程度高而著称于世,意大利、希腊和西班牙分别以764天、602天和587天位列第二、第三和第四,英国和法国每千名就业者每年因劳资纠纷(罢工)而损失的工作天数分别为311天和161天。而实施了社会伙伴关系的莱茵国家在这项指标上表现优异,德国排在倒序第四位,仅为30天,同属莱茵国家的奥地利和瑞

---

① 在奥地利复杂的劳动法律体系中,各种法律和规章制度构成了一个阶序化的"劳动法综合体",在这一阶序化体系中,法律和行政条例居于劳动法体系的最高位阶,集体协议处于第二位阶,企业内部协议居于第三位阶,而单项签署的劳动合同则处于第四位阶。高位阶的法律体系及制度安排具有更高的法律效力,低位阶法令体系原则上不能与高位阶的体系和制度安排相抵触。如果低位阶的法令体系必须根据实际情况有所调整,那么这种调整必须遵循"有利原则"(Günstigkeitsprinzip),也就是这种调整必须更加有利于受雇人员,而不是雇主。参见奥地利不同法律位阶下所实施的"有利原则":W. A. F. Institut für Betriebsräte-Fortbildung A. Günstigkeitsprinzip[EB/OL].(2023-02-01)[2023-05-24]. https://www.betriebsrat.com/wissen/recht-und-gesetz/guenstigkeitsprinzip。

士则分别排在倒序第二位和第一位。莱茵社会市场经济国家因其成熟的社会伙伴关系和集体协议机制而充分享受了"社会和平"的红利(见图 2-1)。

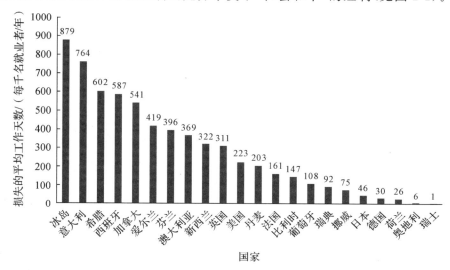

图 2-1 1970—1999 年部分发达国家因劳资纠纷(罢工)而损失的平均工作天数

  数据来源:Lesch H. Arbeitskämpfe im internationalen Vergleich: Trends und Einflussfaktoren [J]. IW-Trends-Vierteljahresschrift zur empirischen Wirtschaftsforschung, 2001, 28(3):8.

根据欧洲工会研究所(The European Trade Union Institute,ETUI)的数据,2020—2022 年,德国每千名就业者因劳资纠纷(罢工)而损失的平均工作天数为 18 天,在欧洲大国中表现较好。值得一提的是,法国作为代表性的欧洲大国延续了"工团主义体制"下的激烈抗争文化,2000—2009 年、2010—2019 年以及 2020—2022 年每千名就业者因劳资纠纷(罢工)而损失的平均工作天数均在 75 天以上。而从所有比较国家来看,莱茵国家中的奥地利和瑞士延续较佳表现,属于欧洲罢工天数较少的国家,也是欧洲劳资关系较为和谐的国家(见图 2-2)。

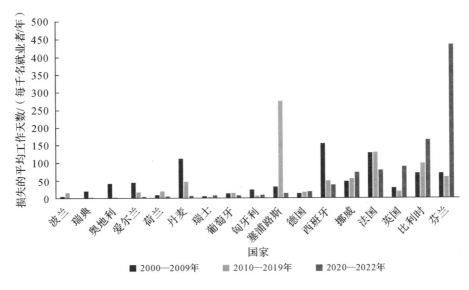

图 2-2　部分欧洲国家在三个时间段每千名就业者因劳资纠纷(罢工)

而损失的平均工作天数

数据来源:欧洲工会研究所,https://www.etui.org/strikes-map。

第二节　德语文化圈国家的社会保障体系

社会保障制度在德语文化圈国家的发展体系中发挥着核心枢纽的作用,成为促进社会可持续发展的"稳定器"和以中产阶级为主流社会阶层的"助推器"。由于德国是世界历史上最早建立社会保险的国家,19世纪末期的德意志帝国被公认为国家主导的现代社会保障制度的发源地,因此其在国际社会保险界扮演着举足轻重的角色。1883年,在德意志帝国宰相俾斯麦的不懈推动下,当时的德国建立了世界上第一个法定医疗保险制度;1884年,德国建立了世界上第一个现代工伤保险制度;1889年,德国建立了世界上第一个养老保险和残障人士保险制度。德国建立的社会保险制度得到其他工业化西方国家的学习、模拟和仿效,而德语文化圈国家之间的学习和政策制度的扩散也影响到了其他德语文化圈国家,如奥地利和瑞士。由于语言相近、民族构成类似,奥地利成为较早学习德国社会保险制度体系的国家,仅仅在德国建立世界上第一个社会保险制度后的四年,也即 1887 年,奥地利建立了法定工伤保险制度;1889 年,奥地利又建立了医疗保险制度;1906 年,奥地利为公务员和白领职员建立了养老保险制度。这样,奥地利紧随德国的步伐初步建立了本国的社会保障体系。① 而相对于德国和奥地利在社会保险领域的迅捷传递效应和政策辐射效应,同为德语文化圈国家的瑞士则显得相对滞后一些。由于瑞士国会各政党意见的分歧和长期争执,瑞士直至 1912 年才正式建立法定具有强制义务的工伤保险制度,而同年建立的医疗保险制度则是自愿参保的社会保险制度,这构成了现代瑞士社会保障制度的开端。② 1925 年,瑞士全民公决最终通过决议建立"老年人、遗孀和残障人士保险制度",这项制度构成了瑞士养老保险制度的雏形,也是从这一年开始,瑞士社会保险制度才逐步向先发国家的社会保险制度靠拢。在瑞士国内建立社会保险制度的渐进历程中,源自德国的经验和现成制度也成为瑞士的参照镜像。③ 因此,德语文化圈三国的社会保险制度均得益于德意志帝国在社会制度领域的创造与更新,德国社会保险制度成为德语文化圈国家文化的公共产品。值得一提的是,与奥地利主要学习德国有所区别,瑞士不仅在社会保障领域学习德国,也在 20 世纪 30 年代的罗斯福新政后学习了美国模式的一些做法,因此瑞士社会保障制度具有"混合模式"的特征。

---

① 参见冈瑟·史泰因关于奥地利社会保障制度历史发展脉络的介绍,"奥地利社会保险历史第一部分:奥地利社会保险从起源到帝国的终结":Günther Steiner. Zur Geschichte der österreichischen Sozialversicherung － 1. Teil:Die Sozialversicherung in Österreich von den Anfängen bis zum Ende der Monarchie[EB/OL]. (2019-09-01)[2023-05-30]. https://www. sozialversicherung. at/cdscontent/load? contentid＝10008. 713096&version＝1556618668。

② 由于瑞士的政体为复杂的复合联邦体制,且瑞士奉行直接民主原则,也即全民公投原则,因此瑞士通过新法律具有较高的要求。1900 年已被瑞士国会通过的工伤保险法案和医疗保险法案在全民公决中被否决,仅有法案的一部分,即"军人社会保险"通过。

③ 瑞士建立社会保障制度的历史参见瑞士联邦社会保险局的历史文献"瑞士社会保障历史"(Geschichte der sozialen Sicherheit in der Schweiz):Bundesamt für Sozialversicherungen. Geschichte der Sozialen Sicherheit in der Schwei[EB/OL]. (2014-03-01)[2023-05-30]. https://www. geschichtedersozialensicherheit. ch/fileadmin/synthese-de. pdf。

从制度模式上来分析，德语文化圈三国都属于具有德意志文化特色的西方福利国家，用德语来说就是"社会国家"（Sozialstaat）。根据艾斯平-安德森所划分的福利当局和福利国家模式，三国都具有法团主义体制的共性特征，也就是社会保障制度的中心制度——社会保险各险种——主要由具有独立公法地位的社团和社会组织来实施内部自我管理，这与三国历史上的行会团体自治和行会互助基金所自构而成的"社会自治文化"密切相关。然而在具体的福利国家模式上，德国和奥地利可以非常明确地划归到"法团主义—保守主义"福利国家类型，而瑞士则显示出了一定的复杂性，艾斯平-安德森甚至将瑞士划归到与美国相似的"自由主义福利体制"类别。事实上，瑞士模式具有上文所提及的"混合模式"特征，既具有法团主义国家的一些共性，在一些政策制度安排上又主要具有市场特别是商业保险的特色，因此瑞士社会保障体制具有"双重特征"。根据 OECD 2018—2022 年关于社会支出的统计，德国和奥地利的社会支出在 OECD 国家中处于中高及较高水平，两国社会支出占 GDP 的比重都超过 OECD 国家平均水平，也即 21.1%，其中，德国为 26.7%，奥地利为 29.4%；瑞士的社会支出水平则略低于OECD 的平均水平，为 17.0%（见图 2-3）。接下来，本章将细述德语文化圈三个国家社会保障制度的主要特征。

一、德国

德国是现代社会保障制度的发源地，也是福利国家主体系下"社会国家"枝系的代表国家，在社会生活和社会保障领域全面贯彻"社会国家"的基本原则，同时，德国也是"社会伙伴关系"和"社会市场经济"模式的创始国，在德语区国家，德国具有举足轻重的核心地位。德语文化圈"社会国家"枝系的一个重要制度模式表征就是社会保险制度发达，德国以社会保险制度为中心基准点构建了一个庞大复杂的社会保障体系，这在德语中被称为"福利领域"或"第三领域"，也就是一个既非国家也非市场的社会领域。在社会保险制度的基础上，德国构建了具有社会救助性质的基本生活保障制度、普

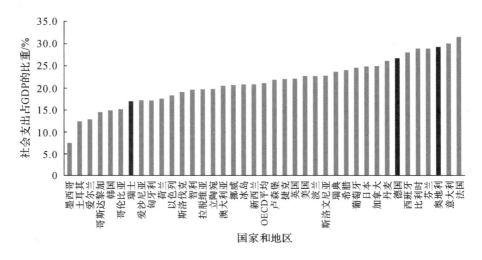

图 2-3　2018—2022 年部分 OECD 国家社会支出的平均水平及德语区国家所处位置

数据来源：OECD 公共社会支出数据库，https：//data. oecd. org/socialexp/social-spending. htm。

遍性的社会福利制度和带有补偿性质的社会福利制度，这些制度黏合在一起构成了一个庞杂而又异质的社会保障综合网络，在德国社会生活中发挥着保障国民生活水平的作用。

德国的社会保险制度包含了养老保险、医疗保险、工伤保险、失业保险和长期护理保险五个子险种，其中前四个险种是德国历史上设立的，而长期护理保险则是德国相对年轻的一个险种。德国联邦议会于 1994 年通过长期护理保险法案，该项法案于 1995 年正式生效实施。在这五个子险种中，养老保险和医疗保险占据着重要位置，属于社会保险中的"大险种"。养老保险属于五险中支出绝对数量最大的险种。德国在养老保险制度的演进中，逐步接受了外来的一些理念——特别是来自基金积累制的一些理念，形成了德国养老保险的三层次模式。其中第一层次为具有法定义务的公共养老保险，所有具有雇佣关系的就业人员均强制参加第一层次的养老保险。当前德国养老保险的缴费率为 18.6%，缴费基数为就业人员的税前毛收入，雇主和雇员各缴纳一半的保费。除了缴纳的保险费用，联邦税收也是德国养老保险支出的来源之一。据 2021 年的统计，德国养老保险支出总计高达

3110 亿欧元，保险费用总计征收 2630 亿欧元，而联邦税收的补助为 789 亿欧元。作为养老保险的第一层次，法定养老保险的预期替代率为 67%，事实替代率为 47.3%。德国的退休年龄将以增量渐进和逐步延迟的方式从改革前的 65 周岁调整到 2029 年的 67 周岁。[①] 德国养老保险的第二层次为历史悠久的企业养老保险制度。在德国中型和大型企业历史上形成了企业年金的制度传统，并形成了丰富多样的企业养老保险模式。企业可以在内部建立养老保险基金制，也可以用企业的一部分费用帮助员工在外部的商业养老公司购买保险，企业还可以和其他同行业的企业联合起来建立跨企业的联合养老保险机制。第三层次为个人缴费、基金积累的商业养老保险，其中既包含了纯粹个人行为的商业投资和养老保障，也包含了国家资助的个人养老金模式，其中最知名的就是吕鲁普养老金模式和里斯特养老金模式。吕鲁普养老金模式更多的是国家经济政策和复杂税收政策的一种延伸，主要的支持措施是国家税收的优惠。而里斯特养老金模式则是国家资助政策和个人投资行为的综合。国家对于参加里斯特养老金的参保人给予补助性质的津贴，当前补助水平为每位参保人每年 175 欧元，如果有养育后代，则可以每年获得每一个孩子 300 欧元的补贴，前提条件是参保人以年收入的 4% 参保里斯特养老保险。里斯特养老保险的最高免税缴费额为每年 2100 欧元，其实施的是一种税收递延制，也就是在参保阶段免税，但是在领取里斯特养老金时则需要缴税。德国联邦层面的金融监管机构对里斯特养老金实施监管，既包含了对于市场准入的批准和认证，也包含了对于消费者的保护以及对于基金积累安全性的监管与保障。据统计，2021 年，总计有 1621 万名德国雇员参加了里斯特养老保险，占德国总就业人数的 36%。

　　德国医疗保险是德国第二大险种，也是德国历史上最早建制的社会保

---

① 德国实施了阶段性延迟退休的做法：从 1947 年出生的人开始，退休年龄将每年延迟一个月，直至 2023 年。例如，如果一名德国居民出生于 1956 年，则可以在 65 岁零 10 个月时退休。从 2024 年起，退休年龄将以 2 个月为单位增量延迟，从 1959 年出生的德国居民开始。对于 1964 年或之后出生的参保人员，适用 67 岁的标准退休年龄。改革从 2012 年开始，至 2029 年完成，退休年龄从 65 岁渐进延迟到 67 岁。

险险种。历经 1883 年以来 100 多年的发展,德国法定医疗保险逐渐从企业职工保险扩展成为一种全民性质的保险。除了具有缴纳社会保险义务的雇员和各类就业人员必须参加医疗保险,德国还实行比较慷慨的家庭联保制度,将家庭中的未成年人、处于高等教育初级阶段的成年人及无收入或低收入的配偶以免缴保费的形式纳入医疗保险覆盖范围,这显著提高了德国医疗保险的覆盖率和普遍性。除了家庭联保,德国还通过各种形式的特殊安排和优惠政策措施等将各类群体纳入医疗保险覆盖范围,德国大学生、灵活就业人员、低收入人群、失业和待业人群均通过不同形式的政策措施得到医疗保险制度的覆盖。德国医疗保险也给予了高收入群体一定的灵活制度安排,每月收入在 5550 欧元以下、年收入在 66600 欧元门槛线以下的就业群体具有强制义务参加法定医疗保险,收入在此收入线以上的群体可以选择参加商业医疗保险或是留在法定医保的范围之内。当前,德国法定医疗保险的保费缴费率为 14.6%,雇主和雇员分担该项保费,缴费基数为雇员的税前毛工资。德国各个医疗保险的经办机构,即"疾病基金"可以根据本机构的经费收支状况征收额外保费。目前各疾病基金所征收的额外保费平均费率为雇员收入的 1.6%,额外征收的保费由雇员承担。据统计,2021 年德国法定医疗保险的总支出为 2843 亿欧元,仅次于养老保险的支出;医疗保险的总收入为 2786 亿欧元,而 2021 年联邦税收对医疗保险的投入为 195 亿欧元。[①] 德国法定医疗保险以其慷慨的待遇支付而著称于世,除了需要按比例支付的较低份额的药品费用以及需支付的日均住院费用,德国的医疗保险几乎包含了牙科治疗之外的其他所有治疗费用,德国医疗保险体系没有报销封顶线,同时各个地区的筹资和待遇等均按照统一无差别的模式运行,也不存在不同群体的分类待遇制度和差异,所有参保的德国居民均享受相同均质的医疗保险待遇,做到了"有医无(分)类"。在药品负担领域,德国社会

---

① 参见德国医保经办机构 AOK 提供的德国卫生部关于法定医疗保险的统计数据:AOB-Bundesverband. GKV-Finanzergebnisse [EB/OL]. (2023-02-01) [2023-06-10]. https://www.aok-bv. de/hintergrund/gkv-finanzergebnisse/。

法专门做出规定：家庭支付医药费用不超过家庭收入的 2%，而慢性病人的医疗支出不超过家庭收入的 1%，超出部分均由法定医疗保险来承担。在德国，因病致贫和灾难性医疗支出的问题基本不存在，也不存在复杂多样的复合医疗保险体系①，一项法定医疗保险就可以覆盖人们面临的主要疾病风险和医疗支出。

在社会保险制度之外，最重要的制度安排为基本生活保障制度（Grundsicherung）。基本生活保障制度的前身是 1961 年建立的社会救助制度（Sozialhilfe），这项制度原先以单一的制度覆盖德国全体国民，为德国居民提供最后一道社会保护防线。1993 年以来，德国政府开始对原有的社会救助制度实施改革，重点是针对待业群体建立了以工作福利为导向的激励制度。经过直至 2005 年的一系列改革，德国调整了其社会救助制度，建立了综合的基本生活保障制度体系，该体系包含了针对不同群体的基本生活保障制度，主要有老年人和残障人士基本生活保障制度、求职人员基本生活保障制度，还包括一些特殊群体和特殊项目的分类救助制度，例如健康救助、护理救助、残障人士社会融入救助、克服特定社会困难境遇的社会救助等。整体而言，针对社会弱势群体和老人的社会救助措施，其资格审查条件较为宽松；而对于具有工作能力的失业和待业群体，则更加强调工作福利的因素，资格审查比较严格。接受基本生活保障的人员必须接受定期的审查，也必须参加就业部门提供的培训课程和就业指导计划，如违规将受到惩戒。德国具有社会救助性质的基本生活保障制度由国家（包含联邦、州和地方层面的）税收来承担责任。德国基本生活保障制度的主要功能和目的是为德国居民提供社会经济及文化层面的底线保障。根据当前的数据，德国每位独居的成年人，如其收入在贫困线以下，可以获得每月 502 欧元的基本生活保障；如果是配偶家庭，则每人每月可以获得 451 欧元的基本保障。除此之外，还可以按照当地生活及物价水平按月获得水电和暖气补贴。

---

① 例如，德国没有建立专门的大病和重疾病保险制度，德国居民一般也无须额外参加商业医疗保险。

德国建立了综合完备的保护青少年的措施,在社会政策中积极融入了"社会投资国"的因素,对于青少年的保护包含了青少年照护、教育扶助、弱势儿童群体帮扶、儿童医疗、儿童心理辅导、儿童语言扶助、防止家庭暴力等,这些政策制度安排构成了德国青少年扶助的社会政策体系。在支援家庭的现金转移支付领域,德国实施覆盖全国人口的儿童津贴制度(Kindergeld),对于有孩子的家庭,每个孩子每月可获得 250 欧元的儿童津贴。而生育孩子的父母则可以获得父母津贴(Elterngeld),父母一方因照护孩子离开工作市场,可根据收入高低获得占净工资收入 65%—100%的父母津贴,待遇给付时间长度为 14 个月,没有工作的父母一方如申请父母津贴,每月可获得 300 欧元的津贴补助。

德国其他的社会政策包括社会赔偿、不法受害者补偿等,这些领域主要包含了针对战争受害者及其家属的补偿,也包含了对于军人执行军事任务的补偿,同时还涵盖了一些特殊社会政策措施。

二、奥地利

奥地利与德国属于民族及文化同源的国家,在社会保障体系上,同说德语的奥地利受到了德国较大的影响,也践行着德语文化圈"社会福利国家"(Sozialstaat)的传统,在整体社会保障体系与架构中,社会保险制度体系占据核心枢纽地位,而社会救助、社会福利、社会服务和社会工作等则居于辅助位置,各类社会现金转移支付和服务项目发挥着协同作用,保障了奥地利国民的生活安全和物资稳定。当然,作为一个独立的主权国家,奥地利在借鉴德国模式的同时,也发展出自身的一些体制特色。

奥地利的社会保险制度主要包含养老保险、医疗保险、工伤保险和失业保险几个子险种,社会保险的权益资格与劳动市场具有参加社会保险义务的就业挂钩,社会保险的费用由雇主和雇员双方共同承担,工伤保险则由雇主单独缴纳。主要社会保险,例如养老保险的给付待遇与劳动市场的缴费时间、缴费高低和工作收入挂钩。与德国略有区别的是,奥地利并未建立单独的长期护理保险制度，长期身体失能风险主要由不同的分项制度，例如医疗保险、社会救助和社区社会服务来共同承担。

奥地利的养老保险制度在继承了德国俾斯麦社会保险传统的同时，也受到了国际养老保险改革的影响，形成了奥地利的三层次养老保险体系。第一层次为具有强制参保义务的公共养老保险，第二层次为德语文化圈比较流行的企业养老保险，第三层次为个人储蓄和个人投资的私人及商业化的养老保险。奥地利的三层次养老保险体系在一定程度上借鉴了世界银行所提出的多支柱养老保险制度体系，但也有一定的区别。在三个层次的养老保险制度体系中，第一层次的法定养老保险制度占据绝对中心的地位，其费用主要由雇主和雇员共同缴纳的保险费来承担，养老保险的筹资及待遇遵循现收现付原则，奥地利的联邦政府给予相应的财务补助。第一层次的义务养老保险，其覆盖范围包括工人、职员、农业从业人员和自雇就业人员等，第一层次的养老保险还包含了残疾人养老保险和遗孀养老保险等。奥地利的养老保险费率为税前工资的 22.8%，其中雇主承担 12.55%，雇员承担 10.25%。2020 年，奥地利的养老金支出为 600 亿欧元，占政府支出总额的约 28%。养老金缺口已达 247 亿欧元。[①]

法定医疗保险制度从支出角度而言是奥地利第二大险种，医疗保险的财务来源主要为雇主和雇员缴纳的医保费用，筹资和待遇也同样运用现收现付模式来具体实施，联邦政府的财政支出给予辅助与补充。奥地利的医疗保险费率为税前收入的 7.65%，其中雇主支付 3.78%，雇员支付 3.87%。2020 年，奥地利社会医疗保险支出为 215.5 亿欧元，而收入为 214 亿欧元。[②]

① 参见关于奥地利养老保险 2020 年度支出的统计（Pensionsversicherung）：OTS. Öffentliche Ausgaben bei Österreichs Pensionen erklimmen historischen Höchststand und gefährden Pensionssicherheit in Österreich［EB/OL］.（2021-11-25）［2023-06-10］. https://www. ots. at/presseaussendung/OTS_20211125_OTS0012/oeffentliche-ausgaben-bei-oesterreichs-pensionen-erklimmen-historischen-hoechststand-und-gefaehrden-pensionssicherheit-in-oesterreich.

② 参见 Statista 网站关于奥地利 2020 年度医疗保险收入及支出的统计：Statista. Gesamtausgaben und -einnahmen der sozialen Krankenversicherungsträger in Österreich von 2004 bis 2022［EB/OL］.（2023-02-01）［2023-06-10］. https://de. statista. com/statistik/daten/studie/426935/umfrage/ausgaben-und-einnahmen-der-sozialen-krankenversicherungstraeger-in-oesterreich/。

与德国医疗保险相似的是，奥地利医疗保险制度也实施家庭联保制度，家属可以免费或是通过缴纳较低的保费来参加法定医疗保险，通过家庭联保和其他形式的特殊安排（例如针对灵活就业人员的医疗保险），奥地利实现了较高的医疗保险参保率，奥地利接近99.9%的居民被法定社会医疗保险覆盖。奥地利的医疗保险制度也特别注重公正、平等的原则，所有参保人无论缴费方式有何区别都具有完全平等的医疗待遇权，也就是在医疗保险待遇前奉行人人平等的医疗权利原则。奥地利医疗保险的经办机构为与各个职业和行业相关联的地方性健康保险基金。

在社会保险制度之外，奥地利也建立了税收支付的根据需求而来的社会最低保障制度（Mindestsicherung），与德国的基本生活保障相类似。奥地利的社会最低保障制度为资格审查的社会救助制度，主要是根据地方生活水平和物价水平建立相关联的底线救助制度。① 除了"主干"的最低保障待遇，奥地利还建立了相应的"枝干"制度，也就是各类分类救助制度，包含医疗救助、护理救助、教育救助、小学生和中学生救助及大学教育救助等，各类社会救助制度共同发挥着"社会最后防线"的作用。在奥地利，社会救助的年支出仅次于养老保险和医疗保险，属于社会保障体系内第三大支出领域。奥地利的社会保障制度还包括发达的家庭和社区社会服务体系以及针对家庭的津贴、福利和补助等。此外，奥地利也建立了社会补偿制度以抚恤在二战中受到伤害的个人和家庭。

三、瑞士

瑞士的社会保障体系和福利制度类型与德国和奥地利有一定的区别，艾斯平-安德森甚至将其归类至自由主义福利国家。从瑞士社会保障体系的总体特征来看，该国延续了一些德语文化圈国家社会保险制度的主要特

---

① 根据奥地利联邦社会事务、卫生、保健和消费者保护部2023年的数据，奥地利的社会救助待遇为单人每月最高1054欧元，而夫妇两个人为每月最高1475欧元，参见：Bundesministerium für Soziales，Gesundheit，Pflege und Konsumentenschutz. Soziales：Leistungen ［EB/OL］. (2023-01-01) ［2023-06-12］. https://www.sozialministerium.at/Themen/Soziales/Sozialhilfe-und-Mindestsicherung/Leistungen.html.

点，又糅合了自由主义福利体制的一些市场和商品化因素，同时也没有照搬美国的市场化模式，而是根据自身国情特点做出了一些创新，因此瑞士模式在很大程度上具备"混合模式"的特征。

瑞士的养老保险制度分为三个层次：第一层次为法定养老保险，属于具有法定义务参加的养老保险，不仅覆盖瑞士国内具有劳动关系的雇员，也同时覆盖瑞士居民，法定养老保险依据现收现付的给付原则组织起来，保费由雇主和雇员共同承担，同时瑞士联邦及各州政府给予税务补助，其中养老保险保费占养老保险支出的 80％左右，而联邦和州政府的补助则占 20％左右。第一层次养老保险不仅保障老年人的基本生活，也为残障人员和遗属提供老年生活保障。第二层次为企业养老保险，企业提供的职业养老金计划与第一层次的养老保险发挥制度合力作用，共同保障老年人的基本生活水准。两个层次的养老保险总计可以保障退休前收入的 60％左右。第三层次则包含了瑞士居民在劳动年龄阶段的个人储蓄和在商业资本市场的投资等。瑞士的三层次养老保险体系与德国和奥地利比较接近。

瑞士的医疗保险制度与德国和奥地利具有显著区别，二战结束后瑞士建立的医疗保险制度比较接近莱茵地区的俾斯麦社会保险模式。1996 年，瑞士通过医疗保险法案，对医疗保险制度进行了较大程度的改造。根据1996 年版医保法案，瑞士全体国民均有法定义务参加医疗保险，这里不仅包含了具有正式就业关系的雇员，也包含了不具有雇佣关系的所有其他瑞士居民。瑞士没有实施像德国和奥地利那样的家庭联保制度，而是每位雇员或居民以单独资格参加医疗保险。瑞士医疗保险的缴费也未采取与工作收入挂钩的原则，而是每位国民须缴纳一笔数量确定的月保险费用，可以说这是一种按人头征收保费的保险。瑞士各"疾病基金"按该经办机构的具体经营状况征收医疗保险保费①，雇员的医疗保险保费直接从税前工资中扣除，

---

① 一般而言，在瑞士每一个"保费区"（prämien region）存在着一个统一的、不依赖于收入的、按人头计算的医保缴费费率。瑞士的联邦卫生部具有权限来确定"保费区"，一般的做法为：较小的瑞士联邦州自动构成一个"保费区"，而较大的联邦州则被划成几个"保费区"，全瑞士总计有 43 个保费区。

而居民的医疗保险费用则根据不同的生活境遇或收入情况等享受国家的优惠和补贴政策,例如国家的缴费补贴等。与德国和奥地利不同的是,瑞士的医疗保险保费与工资收入脱钩,按照每位居民的公民资格来征收。瑞士的医疗保险由商业医疗保险公司来经办组织,商业医疗保险的市场准入资格等需接受瑞士联邦政府的认证和监管,不同的商业保险公司在服务、价格和保费领域展开竞争,通过竞争来优化医疗体系的管理,提高服务质量。瑞士医疗保险体系的非商品化系数要低于德国和奥地利,市场机制在瑞士医疗保险体系中发挥着重要作用,这样的竞争体系也产生了一定的负面成本,瑞士医疗保险的自付比率相对而言较高①,雇员和居民需要参加商业医疗保险公司的补充医疗保险。与德国和奥地利借助一种主干制度来应对疾病风险不同,瑞士居民需要多层次的医疗保险来降低医疗风险。

瑞士的社会救助制度受到联邦主义体制的影响,也具有"福利联邦化"的特征,也就是社会福利的筹资和待遇给付方面的相关权限主要转移下放至基层政府,即主要由市和社区政府负责社会救助制度的组织经办和待遇发放。相较于德国和奥地利,在瑞士的福利政策中,家庭待遇方面要滞后一些,但是通过多年的持续推进,瑞士也制定和实施了一系列的福利组合措施,包括家庭津贴、家庭税收优惠政策、生育保险、父母需求和咨询相关的社会服务措施等。

第三节 德语文化圈国家的职业教育

德语文化圈三国具有一个重要的共同点,那就是都具有完备发达的职业教育体系。起源于欧洲中世纪的"学徒制"(das lehrling system)是德语文化圈国家和民族共有的历史集体记忆,也成为德语圈文化的重要组成部分。现代的职业教育制度是指教育体系中的分流体系和职业高等教育体系。在

---

① 瑞士的法定医疗保险体系规定10%的医疗费用需要自付,而在这条自付门槛线之外,个人额外需自付的医疗费用不超过一年 700 瑞士法郎。

德语文化圈三国中,尽管职业教育在各国的正式名称略有差异,体现了各国的地域文化特色①,但其基本制度设计比较接近,也就是在中学阶段实现教育分流,根据学生的兴趣爱好、天分、才能及小学毕业分数等,综合权重将一部分学生分流到以职业教育为主的中学,而进入职业教育中学的学生往往会接受职业高等教育,在职业教育的全程阶段(含中学和大学教育)均实行"双元制"(das duale system),也就是在中学和职业技术院校进行理论学习,而同时在中小企业或大型企业参加实践层面的实习。通过职业理论学习和实习的"双元制",学生可以较早地参与到工作实践中去,通过理论与实践相结合的方式不断提高其职业技能,锤炼其职业品性,全面提高其职业综合素养。在个体微观层面,德国、奥地利、瑞士三国的职业培训提高了德语文化圈国家产业工人的职业素质和职业道德水平,具备熟练职业技能的青年学生可以在工作市场中较为容易地找到合适的工作,同时通过职业培训所形成的强大职业素养也在无形中提高了青年就业者的市场议价能力,有助于他们成为掌握自身命运、创造社会财富的社会中坚力量。从这个意义上来说,职业知识和技能的积累也是社会赋权的过程,产业工人的市场"议价权"正是来自国家认证的职业教育文凭。② 在德语文化圈国家,接受职业教育的技术工人的工资与社会平均工资持平甚至高于社会平均工资,职业技术工人也具有较强的职业荣誉感,受到社会的普遍认可和尊敬。从中观层面来看,莱茵模式强大的职业教育为德语文化圈国家具有较强竞争力的中型和大型企业源源不断地输送高素质劳动力,职业教育提高了莱茵国家的内生技术能力和企业的竞争能力,职业教育成为制造业创造社会财富的关键。从宏观层面来看,强大的职业教育成就了德语文化圈国家制造业强国的地位,成为国民经济重要的竞争力因素。德语文化圈国家的工匠精神、强大的制造业产能以及在全球贸易中较强的出口能力及贸易盈余能力都和职业教

---

① 例如德语称为"职业基础教育"(berufliche grundausbildung),英语翻译德语区国家的职业教育时,往往直接称其为"学徒制"(apprenticeship)。

② 例如在瑞士,职业教育文凭分为技术职业文凭、产业职业文凭、商业职业文凭、健康及社会类别职业文凭、农业职业文凭、创意类职业文凭和自然科学类职业文凭等。

育有着密不可分的关系。值得一提的是,德语文化圈三国均为现代农民这一职业提供关于农业技术、农机、农艺和农业理论的职业教育。对农民的职业教育使得现代工业化条件下的农民与传统小农耕作的农民有了很大的区别,农民成为具有技术含量的职业。

受到莱茵模式德语文化圈国家职业教育制度和职业教育文化的影响,其他一些欧洲国家也开始推行或部分实行了职业教育制度。例如,荷兰广泛实施德国模式的职业教育制度,丹麦也在较大范围内实施职业教育制度,而在比利时,部分说德语的人也按照德国模式推行职业教育。欧盟 2022 年 11 月的一份统计报告显示,欧洲国家青年失业率差距非常显著,部分没有实施职业教育的南欧国家,例如西班牙、希腊和意大利,青年失业率较高,其青年失业率分别为 32.3%、31.3% 和 23.0%,而欧盟国家平均青年失业率为 15.0%。实施职业教育的德语文化圈三国则表现良好至优异。奥地利青年失业率为 9.1%,低于欧盟平均水平;瑞士青年失业率为 8.6%;德国具有欧盟最低的青年失业率——5.8%;同样实施职业教育的荷兰则排在倒序第二,其青年失业率为 7.8%(见图 2-4)。

第四节　德语文化圈国家的城乡均衡发展

德语文化圈三国中,德国属于欧洲大国,也属于世界经济强国,而奥地利和瑞士则是阿尔卑斯山麓的中小型欧洲国家。三国虽均为制造业和科技强国,但农业依然在这些国家占据着重要的位置。如果一位游客在这三国的乡村间漫游或是徒步旅行,通常会感到乡村风景美丽,空气优质,现代耕作技术高度发达,是非常舒适宜居的空间。虽然在高速工业化之后,真正在农业产业中就业的人口较少,但是居住在农村的人口比例不低,例如奥地利有近 59% 的人口居住在城市,而多达 41% 的人口依然居住在乡间,德国也有近 22% 的人口居住在农村。在历经漫长的现代化和工业化所推动的城市化浪潮之后,在过去 30 余年间,德语文化圈国家"从乡至城"的迁移趋势开

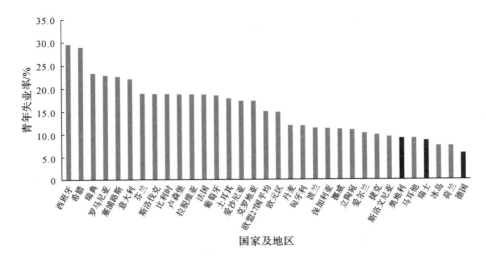

图 2-4　2022 年欧盟各国青年失业率比较

数据来源:Statista 数据库,https://de. statista. com/statistik/daten/studie/74795/
umfrage/jugendarbeitslosigkeit-in-europa/。

始逐渐放缓,农村人口开始稳定。2021 年奥地利的一项社会民意调查显示,
多数奥地利居民表达了未来更倾向于居住在农村的愿望,这在奥地利的历
史上尚属首次。① 三个国家过去半个世纪以来的一个共同趋势是越来越多
的居民开始寻找"逆城市"特别是"逆大城市"的生活方式,经济收入较好的
中产阶级开始离开城市中心搬迁到近郊,或是从大城市向中小城市逆向流
动,甚至是从中小城市向远郊搬迁流动,许多职员选择了就业地点和居住地
点空间分离的居住方式,也就是在大城市就业的职员选择在周边的中小城
市居住,在中小城市工作的职员则选择在周边的郊县居住。靠近乡村的田
园居住方式受到德语文化圈国家人民的普遍喜爱。与其他资本主义大国相
比,德语文化圈三国没有特大的中心城市,社会中也普遍不太崇尚"大城市

---

① Urbane Qualitäten für ländliche Regionen:200 Ideen für das Landleben der Zukunft:Amt der Oberösterreich Landesregierung. Urbane Qualitäten für ländliche Regionen:200 Ideen für das Landleben der Zukunft[EB/OL]. (2021-02-01)[2023-06-11]. https://www. ooe-zukunftsakademie. at/urbane-qualitaten-1080. htm.

文化"，即使是三国的首都或是经济中心也没有产生人口"磁吸效应"①，三国居民普遍偏爱中小城市文化和乡村文化。这种非中心的城市分布模式使得三个国家人口空间配置比较合理，不会出现城市"人口过度密集和空间拥堵"之情势；同时，小城市和乡村获得了人口与必要的人力资本，也带动了周边地带的侧翼协同发展。这样的人口发展和分布趋势与三国的历史传统、社会文化和公共政策制度安排密切相关。

第一，德语文化圈国家由于历史上长期的分裂，各个封建邦国形成了一定的独立意识，各个区域都出现了一些区域的发展中心，不同地域按照各自的地缘禀赋形成了多中心引领发展的格局，而不是由一个聚焦的单一中心来促进发展，这也构成了之后三个国家联邦制发展的基础。例如，德国东部的魏玛是一个小城，但在德国文化和宗教领域发挥着非常重要的作用，德国历史上第一个共和国就是以"魏玛"命名的；二战后联邦德国的首都波恩也是一个小城市，而著名的传媒巨人贝塔斯曼集团的总部所在地居特斯洛则是位于德国中部的一个小城。

第二，20世纪六七十年代以来，城市中心化的发展模式在推动经济高速发展的同时也显现出了一些弊病。城市中心区的一些社会问题，例如人口密集、交通拥堵、房价飙升和空气污染等都使得人们开始重新审视工业化与城市化的关系及其存在的张力。而在同一时期，德语文化圈三国都推动了美化乡村的运动，注意到了在农业工业化和现代化的历程中维护乡村独特的社会文化环境，注意保持乡村景致和乡村独有的特色，特别注重乡村维护和促进乡村的绿化、清洁化和生态化，在现代化的过程中注意保护乡村的文化景观，注意到要保持农业经济系统和生态系统之间的双向平衡。这一重要的乡村转型运动提升了乡村和城市远郊的吸引力，乡村精致化和美化运动开始促进部分城市中产阶级反向流动到乡村。

---

① 德国首都柏林和经济中心法兰克福的人口分别为364.5万人与75.3万人，柏林人口相较20世纪30年代有明显减少；瑞士首都伯尔尼和第二大城市日内瓦的人口分别为13.3万人与19.9万人；奥地利首都维也纳和第二大城市格拉茨的人口分别为189.7万人和28.3万人。

第三，德语文化圈国家的城乡均衡也与三国发达的社会保障制度密切相关。莱茵国家对于乡村公共服务，特别是医疗服务和教育服务的促进，是城乡生活水平差距得以持续缩小的重要原因。由于农业经济传统上属于自雇就业领域，因此无法按照传统俾斯麦的劳动就业模式来实施社会保险，需要分门别类地建立农业社会保险和农业社会保障制度。莱茵国家在 20 世纪 50 年代至 70 年代就开始逐步探索及推进建立特殊的农业社会保险制度，而在 20 世纪 80 年代至 90 年代，农业社会保险制度在这些国家逐渐走向成熟，成为保障农业居民生活、降低农业经济风险和社会风险的有效制度"利器"①。

第五节　德语文化圈国家的经验借鉴

从"富裕"的维度来看，德语文化圈国家在发达国家中居于中等至高度发达国家这一集团；从"共享"的维度来看，德语文化圈国家的收入及分配差距相对而言较小，社会经济发展的成果普遍外溢到各个社会阶层，区域差距和城乡差距相对较小，社会整体在比较富足的基础上实现了跨越阶层的普惠式发展。这些基本特征决定了德语文化圈国家的社会关系相对比较稳定。德语文化圈所具备的一些共性特征促进了这一"地缘国家集团"形成了一些共有的发展模式及基本特点，也就是三国的社会市场经济模式创造性地将社会团结和社会整合融入了市场经济发展的进程之中，通过对劳资权益的平衡性制度安排和法律体系安排来促进以集体谈判和协商为基础的社会均衡发展模式。德语文化圈国家的经济和社会发展得益于社会两大集团

---

① 德国自 1957 年开始建立农业养老保险制度，至 1995 年建立农村长期护理保险制度，德国农村的社会保险制度日臻完善。时至今日，德国农业领域的社会保险的正式名称为"农业、林业和园艺业社会保险"(die Sozialversicherung für Landwirtschaft, Forsten und Gartenbau, SVLFG)，主要包含四个险种，即养老保险、医疗保险、工伤事故保险和长期护理保险。奥地利自 1958 年开始为农业居民建立单独的养老保险，也包含残障人士和遗属的养老保险，而工伤保险制度则在 20 世纪 20 年代已初具雏形。1974 年，奥地利正式建立了"农民社会保险局"(Die Sozialversicherungsanstalt der Bauern, SVB)，提供的保险主要包含养老保险、工伤事故保险和医疗保险等险种。

的权力制衡机制与和平共融机制,同时健全的社会保障制度(也即源于德语区的俾斯麦模式)和职业教育制度也发挥了"侧翼掩护"的社会功能与作用。在两大侧翼制度中,社会保障制度有力地促进了全体国民的繁荣与共享,使得职业集团和城乡居民均得到了充分的保障;而职业教育制度则扮演着"助攻掩护"的角色,促进了高素质的年轻技术人才源源不断地整合到德语文化圈国家的制造业劳动力市场中,成为其强大实体经济的"助推器"。德语文化圈国家的发展来自其强大的制造业实力和对于实体经济坚持不懈的发展,也源于其保障国民福祉的机制坚韧而有弹性。其他德语区国家的特色包含了基本公共服务在空间意义上的均等化,特别是中小城市及城乡连接地带乡镇经济发达、绿色宜居,这些都促进了可持续性收敛发展和社会经济资源在空间上的合理配置。

第三章　法国特色的福利国家

　　法国是西方发达工业化国家的代表,经济总量常年居于世界第七位。同时,法国是法团主义福利模式的代表,曾首创现代失业保险制度,在二战后的黄金发展期建立起成熟的福利体系,且 2010 年以来社会支出总额超过北欧国家,连年位居 OECD 国家之首,是典型的高福利国家;石油危机后,法国又与其他欧洲邻国一道面临福利紧缩的压力,其福利体制被皮尔逊(Pierson,1998)评价为"最难以撼动的"(immovable)。法国高水平的福利保障体制和在福利紧缩压力下采取的改革措施同样对我国"共同富裕"命题下的社会保障制度完善具有一定的借鉴意义。

第一节　法国社会经济概况

　　从经济总量的绝对值来看,各主要指标衡量下的法国均处于发达国家中上水平。根据世界银行的统计,2021 年,法国 GDP(国内生产总值)达2.96 万亿美元,为欧洲第三大经济体。人均 GDP 从 2010 年的 40676.1 美元增长至 2021 年的 43659.0 美元,增幅达 7.3%。[①] 人均 GNI(国民总收入)

---

① 数据来源:世界银行数据库,https://data.worldbank.org/country/FR。

062

则从 2010 年的 31393 美元增至 2021 年的 38003 美元,增幅达 21.1%。[①] 人均 GDP、GNI 分别位居世界第 27 位[②]、第 29 位[③],在发达国家间处于中上水平。

从收入分配来看,基尼系数是国际上衡量一国收入不平等程度的重要指标,在这一维度上,2003—2018 年,法国的基尼系数一直在 0.3 上下浮动,最低为 2006 年的 0.297,最高为 2010 年的 0.337(见图 3-1)。基尼系数保持在 0.3—0.4 意味着法国居民之间的收入差距相对合理,但与其邻国德国常年保持在 0.29—0.30 的水准相比较[④],法国在收入分配平等化上的表现稍逊。

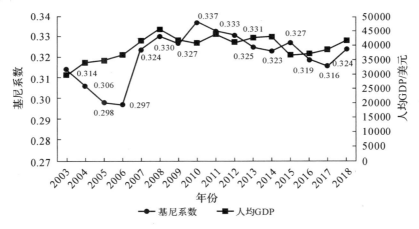

图 3-1　2003—2018 年法国人均 GDP、基尼系数

数据来源:世界银行统计数据,https://data. worldbank. org/indicator/NY. GDP. PCAP. CD? locations＝FR,https://data. worldbank. org. cn/indicator/SI. POV. GINI? locations＝FR。

①　数据来源:世界银行数据库,https://data. worldbank. org/indicator/NY. GNP. PCAP. CN? locations ＝FR。

②　数据来源:世界银行数据库,https://data. worldbank. org/indicator/NY. GDP. PCAP. CD。

③　数据来源:世界银行数据库,https://data. worldbank. org/indicator/NY. GNP. PCAP. CD? most_recent_value_desc＝true。

④　数据来源:德国联邦统计局,https://www. destatis. de/DE/Themen/Gesellschaft-Umwelt/Einkommen-Konsum-Lebensbedingungen/Lebensbedingungen-Armutsgefaehrdung/Tabellen/einkommensverteilung-silc. html＃fussnote-2-114660。

从收入分布来看,法国中等收入群体占比为 68%,仍然占据社会主流,比 OECD 国家平均比例高 7 个百分点。橄榄型社会结构两端的贫困群体和高收入群体分别占比 7%、6%,均低于 OECD 国家平均水平(见图 3-2),社会仍然呈现较为理想的橄榄型结构,中产阶级社会的基本面难以被撼动。

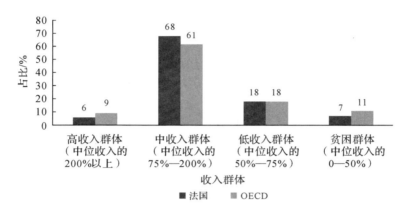

图 3-2　2019 年法国与 OECD 国家各类收入群体占比对比

数据来源:OECD 数据库。

联合国还提出人类发展指数(human development index,HDI 指数)来衡量一国的经济社会发展水平,这一指数综合考察预期寿命、教育水平和经济水平三项变量。2021 年,法国的 HDI 指数为 0.903(0.8 以上的被归类为发展质量"非常高"),位列全球第 28 位。分指标来看,法国人均预期寿命为82.5 岁,其中,男性为 79.8 岁,女性为 85.1 岁[①];成年人平均受教育年限为11.6 年(见表3-1)。

---

① 　数据来源:世界卫生组织的统计数据。

表 3-1　部分发达国家 HDI 指数及分项指标一览

国家	HDI 指数	排名	预期寿命/岁	预期受教育年限/年	平均受教育年限/年	人均 GNI/美元
法国	0.903	28	82.5	15.8	11.6	45937
德国	0.942	9	80.6	17.0	14.1	54534
英国	0.929	18	80.7	17.3	13.4	45225
美国	0.921	21	77.2	16.3	13.7	64765
日本	0.925	19	84.8	15.2	13.4	42274
瑞士	0.962	1	84.0	16.5	13.9	66933
丹麦	0.948	6	81.4	18.7	13.0	60365
意大利	0.895	30	82.9	16.2	10.7	42840

数据来源：联合国开发计划署。

　　长期以来，法国被认为是资本主义国家中最具国家主义和"中央集权"（statist）性质的国家之一（Culpepper，2006）。正如阿尔贝尔在《资本主义反对资本主义》一书中所言，法国"处于欧洲的十字路口"，法国独特的历史和传统使其从未全盘接受过主流的两种资本主义类型——以美国为代表的"盎格鲁-撒克逊模式"抑或欧洲主流的"莱茵模式"（阿尔贝尔，1999）。这种历史或传统至少包括 17 世纪起盛行的中央集权的雅各宾主义和柯尔贝尔主义，二战后在法国盛行的社会主义思潮和凯恩斯主义，以及自法国大革命起就传播开来的高烈度抗争主义社会文化。这些传统在当代法国表现为，中央政府权力强大，国家对市场经济的运行施加重要影响。国家干预经济模式（dirigisme）是法国在二战后进入"黄金 30 年"发展期的核心动力，法国也借此建立了慷慨的福利体系，但这也为后续的国有化改革、劳动力市场调整和福利制度改革等埋下伏笔。本章重点考察法国的国有企业改革措施、劳动力政策和社会政策。

第二节　法国"国有化浪潮"和国有化改革

一、第二次世界大战后两次"国有化浪潮"的影响

法国在所有资本主义国家中国有化程度较高，重要行业领域主要由国有企业垄断或控股，国家掌握经济运行的命脉。法国在历史上就有国家干预经济的传统，19世纪路易十四时代主管财政的柯尔贝尔在国王专制主义基础上鼓励商业发展，但商业领域的财富必须用于国王的统治。当时著名的法国东印度公司、西印度公司，均由政府管理。

在第二次世界大战后，法国经历了两次大规模的国有化浪潮。第一次是在1944—1946年。当时，戴高乐领导的法国政府在如何恢复战后经济的问题上采取了国家干预主义，实行以资本主义为基础的市场调节与计划调节的双重调节体制。其时，法国政府在法国社会党和法国共产党等左翼政党的广泛支持下成立了大量国有企业，并在重点战略性行业领域采取计划经济（planisme）策略。当时，法国政治家、被誉为"欧洲之父"的让·莫内领导的国家计划总署提出"现代化与装备计划"，旨在集中政府财力优先发展基础部门产业，进而恢复和发展经济。为了财力的集中筹措，戴高乐政府首先对法国的金融业实行国有化，包括法兰西银行和四大商业银行。国有化的法兰西银行对工业企业的贷款支持成为法国战后重建的重要力量。有了国家财力保障后，法国开始对航空航天、能源、交通、军工、机械等基础行业和重点领域进行一系列国有化改造。到了1946年底，法国控制了98％的煤炭行业、95％的电力行业、58％的银行业、38％的汽车生产，国有经济产值占当年GDP的15％。国家直接控股的企业数量从过去的11家增至103家，职工人数达到120万人。在拥有雄厚实力的国有经济的支持下，法国开始实施"计划市场经济"，自1947年至20世纪90年代，法国先后实施了11项经济发展计划。大规模的国有化运动使法国多个行业快速发展至国际领先

水平,到了 20 世纪 70 年代,法国已率先建立起一套自主的工业体系。20 世纪 50 年代,法国 GDP 连续 10 年保持近 5％的年增速,超过同期美国 3.6％的增速;几乎实现了充分就业——当期法国失业率为 2％,美国为 4.6％。法国国民的收入水平和生活水平都获得大幅提升。二战后至 1973 年第一次石油危机前的近 30 年,法国经历了"黄金 30 年"(les trente glorieuses)高速增长期,也被称为"法国奇迹"。

第二次发生于 1981—1984 年,由当时的法国左翼社会党总统密特朗发起。密特朗在当时强调,只能以国有化来建立"法国式共产主义",其中对法国经济社会影响最广泛的是以 1982 年国有化法案为核心的国有化措施。法国政府以向私人购买股权并向持股人支付 580 亿法郎的代价,将 2 家金融垄断集团、36 家最大银行、通用电气等 5 家工业垄断集团收归国有,以国家持股 51％的方式控制达索飞机制造公司(Dassault)、马特拉公司(Matra),对洛林钢铁公司以国债置换股权的方式实施国有化。密特朗政府的这次国有化规模相比以往更大,影响更为深远,国有企业几乎涉及国民经济的所有领域。20 世纪 80 年代,法国对银行系统的信贷控制率达 85％—90％,国有化工业营业额占工业营业额的 42％,国有企业雇员占工业雇员的23％,国有企业资本占全国固定资本的 53％,占出口额的 30％,国家直接或间接控制的企业约 4000 家,产值占 GDP 的 17％,是西欧各国中国有化程度最高的国家(万家星,2004)。

第二次国有化浪潮是在 20 世纪 70 年代石油危机背景下展开的,当时欧洲国家普遍出现物价暴涨、通货膨胀严重的局面。密特朗政府对此开出国有化"药方",推动国家现代化改革。第二次国有化浪潮将政府的经济目标和社会调节目标相整合。首先,通过国有化防止市场经济中出现市场失灵的状况,如通过持股和补贴挽救濒临倒闭的钢铁巨头。特别是在经济不稳定时期,国有企业能够支持国家实施经济稳定政策。其次,国家干预市场经济能够通过调节市场价格实现"社会财富平衡",遏制通货膨胀,特别是通过降低低收入人群不可替代商品价格的调节方式。最后,不同于私人企业利润最大化的单一追求,国有企业在实现政府公共福利政策目标上有更大的优势(杨玉成,2019)。在以国有化为中心的经济结构下,密特朗政府颁布并实施了一系列社会改革措施,如提高最低工资标准、削减法定工作时间、延长有薪假等,民生福祉水平在这一阶段得到显著提高。值得一提的是,法国在密特朗政府执政早期的发展模式与同期跨大西洋的英国和美国在撒切尔夫人和里根总统执政时期所推动的新自由主义发展模式正好呈现相反的发展轨迹,法国依据自身大政府的传统强化了国家干预市场和扩建福利国家的趋势,而英国和美国则全力推进以新自由主义为导向的改革,"去管制化""劳动保护弱化""削减福利"成为这一时期英美资本主义所使用的重要意识形态工具。法国式福利资本主义与英美自由式资本主义在此阶段呈现出巨大差异。在下一阶段的发展中,法国由于政府更替,其意识形态光谱也开始发生变化。1959—2018 年法国国有企业的投资占比如图 3-3 所示。

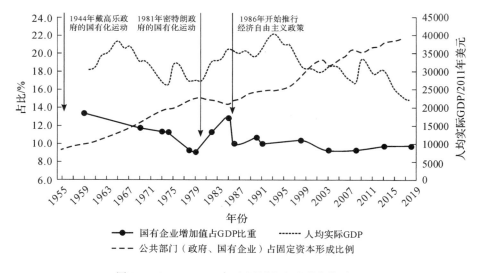

图 3-3　1959—2018 年法国国有企业的投资占比

资料来源:郎昆,冯俊新. 德国、法国国有经济:发展历程和经验启示[J]. 法国研究,2020(4):92.

二、20世纪80年代中期起的国有化改革

在"后密特朗时代",大规模的国有化运动未能使法国经济从石油危机中摆脱出来,且法国国有企业的经营出现效益低下的问题。随着失业率的攀升,密特朗逐渐削减公共财政开支。同时,全球私有化运动也改变了法国政治光谱对国有化的立场。1986年,右翼总理雅克·希拉克与左翼政党联合执政后,在经济自由主义思想的主导下,法国国有企业的私有化改革正式拉开序幕,并持续至今。法国国有企业改革的总体思路是,减少政府对企业的控制,开放竞争性行业的市场参与,对国有企业进行大规模私有化改革,普遍实行股权多元化改造和资本重组,提高企业效益,减少政府预算赤字和遏制公共债务的增长等。基于这一思路,法国国企改革的主要措施如下。

第一,降低国有企业比重,实施国有股权转让和国有资产重组。法国对国有企业股份进行抛售以出让部分或全部国有股份,减少国有独资企业,不再追求国家完全控股的垄断性国有企业,而是改变为国家控股或参股的形式。1986—1991年,法国政府出售了65家大型国有企业合计2750亿法郎的资产。1993年,右翼政府推出将21家国有企业集团民营化的计划,涉及钢铁、石油、基础化学、汽车、航空、有色金属加工、电子等行业的1760家企业。这次民营化改革后,国有部门中大型企业明显减少,保留下来的国有企业主要集中在基础经济部门(郎昆和冯俊新,2020)。但在国民经济的关键领域,即使有些国企仅保留少数国有股份,但政府仍有可能保有"金股"——最终否决权(丁一凡,2021)。1985—2016年法国国有企业在全国经济中的比重如图3-4所示。

第二,明确政企权责,对国有企业实行分类管理和"合同化管理"。20世纪60年代末,法国已意识到传统国有企业管理模式缺少监管、经营目标不明的弊端,时任财政总监西蒙·诺拉(Simon Nora)在一份报告中指出,必须明确国家和企业在国企经营中的权责,可通过国家与企业协商订立合同来确定双方的义务和企业发展目标。此外,应当明确不同类型企业的经营目

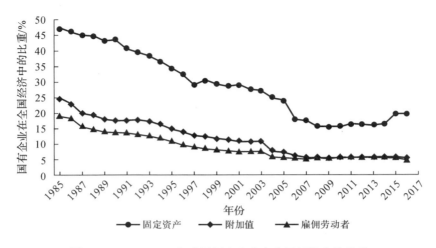

图 3-4　1985—2016 年法国国有企业在全国经济中的比重

数据来源：法国国家统计局（INSEE），https://www. insee. fr/fr/statistiques/
4277841? sommaire＝4318291。

标，竞争领域的国企应当追求经济效益；公共服务性质的国企则应以提供公
共服务为首要目标，国家补贴其因提供公共服务导致的损失。这份报告引
起高度重视，此后，时任法国总理雅克·沙邦-戴尔马（Jacques Chaban-
Delmas)提出建设"新型国企"的改革目标，指出要"推广国家对国有企业的
合同化管理体制"，"使国有企业有自主经营的权利"。到了密特朗政府时
期，私有化法案中将这类管理合同统称为"计划合同"，计划合同旨在确定政
府和企业间的权利与义务，合同内容一般包括企业经营目标、社会和国家安
全责任、政府提供的支持等。到了 21 世纪，计划合同的适用范围从国家独
资和控股企业扩展到国家参股的公共服务类企业。在推行合同化管理的过
程中，法国政府对国有企业的经营，包括资产交易、投资监管、员工工资等事
务的管理均逐渐减少乃至取消，有助于解决传统政府管理权力过于集中的
问题，而国企在获得更多经营自主权的同时，其合同的签订与执行受到多政
府部门的监督。

　　第三，设置"三权分立"的国有企业管理机构，有效实行监管。法国实行
"三权分立"的国有企业管理模式，"三权"主要指国家参股局（Agence des

Participations de l'État，APE)、国家反腐署、参股和转移委员会,三者分别履行国家股东、监管和咨询的职能,各自独立又相互制约。特别是国家参股局,它将原来分散在能源、交通、财政等部门的国有资产管理职能集中起来,全部管理政府持有的大量股权投资组合。国家股东局的职能类似于我国的国有资产监督管理委员会,法国经济财政部授权其行使股东职能,通过《国家参股局和国家参股企业关系的治理规则》明确国家参股局与出资企业的权利与义务关系,与其他股东共同提出、执行管理战略,还需控制经营风险,寻求资本保值增值等(姜影,2014)。

1986 年国有企业自由化改革后,法国国有企业在国民经济中的占比大幅下降,但迄今为止,国有企业仍然在法国经济结构中扮演着相当重要的角色,国有企业产值占 GDP 的比重近年来稳定在 10％上下,法国仍然是资本主义国家中国有企业占比较高的国家。截至 2017 年底,法国仍有国有控股的企业 1751 家,持股资本超过 1000 亿欧元。在铁路、公共交通、公共传媒等领域仍然 100％持股,电力、邮政、造船等行业持股 50％以上,其他竞争性行业持股比例则较低。国有企业雇员占全国非农就业人数的 3.5％(部分 OECD 国家国有企业雇员占非农就业人口比重见图 3-5)。[①] 国有企业的优势曾使法国在国际舞台上大放异彩:20 世纪六七十年代,法国能够自主建立工业体系,石油危机后,法国能摆脱能源短缺的瓶颈,做大做强核电……到了近些年,国有企业的红利分红也为国家提供公共服务提供了重要的资金来源。例如,2017 年,仅 Nexter 一家国企就给法国政府分发了 4500 万欧元的红利。正如法国的一些学者所言:"国家不是问题,而是包罗万象的解决方案。"法国在资本主义世界中具有法式特色的双元模式给法国带来了显著收益:强大的国有经济可以弥补私有经济的不足,特别是有助于消除市场失灵和能源危机所带来的负面影响,而市场经济的基本面又有助于消除计划经济的低效性和短缺经济带来的负面影响。两种模式的综合带来了取长补

---

① INSEE. Tableaux de l'économie française (edition 2020)[EB/OL].(2020-02-27)[2023-01-29]. https://www.insee.fr/fr/statistiques/4277841? sommaire＝4318291.

短之效。2018 年法国主要国有企业经营状况如表 3-2 所示。

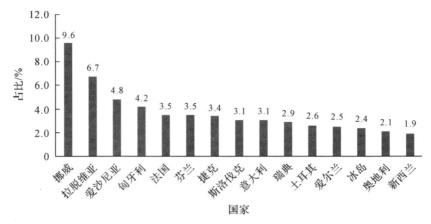

图 3-5　部分 OECD 国家国有企业雇员占非农就业人口比重（前 15 位国家）

数据来源：OECD. The Size and Sectoral Distribution of State-Owned Enterprises
[R]. Paris：OECD，2017.

表 3-2　2018 年法国主要国有企业经营状况

法国主要国有企业	国家持股比例/%	营业额/百万欧元	净收入/百万欧元	雇佣职工/千人
法国电力公司（EDF）	71	68976	1177	165.8
空客集团（Airbus）	11	63707	3054	133.7
ENGIE 石油	24	60596	1033	158.5
雷诺汽车（Renault）	15	57419	3302	183.0
Orange 电信	13	41381	1954	135.9
法国国家铁路（SNCF）	100	33311	141	272.7
法国航空—荷兰皇家航空集团（Air France-KLM）	14	26512	409	82.2
赛峰航天（Safran）	11	21025	1283	66.5
法国邮政（La Poste）	74	19154	798	251.2
泰雷兹电子（Thales）	26	15855	982	66.1
巴黎大众运输公司（RATP）	100	5562	200	59.9

续表

法国主要国有企业	国家持股比例/%	营业额/百万欧元	净收入/百万欧元	雇佣职工/千人
巴黎夏尔·戴高乐机场（Aéroport Paris Charles de Gaulle）	51	4478	610	25.9
埃赫曼矿业（Eramet）	26	3725	53	12.7
欧安诺能源（Orano）	50	3623	−544	18.8
海军集团（Naval Group）	62	3608	178	13.6
法国电视台（France Télévisions）	100	3087	−89	9.6
法国国有彩票公司（Française des Jeux）	72	1803	170	2.3
法国 STX-大西洋造船厂（STX France-Chantiers de l'Atlantique）	84	1669	37	2.8
Odas 协会	34	739	7	—
法国广播电台（Radio France）	100	671	7	4.6

数据来源：法国国家统计局（INSEE），https://www.insee.fr/fr/statistiques/4277841? sommaire=4318291。

第三节　法国劳动力市场改革

一、完善的就业保障体系

法国社会始终把劳动权视为神圣权利。19 世纪的法国民众曾争取到八小时工作制、最低工资制度、限制童工、取消夜间劳动、取缔私人职业介绍所等权利（丁建定，2009）。法国现行的《劳动法典》（Code du Travail）非常完善和复杂，事无巨细地规定了雇佣合同（合同类型、集体劳动协议、工资等）、雇佣条件（劳动条件、休假、卫生和安全、职业道德、罚款等）、安置与雇佣（安置、雇佣、全国职业介绍所、劳动力保护、失业工人等）、受雇者职业协会、劳动争议、职业培训等内容，为法国劳动者提供了全面及高水平的劳动保障。与欧洲其他国家不同，法国加入工会的职工比例并不高，这在一定程度上是因为《劳动法典》提供了正式而全面的劳动保护，且《劳动法典》在很大程度上偏向雇员。

(一)固定期限合同

无固定期限合同(也称永久合同,contract duration indeterminée,CDI)是法国劳动合同的主要形式。法国《劳动法典》第121-5条明确规定,无固定期限是劳动合同期限的一般原则,固定期限劳动合同(contract duration determinée,CDD)仅适用例外情形。《劳动法典》严格限定了CDD的适用范围,仅包括CDI雇员请假后请人代工、企业工作变动性增加、具有季节性或临时性的工种这三种类型。为了防止雇主通过不断延长CDD合同来逃避与雇员订立CDI的义务,《劳动法典》还规定,CDD合同必须规定合同到期日期,且最长不得超过18个月,累计不超过24个月,且CDD员工的时薪是同等CDI员工时薪的近两倍。在CDI合同的约束条件下,雇主单方面终止合同非常困难,需要面对复杂的程序并付出高昂的成本。一般来说,只有在雇员出现严重失误失职或不可抗力(如企业破产、技术革新等)情形下才可提前终止合同。如果劳资双方中的一方无故单方面解约,则需向对方支付相当高的赔偿金。

CDI合同创造了一种稳定的雇佣关系,双方在一定程度上都从中获益。对于个人来说,如果没有出现严重的工作失误,则一般不会被解雇;而稳定的雇佣关系又为企业带来了熟练的工人、凝聚力以及更高的生产效率。但CDI合同的缺陷也同样明显,过于稳定的雇佣关系会造成劳动力市场的僵化,因此各种劳动力市场政策的改革都围绕提供其他形式的雇佣合同展开。

(二)法定工作时间

法国是全球第一个实行35小时工作制的国家。2000年起,法国标准工作时间从每周39小时缩短至35小时,被法国社会誉为"一场革命"。法国《劳动法典》还规定,雇员每周平均工作时间不得超过44小时,单周工作时间禁止超过48小时,每周工作不得超过6天。每周超过35小时的工作时间需按照近 12 周的平均工资补偿加班费。35 小时工作制是外界对法国人"慵懒"印象的来源之一,而该项政策在当时的出台实际是为了缓解失业问题,因为 2000 年前后,法国劳动生产率每年提高 5%—6%,但对劳动力的需求下降了 2%。

(三)工资水平

法国自 1950 年开始实行最低工资制度,最低工资水平此后有所增长,并在密特朗执政期间单次提涨 20%。一直以来,法国最低工资制度被严格执行,每年由雇主和工会代表成立的谈判委员会综合考虑物价水平、经济状况、工资水平等因素调整 1—3 次,2023 年 1 月 1 日起,最新调整的最低工资水平为每月 1709.28 欧元,平均为 11.27 欧元/时。2023 年部分国家最低工资水平(12 个月)如图 3-6 所示。法国的最低工资水平在 OECD 国家中排名第六,这是因为过高的最低工资水平被认为扭曲了劳动力价格,影响了法国的就业状况,因此法国从 2006 年希拉克政府的劳动力市场改革计划开始对最低工资水平的调整进行控制,之后在 2010 年、2018 年等经济周期下行阶段,最低工资甚至出现负增长(见图 3-7)。

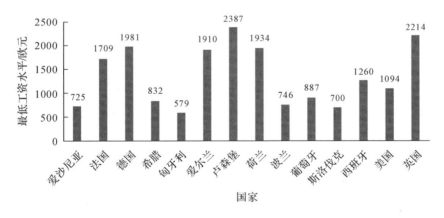

图 3-6　2023 年部分国家最低工资水平(12 个月)

数据来源:Eurofound 数据库,https://www.eurofound.europa.eu/data/statutory-minimum-wages-2023。

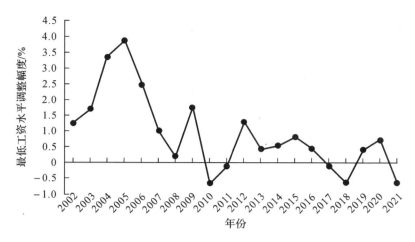

图 3-7　2002—2021 年法国最低工资水平调整幅度变化

数据来源：OECD 数据库，https://stats.oecd.org/index.aspx? DataSet Code＝RMW。

法国只有不足 10％的人实际领取最低工资，但最低工资水平调整后，行业工资谈判和企业工资谈判相继进行，因此各行业雇员实际工资水平也会相应提高。另外，对于每周工作 35 小时以上的雇员，前 8 小时的加班费为时薪的 125％，8 小时后增至 150％。

（四）失业津贴

凡是在法国就业部门注册的员工，在满足达到最短雇佣期并积极寻找工作等条件后都可申领失业津贴（l'allocation d'aide au retour à l'emploi，ARE），领取时间最长可达 36 个月（见表 3-3）。全球领取时长超过法国的只有荷兰（38 个月）。以失业者上一份工作的年收入为领取标准（SJR）计算，每日津贴标准必须在每日 SJR 的 57％—75％，申领者们从 ARE 中获得的平均收益为 1020 欧元/月。

表 3-3　法国失业津贴(ARE)的领取条件、时长

组别	最短雇佣期	最长领取时间
52 岁以下	过去 24 个月中满 130 天/910 小时	730 天
53—54 岁	过去 36 个月中满 130 天/910 小时	913 天
55 岁以上	过去 36 个月中满 130 天/910 小时	1095 天

数据来源:欧盟委员会,https://ec. europa. eu/social/main. jsp? catId＝1110＆langId＝en＆intPageId＝4543。

2000 年前,在传统的社会团结价值观影响下,法国对失业者的待遇提供采取一种福利化取向,失业救济标准较高、门槛较低且支付周期较长,这被认为阻碍了失业者再就业,给企业造成了过于沉重的负担。2000 年前后,法国包括其他 OECD 国家都意识到失业政策对再就业的潜在负面影响,对失业津贴制度进行以"激活劳动力市场""提高就业能力"为导向的改革。改革措施包括提高申领条件、附加再就业培训条件、缩减失业福利标准和时长等。比如,法国政府要求 ARE 申请者必须在就业部门(Pôle Emploi)注册为求职者,并遵守该部门制订的个人求职计划(就业个性化项目,PPAE)。此外,申请者在有合适的工作机会时必须尽量就职,如果拒绝两个合理的工作机会,申请者的 ARE 津贴将会被停止发放。近年来,ARE 的申领条件还在不断收紧,但该项福利的覆盖人群反而不断扩大,从 CDI 合同员工向 CDD 合同员工普及。

对于已在领取失业津贴的人群,ARE 鼓励其在领取失业救济金的同时去求职、参加培训或兼职。其中,求职、参加培训与申领资格挂钩,对工作的鼓励表现为:所有领取失业津贴的人平均可获得 1020 欧元/月,完全依靠失业金的人平均可领取 1130 欧元/月,而对那些通过兼职或"迷你工作"补充收入的失业者而言,失业津贴为 780 欧元/月,那么在加上工作收入后,这类失业者的总收入要远高于不工作的失业者。

二、失业问题及改革措施

正如一枚硬币的正反面,法国完善且高水平的就业保障体系的另一面

是居高不下的失业率，失业问题早已成为困扰法国社会的"痼疾"。如图 3-8 和图 3-9 所示，法国自 20 世纪 80 年代以来，失业率一直居高不下，常年保持在 7％以上，20 世纪 90 年代、21 世纪第二个 10 年的部分年份甚至高达 10％以上，1975—2022 年平均失业率达 8.38％，常年高于欧盟国家平均水平（2022 年为 6.6％）。更能反映一国就业体制有效性的青年失业率指标更是常年保持在 20％左右的高位水平，20 世纪 90 年代一度接近 30％。法国的失业问题在欧美国家中较为突出，历届政府均通过社会政策深度干预失业问题。

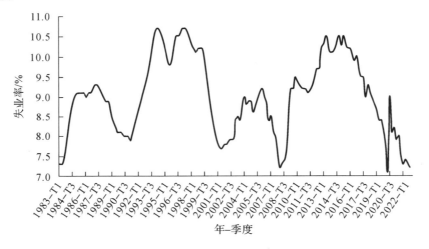

图 3-8　1983—2022 年法国季度失业率变化

数据来源：法国国家统计与经济研究所，https://www.insee.fr/en/statistiques/3532159? sommaire＝3530679。

从朱佩政府起，法国各届政府都在探索解决失业问题的方案。主要思路有三：一是从供给侧提高劳动力的再就业意愿。收紧失业津贴的领取条件和待遇，倒逼劳动力重新进入劳动力市场。二是从供给侧赋能劳动力的再就业能力和再就业质量。将职业培训与失业津贴的申领挂钩，强化职业培训和就业部门的咨询服务。此外，通过创办"具有职业融入使命"的托育机构，使女性有更多时间和精力去求职。三是从需求侧缓解企业用人压力，对接企业招聘需求。值得注意的是，这些改革措施有一定的时间序列，这背

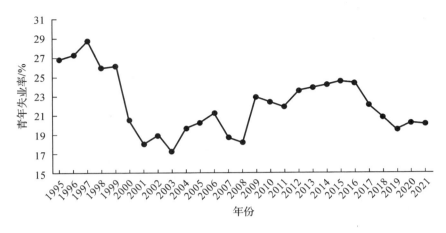

图 3-9　1995—2021 年法国青年失业率变化

数据来源：世界银行数据库，https://data.worldbank.org/indicator/SL.UEM. 1524.ZS? locations＝FR。

后是法国对于如何干预失业问题的思路的转变——从 20 世纪 70 年代起主导的维护青年劳动者权益、提供更多就业机会的干预思路，向 2000 年后通过为企业减负从而刺激企业扩大招聘规模的思路转变。此外，尽管从 20 世纪 80 年代以来，各国为了解决失业问题都采取了一系列改革措施，但法国的改革显得尤为艰难，历次改革都遭遇民众较为激烈的抗议，大革命传统带来的"抗争文化"和"冲突逻辑"贯穿着法国社会改革的进程。此处介绍法国近年来在促进就业方面较有代表性的一些做法。

（一）"学徒制"和青年人的就业促进

青年就业促进政策是法国劳动力市场政策的重点，也是法国政府最早干预劳动力市场的领域。青年人由于缺乏技能和经验，是劳动力市场上的脆弱人群，改善青年就业对矫正长期失业率有重要意义。法国的青年就业促进措施主要包括发展以"学徒制"为核心的职业教育体系和实施其他公共就业服务等。

20 世纪 70 年代，法国已颁布《继续教育法》《就业训练法》，建立以法国中等职业技术教育、高等职业技术教育和企业职业技术教育与培训三大内容为核心的职业教育体系。近年来,随着《自由选择职业前途法案》的颁布,学徒制(apprentissage)成为法国帮助年轻人就业的重要模式,也被认为与德国"双元制"职业教育模式齐名。学徒制的实质是企业培训和学校教育相结合的半工半读培养模式,所有公私营部门只要能够组织符合要求的学徒培训,都可签订学徒合同。学徒既在培训中心学习理论知识,获得国家文凭,如 CAP(certificat d'aptitude professionnelle,法国最基本的职业资格证书,通常需要完成两年的职业培训课程和实习)、BTS(brevet de technicien supérieur,一种高级职业资格证书,通常需要完成三年的职业培训课程和实习)、学位证等,也在企业导师的指导下在企业接受实践培训,即通过青年求职者和雇佣企业的合力以及国家财政补助来促进青年人就业。学徒们签订 CDI 或 CDD 形式的学徒合同,也称"未来就业合同"。以"一份合同对应一项补助"为原则,政府对学徒进行补助,补助标准依据合同执行年限和年龄的不同,对应法国最低工资水平(SMIC)的相应百分比,如表 3-4 所示。

表 3-4　法国学徒制合同下学徒所获报酬对应最低工资水平百分比

单位:%

合同执行年份	18 岁以下学徒	18—20 岁学徒	21—25 岁学徒	26 岁及以上学徒
第一年	27	43	53	100
第二年	39	51	61	100
第三年	55	67	78	100

数据来源:法国劳工部,https://travail-emploi.gouv.fr/formation-professionnelle/。

法国所有 16—29 岁的青年人都可参与学徒制,就业中心根据个人意愿为学徒提供免费的就学与就业咨询服务。法国各大地区还会在各初高中组织多次职业见面交流会,邀请行业从业者分享从业经验与感受。据统计,法国 70% 的学徒在培训 7 个月后能够找到一份工作。学徒制被认为是帮助年轻人走向稳定就业的最佳跳板模式(刘昱辰,2018)。如图 3-10 所示,2021

年,法国学徒合同数量达到 73.2 万份,比 2020 年增长 39％。① 法国学徒合同数量在 2018 年后出现了飙升的发展趋势,这被普遍认为是法国向德国模式的职业教育体制靠拢的结果,两个欧洲大国在此领域走向趋同。

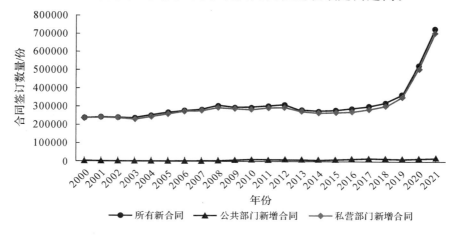

图 3-10　2000—2021 年法国学徒合同签订数量变化

数据来源:法国劳工部,https://dares. travail-emploi. gouv. fr/donnees/le-contrat-dapprentissage。

除了学徒制,法国近年来同样注重通过提供公共服务和政策补贴帮助青年人就业。首先,为所有雇员建立个人培训账户(le compte personnel de formation,CPF),政府每年向其发放 500 欧元的培训津贴,10 年后账户累计上限为 5000 欧元。该笔款项被限定用于支付员工在职业生涯中的培训活动,旨在维持和提高员工的就业能力。没有足够职业技能的员工的 CPF 年度支付额为 800 欧元。非全职员工(兼职、自营职业、季节性工人、残疾就业者)等有优先获得 CPF 的权利,这保障了弱势群体提高职业技能和稳定就业的能力。② 其次,向所有雇员、求职者提供专业发展咨询(CÉP),了解申请者

①　Cupillard E. Une très forte augmentation des entrées en contrat d'apprentissage en 2020[EB/OL].（2021-07-08）[2023-03-11]. https://dares. travail-emploi. gouv. fr/publication/une-tres-forte-augmentation-des-entrees-en-contrat-dapprentissage-en-2020.

②　Ministère du Travail, du Plein emploi et de l'intégration. Compte personnel de formation (CPF)[DB/OL].（2023-08-11）[2024-02-19]. https://travail-emploi. gouv. fr/formation-professionnelle/droit-a-la-formation-et-orientation-professionnelle/compte-personnel-formation.

的需求、发展方向，并提供个性化的解决方案或支持发展战略。^① 此外，法国每年还通过"职业伊拉斯谟"项目（Erasmus Pro）向 15000 名青年提供全欧洲的交换机会。

（二）雇佣形式的改革

CDI 对于劳工的过度保护被认为造成了法国劳动力市场僵化和失业问题，因此近些年改革的一大方向是在 CDI 框架下创立新的劳动合同形式，如新雇佣合同（contrat nouvelle embauche）、首次雇佣合同（contrat première embauche）、未来就业合同（contrat d'avenir）、代际合同（contrat de génération），以及通用就业服务支票（chèque emploi service universel）等。这些新雇佣形式都旨在提高企业雇佣的灵活性，降低用人成本。

表 3-5 介绍了 21 世纪以来法国较有代表性的几次雇佣形式改革的内容。其中，"新雇佣合同"和"首次雇佣合同"都是希拉克政府在 2006 年前后推出的新雇佣形式，二者的核心政策内容一致，只是面向人群不同。通过设置 2 年的"职业巩固期"，其间赋予雇主无理由解雇权，使雇主能够摆脱烦琐的解聘程序和高额补偿。新雇佣合同法案的出台被认为是盘活法国劳动力市场的创举，受到国际经济界的欢迎，国际货币基金组织（IMF）的专家甚至认为，可以对该项合同的适用范围和期限进行扩大，使成效更显著。^② 而其实际效果远不如预期。新雇佣合同仅运行不到 3 年即在工会组织和左翼政党等的反对下被废止，即使在施行期间，尝试签订的群体也不多，且在已签订该项合同的劳动者中，有 30% 在 6 个月后离职，18% 在前 3 个月内即离

---

① Ministère du Travail, du Plein emploi et de l'intégration. Conseil en évolution professionnelle (CÉP)［DB/OL］. （2024-01-29）［2024-02-19］. https://travail-emploi. gouv. fr/formation-professionnelle/droit-a-la-formation-et-orientation-professionnelle/CEP.

② Dans les conclusions de sa mission, le FMI approuve les mesures sur l'emploi et incite le gouvernement à aller plus loin［EB/OL］. （2022-07-05）［2023-01-25］. https://www. humanite. fr/social-et-economie/-/le-fmi-applaudit.

职，一年后只有50％的人还在同一家企业工作。[①] 首次雇佣合同法案则更是在颁布的同年就在全国性罢工罢课的浪潮中被悄然废止。新雇佣合同和首次雇佣合同的失败主要源自法国社会层面的压力，法国劳动保护领域的保守传统和高烈度的社会抗议文化使劳动市场的改革尤其艰难。这也显示了在社会团结文化盛行的法国，激进的自由主义改革很难得到大众的支持。尽管当时一些针对雇主的采访显示，这两项合同确有激励企业雇佣行为的作用，如在当时签订新雇佣合同的雇主中，有8％表示是受到新雇佣合同的政策激励才选择雇佣的，另有20％的雇主表示在此机制下选择提前雇佣（张金岭，2015）。综合来看，能够得到劳资双方和社会各方较为普遍的支持的雇佣形式当推未来就业合同，它在后来也发展为学徒合同，至今仍发挥着支持青年就业的积极作用，缓解了法国社会的失业问题。法国政府历次雇佣合同形式改革都强调国家的积极干预，从理念的转变与引导到不断加大的财政支持力度，彰显了历届政府在治理失业问题上的决心与变革性思路。

表3-5　21世纪以来法国代表性雇佣形式改革

发起时间	雇佣形式	发起者	对象	内容	结果
2005年8月	新雇佣合同	希拉克政府（总理德维尔潘）	所有劳动者；20人以下中小微企业	为雇员设立两年的"职业巩固期"，其间雇主可无理由解雇雇员，且不受《劳动法典》条款限制	遭多方反对，2008年被废止
2006年1月	首次雇佣合同	希拉克政府（总理德维尔潘）	26岁以下青年人；20人以上私营企业	两年"职业巩固期"；免除三年雇主须为雇员缴纳的社会分摊金	引起全国范围青年职工和学生的罢工罢课

[①]　Ministère de l'emploi, de la cohésion sociale et du logement. Le plan de développement des services à la personne[EB/OL]. (2006-01-19)[2023-01-25]. https://travail-emploi. gouv. fr/IMG/pdf/plan_sap. pdf.

续表

发起时间	雇佣形式	发起者	对象	内容	结果
2005 年	未来就业合同	希拉克政府、奥朗德政府	从就业困难的特殊群体[a]发展到 16—25 岁的技能缺乏者	1—3 年期合同;雇主只需承担雇员工资的 25%,剩余部分政府支付;雇主享受税收优惠、社会分摊金减免、奖金等激励	并入学徒合同
2013 年	代际合同	萨科齐政府	青年人和老年人;300 人以下企业	青年人和高技能中老年人共享工作岗位	2017 年起不再生效

注:a. 享受此类特殊用工机制的群体主要是享受政府提供的就业团结收入（revenu de solidarité active）、边缘父母津贴（allocation de parent Isolé）、特殊团结津贴（allocation de solidarité Spécifique）、成年残疾津贴（allocation adulte handicapé）等福利待遇者。

(三)失业津贴的改革

法国长期以来以提供欧洲大陆上最慷慨的失业待遇而闻名,这造成政府较大的财政压力,还有很大可能引致故意不就业的道德风险,不仅会降低失业保险基金的资源分配效率,还可能造成劳动力市场扭曲。因此,法国政府一直尝试收紧失业津贴的领取资格和待遇条件,倒逼失业者成为求职者,重返劳动力市场。现任总统马克龙于 2017 年当选时面临的失业状况为近 10% 的总体失业率和近 25% 的青年失业率,为此,马克龙政府当选后立刻推行新的失业保险劳资协议,对不同类型失业金领取者的条件进行调整,2019—2021 年先后发布三次失业救济调整法令。

第一,进一步缩短失业津贴领取时间,下调领取标准。2019 年改革后,除 55 岁以上失业者仍保持最长 36 个月的领取时间外,52 岁以下失业者的失业津贴领取时间从最长 36 个月缩短至 24 个月,53—54 岁失业者的失业津贴领取时间从最长 36 个月缩短至 30 个月。2023 年 2 月起,任意年龄段的新申请者的领取时间还将适用 0.75 的系数,减少 25% 的领取时长。同时,鼓励失业者参加职业培训——如果失业者参加培训,可额外领取 6 个月的失业津贴,且培训时间计入 CPF 账户,上限为 500 小时。对于领取标准,根据法国失业保险联合管理机构（Unédic）的测算，2021 年起，115 万名失业金申请人的失业津贴平均下降 17％，但政府对标准的下调设置下限——申领人的失业权益不得比改革前减少超过 43％。此外，对于 57 岁以下的、失业前月收入超过 4500 欧元的失业者，在领取 8 个月失业津贴后，其失业津贴水平将降低 30％。2006 年和 2023 年法国失业津贴领取资格和最长领取时长对比如表 3-6 所示。

表 3-6　2006 年和 2023 年法国失业津贴领取资格和最长领取时长对比

年份	最短雇佣期	最长领取时间
2006	过去 22 个月中满 6 个月	7 个月
	过去 20 个月中满 12 个月	12 个月
	过去 26 个月中满 16 个月	23 个月
	50 岁以上，过去 36 个月中满 27 个月	36 个月
2023	52 岁以下，过去 24 个月中满 130 天/910 小时	730 天（24 个月）
	53—54 岁，过去 36 个月中满 130 天/910 小时	913 天（30 个月）
	55 岁以上，过去 36 个月中满 130 天/910 小时	1095 天（36 个月）

数据来源：作者根据法国劳工部数据库、法国全国失业金管理局（Unédic）数据库数据自制。

第二，缩小 CDD 合同与 CDI 合同雇员在失业津贴上的差距。放宽短期合同劳动者的申领条件，缩短短期合同雇员的最低雇佣期，使他们相比以前更容易获得失业津贴。

第三，扩大失业津贴的覆盖面，纳入主动辞职雇员和自雇职业者。2018 年以前，只有被动辞职的员工可享受失业救济。马克龙政府的改革提出，所有雇员每五年有一次主动辞职但能获得失业救济的权利。此外，政府承诺向破产的自雇职业者提供为期 6 个月、800 欧元/月的失业救济。

第四，对企业失业保险分摊金引入"奖惩制"。根据此前的失业保险法，对雇佣 3 个月以下 CDD 形式雇员的企业加征失业保险分摊金，对采用 CDI 形式的企业免除 3 个月失业保险分摊金。改革后，雇主的失业保险分摊金普遍从 4% 上升至 4.5%。同时,使用比行业平均更多短期合同的企业将比其他企业多缴纳 1% 的失业保险分摊金;反之,使用更多长期合同的企业将被奖励缴纳更低的失业保险分摊金。总之,政府明确了,企业累计使用的 CDD 合同越多,需要付出的经济代价就越大。

第五,立法赋予法国政府根据劳动力市场状况机动调整失业政策的权限。总体而言,当经济低迷或失业率在 9% 以上时,失业津贴的领取时间更长;当经济好转或劳动力短缺时,福利领取的时间将被缩短。

除此之外,在新冠疫情期间,为了减轻新冠疫情对青年就业与职业培训的影响,法国政府还制订了一项财政投入 90 亿欧元的"1 个青年、1 个解决方案"计划(1 young person,1 solution regime),鼓励 26 岁以下青年进入劳动力市场,政策工具囊括就业补贴、培训支持、困难青年资助等多元措施,被认为有效降低了新冠疫情期间法国的失业率。

马克龙政府始终坚定推行以新劳工法为核心的劳动力市场改革,通过开放劳动力市场、推行灵活就业模式、降低劳动力成本等为企业"减负"。总体来看,改革的效果是显著的,法国整体失业率从 2017 年的 9.5% 下降至 2021 年的 7.4%,青年失业率则下降了 1.4%,但与欧盟国家平均失业水平相比,法国的失业率仍然相对较高。法国劳工部部长此前表示,到 2024 年,将有 10 万—15 万人比预期更早返回劳动力市场。马克龙在失业制度改革的问题上获得了右翼共和党的支持,"激活"劳动力市场的做法已跨越政治光谱。该举措也收获了来自雇主方面的支持,例如,法国雇主协会(Medef)主席称赞法国近年来的失业制度改革是"朝着正确的方向前进",能够鼓励更多失业者重返工作岗位。2022 年马克龙竞选连任时,承诺将于 2027 年实现"充分就业,失业率降至 5%"的目标,呼吁法国人"同意为自由付出代价"。尽管开局良好,但来自工会的反对和雇员的抗议仍在上演。

法国的失业问题由来已久,对这一问题产生原因的一种重要的解释是欧洲国家所共有的——石油危机和全球化市场冲击下经济增长的长期停滞以及人口结构的改变。而更深层的原因则是具有法国特色的:首先,历史上较高的国有化程度使法国中小企业发育不足,不能提供更充分的就业岗位。其次,20世纪80年代法国社会党较为激进的经济社会改革建立了完善的劳动保障制度,如较高的最低工资水平、企业普通社会保险捐税(CSG)及其他税费、无固定期限合同等。在制度惯性下,用人成本逐年升高,劳动力市场严重僵化,影响企业雇佣意愿。最后,一方面,法国社会将劳动权置于神圣地位,进而导致改革的社会阻力过大;另一方面,社会层面又未能建立广泛的社会伙伴关系,劳资对话往往依靠激烈的社会冲突和直接行动进行,不仅使改革推进困难,也影响法国企业的投资意愿和国际竞争力,进而更加不利于降低失业率。从20世纪80年代中期开始,法国各届政府都在努力寻找降低失业率的有效方案。

第四节　法国社会保障制度与改革

1945年,法国在传统的行业互助保险的基础上建立了现代社会保障制度,以社会保险为主体性制度安排。行业互助的传统影响至今,形成了法国社会保障制度独特的"碎片化"制度结构,未能形成真正意义上统一的社会保障制度。按照欧洲学者的说法,法国试图以俾斯麦的手段实现贝弗里奇的目的(Bonoli and Palier,1997)。碎片化的制度特点总体来讲消极意义更加明显,导致法国福利改革难以展开,财政负担日益加重。然而,即使"难以撼动",法国自20世纪80年代以来仍然对社会保障制度进行了诸多调整。

一、法国社会保障制度的基本内容

法国是法团主义福利国家的典型代表,其社会保障制度的主体是强制参保的基本社会保险制度,其又可划分为4个子制度,如图3-11所示。4个子制度下又包括不同的、分别管理的小制度,比如仅特殊制度就包括120个大小制度。这些制度针对不同的职业人群,其中,一般制度覆盖的人群最多,约占职业人群的三分之二。在基本保险之外,法国还有多种由互助会或私人公司推出的补充保险，通常是非强制性的。社会救助在 20 世纪 50 年代社会保障起步阶段规模很小，但在 20 世纪 80 年代失业人口增加后，中央政府也采取了一系列反贫困措施。法国社会保障制度主要针对养老、医疗、失业三大风险，并在家庭福利的提供上卓有成效。根据法国国家统计局的数据，2018 年，养老金、医疗保险资金、家庭津贴、失业保险金分别占社会保障资金的 46％、35％、8％、6％。①

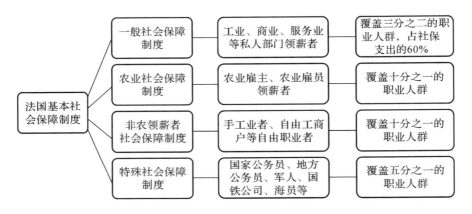

图 3-11　法国基本社会保障制度构成和适用人群

法国社会支出水平较高，近年来占 GDP 的比重长期保持在 30％以上，2022 年为 31.63％，超过北欧国家，位居 OECD 国家之首（见图 3-12 和图 3-13）。较高的支出水平来自较高的缴费和税收收入。法国社会保障筹款主要来自雇主和雇员缴纳的分摊金，占总金额的 78％—80％，几乎每个人全部收入的一半要转移到社会保险体系中（Bonoli and Palier，1997）。

---

① DREES. La protection sociale en France et en Europe[EB/OL]. (2020-06-19) [2023-01-28]. https://drees. solidarites-sante. gouv. fr/publications-documents-de-reference/panoramas-de-la-drees/la-protection-sociale-en-france-et-en.

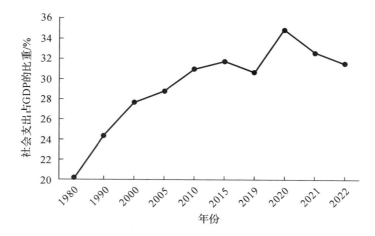

图 3-12　1980—2022 年法国部分年份社会支出占 GDP 的比重

数据来源：OECD 数据库，https：//stats. oecd. org/Index. aspx? DataSetCode ＝ SOCX_AGG。

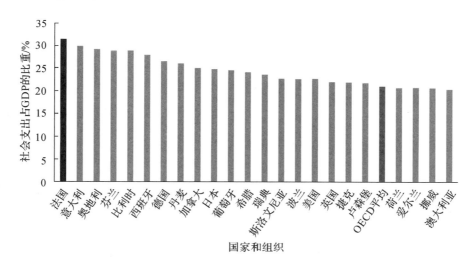

图 3-13　2022 年 OECD 平均和部分成员社会支出占 GDP 的比重

数据来源：OECD 数据库，https：//www. oecd. org/social/expenditure. htm。

二、法国养老金制度及改革

法国是最早建立养老金制度的国家之一，当前养老保险制度以现收现付的基本养老保险制度为主体,20 世纪 90 年代后,第二支柱、第三支柱也得到一定发展。2022 年,法国基本养老保险的总缴费占工资收入的 15.45%,其中雇主承担 60%,个人承担 40%,养老金支付成本为 3396 亿欧元,占 GDP 的 14.4%。同时,法国《社会保障法》规定,一般制度覆盖的劳动者还必须加入补充养老金计划(Agirc-Arrco)。养老保险亦是法国整个社会保障制度中最为复杂、"碎片化"问题最突出的领域,不同职业人群,甚至同一职业人群内部能获得的养老金都有较大差距,仅基本养老金中就有 130 多种保险标准。一般制度(私人部门)和特殊制度(公共部门)间的差距则更加悬殊。在 20 世纪 90 年代前,私人部门退休者的养老金以退休前 10 年的工资水平计算,而公务员的养老金则以退休前一年的工资水平计算,考虑职业生涯发展、通货膨胀等因素,公私部门间养老金水平悬殊,有欠公平。早前法国政府在解决失业问题上,过多采取鼓励提前退休的手段,加之原本养老金缴费年限设置过低,因此养老保险给付压力凸显。

从 20 世纪 90 年代起,在经济全球化挑战、人口老龄化严重、社会保障收支失衡等背景叠加下,法国成为欧洲国家中最迫切需要对养老金进行结构性改革的国家之一,历届政府推行了一系列养老保险改革措施,包括 1993 年的巴拉迪尔改革、1995 年的朱佩改革、2003 年的拉法兰改革、2008 年的菲永改革、2010 年的萨科齐改革、2012 年的奥朗德改革、2014 年的埃罗改革等。针对养老金的历次改革都遭遇工会力量的谈判和抵抗,特别是朱佩政府的改革,直接在工会组织的大规模罢工下失败,朱佩本人还为此引咎辞职。

法国养老金改革的总体思路可概括为以下三个方面。

第一,开源节流。一是延长缴费期限。领取全额养老金的缴费年限从 1993 年的 37.5 年逐渐延长到 2003 年的 40 年、2020 年的 42 年,再到 2035 年的 43 年。二是提高缴费率。基本养老保险的缴费率从 1970 年的 8.50% 逐步提升到 2017 年的 17.75%,但近年来为了减轻企业负担,又有所下降。三是改革计发基数。1993 年改革将私人部门基本养老金待遇的计算从依据退休前 10 年的最高平均工资延长到退休前 25 年的平均工资。2003 年,拉法兰改革又将公共部门的养老金计算方法从以前按照退休前 1 年的最高平均工资计算改革为以退休前 3 年的最高平均工资计算。[①] 四是延长法定退休年龄。退休年龄从 60 岁延长至 62 岁。延迟退休者和提前退休者,政府以增减养老金待遇的方式予以鼓励或遏制。

第二,以基本养老金为核心,增加基金型第二支柱、第三支柱的比重。现收现付的基本养老保险制度是法国养老保障制度的主体,在 20 世纪 60 年代至 70 年代,法国现收现付的基本养老保险加上补充养老金的替代率可达 70％—90％,能够发展基金制第二支柱、第三支柱的空间非常有限(Palier,2014)。但在 2000 年后,基金制的养老金计划开始在法国发展,2003 年,法国政府的养老金改革推出面向私人企业的"企业集体退休储蓄计划"(PERCO)和面向全体劳动者的"个人退休储蓄计划"(PERP),国家通过税收和缴费优化等措施鼓励企业和个人参保。2019 年起,私人部门的强制性补充计划已被合并为 Agric-Arrco 计划(补充养老金计划),收入在 3666 欧元/月以下的劳动者,雇主和个人分别缴纳收入的 4.72％、3.15％;收入在 3666 欧元/月至 29328 欧元/月的劳动者,雇主和个人分别缴纳收入的 12.95％、8.64％。[②]

第三,缩小公共部门和私人部门劳动者的养老金差距。1993 年 4 月,时任政府总理的爱德华·巴拉迪尔宣布对私有部门的养老金进行改革。为了赢得私人部门雇员和工会的支持,法国政府提出将社会普摊税(contribution sociale généralisée,CSG)的税率从 1.1％提高至 2.4％,用于设立非缴费性的老年团结基金(FSV)。到了 1995 年,朱佩政府改革的重点为对公共部门养老金实行与私人部门较为一致的规则:延长全额养老金的缴费年限,改革缴费基数,设置 60 岁为最低退休年龄。但由于公共部门的改革阻力过大,

---

① 拉法兰改革对公共部门养老金待遇的缩减只获得部分批准,最终达成的计发基数为最后 6 个月平均工资的 75％。

② 数据来源:欧洲与国际社会保障联络中心。

改革最终以失败告终。2003 年,拉法兰政府再次推动养老金改革,这次改革除公共部门,还涉及私人部门和自雇佣者。主要内容包括:一是缴费年限与私人部门同步。到 2008 年,公共部门取得全额养老金的缴费年限应与私人部门一致,同样为 40 年;到 2020 年,公共部门和私人部门的缴费年限均延长至 42 年。二是改革计发基数。公务员养老金不再以退休前 1 年的工资水平计算,代之以退休前 3 年的平均工资计算。此外,私人部门和公共部门养老金的调整均不再以工资为标准,而是根据生活水平(物价水平、通货膨胀)进行调整。

三、法国医疗保障制度及改革

2000 年,世界卫生组织(WHO)曾将法国的医疗体系评为"世界最佳"。法国具有较为普遍和全面的医疗保障制度,整体医疗水平较高,国民健康水平较高,人均寿命较长。如图 3-14 所示,2019 年,法国医疗支出占 GDP 的比重为 11.2%,比欧盟平均水平高出 1.2 个百分点,为 OECD 国家中医疗支出水平较高的国家之一,排名第四,仅次于美国、德国和瑞士。支出总额达

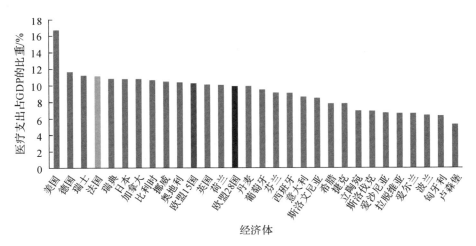

图 3-14　2019 年部分 OECD 国家和欧盟医疗支出占 GDP 的比重

数据来源:DREES,https://drees. solidarites-sante. gouv. fr/publications-documents-de-reference/panoramas-de-la-drees/les-depenses-de-sante-en-2020-resultats。

2092 亿欧元,人均支出 3100 欧元。① 二战后,法国的医疗保障制度同样存在以职业为划分依据的特征,一直到 1999 年,《普遍医疗保险法案》(CMF)出台,开始为法国的全体居民提供普遍的基本医疗保险,还为低收入人群提供免费的补充医疗保险。当前法国的医疗保障制度主要包括基本医疗保险——全民健康保险(PUMa)和补充医疗保险,全民健康保险是强制参保,补充医疗保险为自愿参加。

法国医疗保障的给付水平很高,对于医疗服务费用的负担比例大致为全民健康保险、补充健康保险(complémentaire santé solidaire)、医疗救济、个人分别承担 77.0%、12.5%、1.5%、9.0%,且个人自费部分也几乎可以被其他津贴和减免抵消。此外,法国医疗服务体系在 2000 年之前的另一特点是“自由”——医生处方自由、执业地点自由;患者按服务付费,有选择医生的自由。这种“自由”的代价是医患双方都有“合谋”增加医疗支出的动机。据统计,法国 90% 以上的患者就诊后都会开药,人均消费药品超过 50 盒/年。法国是欧洲医药产品消费最高的国家,再加上原本就较高的给付水平,使得法国的卫生支出一直以来高于欧洲国家平均水平。到了 20 世纪 90 年代前后,随着人口老龄化的加剧和医疗技术的进步,法国的医疗保障制度同样面临巨大的财政压力。为此,从 1995 年开始,法国在医疗保障领域也展开了一系列改革。历次改革的主要目标是控制医疗费用的上涨,厘清卫生部门、公立医院、私立医院、医生、个人等主体间的关系,提高医疗服务质量和效率。

1995 年朱佩政府的改革措施包括:一是在国家和地方层面建立医疗保障预算限制程序,以控制医疗保障开支。二是改革医疗保障体系组织结构,增加政府在医疗保障基金中的代表以及政府对基金负责人的任命权。建立新的区域医院管理局和医疗保障认证机构等。三是扩大税基,提高缴费率。1995 年,朱佩改革开启了法国医疗保障领域改革的第一步,然而这些措施长

---

① INSEE. Dépenses de santeé [DB/OL]. (2021-11-25)[2023-02-01]. https://www.insee.fr/fr/statistiques/5432497? sommaire=5435421.

期来看未能控制不断上升的医疗支出。2004年,时任法国卫生部部长坦言,多年累积的医疗保险赤字已高达320亿欧元,因此,同年法国政府实施了更为激进的杜斯特-布拉奇改革。

法国政府于2004年通过《公共卫生法》,并制订了五年(2003—2007年)计划"Hospital 2007",旨在改革公私立医院的融资体制以及医院治理规则。三大主要措施包括:一是医院管理权下放给地区卫生管理部门。由地区政府负责医院的预算,政府支出60亿欧元作为直接补贴,其余资金由医院自筹。二是改革公立医院管理制度,赋予医务人员更大的管理自主权。三是改革付费方式,引入按结果付费的方式,调控投保人和医院方的行为;实施每次就诊必须自费1欧元、每盒药加收0.5欧元的计划,并明确不予赔付的检查项目。2004年的这次改革被认为有效促进了法国医疗系统的现代化,医疗保障的赤字缩减了一半。由于改革效果显著,2007年继任的卫生部部长提出了"Hospital 2012"(2008—2012年),继续推行改革计划。2007年的改革继承了杜斯特-布拉奇改革的思路,旨在巩固前期改革效果,消除消极影响。主要的内容包括:一是继续改革医院管理,建立地方医疗管理局(ARS),成立管理医生医疗服务与医疗机构医疗行为的机关。二是继续改革付费标准,如修改需特殊治疗的疾病的标准等。三是加速提升医院信息系统的电子化水平,医疗领域的信息技术(IT)支出从1.7%增加至2012年的3.0%。

四、法国家庭政策及改革

法国是历史上最早发展家庭福利的国家,现行家庭福利体系非常成熟和发达。在西方国家中,法国对家庭的支持,特别是对抚育儿童的家庭的财政支持力度一直较大。如图3-15所示,2019年,法国用于家庭福利的公共支出占当年GDP的3.44%,在所列示的国家中占比最大。此外,服务类、现金补贴类是法国家庭政策中的核心内容。

家庭政策在法国的出现同样源于职业相关福利,在20世纪初由雇主出

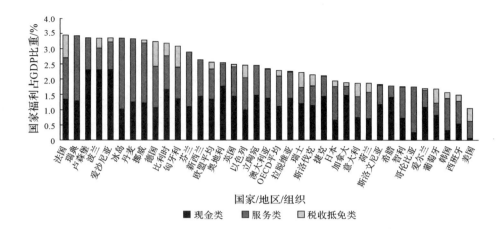

图 3-15 2019 年部分 OECD 国家和欧盟国家平均家庭福利占 GDP 的比重

数据来源：OECD 家庭数据库，https://www.oecd.org/els/family/database.htm。

资向雇员中的低收入家庭提供补偿。1938 年,《家庭法》出台,家庭政策作为法国社会政策的独立单元被确定下来。二战后,配合当时主流的男性养家糊口模式,且伴有一定的刺激生育的目的,法国家庭政策开始向有工作的家庭提供"单职工津贴"或"家庭主妇津贴",这种福利的逻辑是将女性角色限定在家庭内部和家务劳动中,因而在 20 世纪 60 年代前,法国妇女就业率仍然很低。从 20 世纪 70 年代开始,受国际女权运动和人权运动的影响,法国家庭福利的取向发生两个较大的转变:一是家庭补贴"去职业化"。1975 年,法国立法规定,政府向所有家庭支付家庭津贴,无论父母是否有工作。二是家庭政策以平衡就业和家庭为目标,鼓励妇女就业。

20 世纪 80 年代后,法国政府开始大力发展儿童托育服务,特别是社区建立的日间托育中心,探索育儿成本社会化。到 2002 年,有 9％的学龄前儿童在公共托育中心得到照顾。到了 2014 年,法国有 48％的 3 岁以下儿童接受过托育服务。2019 年,儿童托育和早教服务的公共支出占 GDP 的比重达1.38％,高于 OECD 国家均值和欧盟均值。2016 年,法国发起了一项减少21.4 亿欧元公共投入的福利紧缩方案,其中包括对家庭福利的缩减,在减少投入的背景下,法国家庭政策的调整思路为:减少对有儿童家庭的现金津贴,继续加大对托育服务的投入,力争 5 年内新增 27.5 万个 3 岁以下托育名额。

同时,法国父母的抚养成本在育儿的假期和假期津贴方面得到充分保障。在法国,怀孕的妇女有 16 周产假,如果是多胎、多子女家庭,产假可延长至 46 周(见表 3-7)。产假期间,妇女可享受医保基金提供的产假津贴,最高可达 95.22 欧元/天。[①] 2002 年开始,父亲也可享受 2 周的带薪陪产假,当前陪产假为 25 天,陪产假津贴在 10.24 欧元/天至 95.22 欧元/天[②],且政府强制父亲必须在孩子出生后的 4 个月内休假。在孩子出生后,父亲或母亲都有权利获得育儿假,育儿假是由父母双方共享的,双方都可以休假 6—48 个月。休假期间可获得儿童保育津贴(PAJE)。儿童保育津贴由几部分构成,包括出生津贴(1003.95 欧元/月)、基本津贴(182.01 欧元/月)、共享儿童教育福利(PREPARE,422.20 欧元/月)、自由选择育儿补助(CMG)等。为了鼓励妇女就业,政府还向雇佣保育员的家庭提供津贴。此外,2000 年,法国还推出了针对失业女性的福利项目,资助女性参与低薪工作,参加就业培训或创业。

表 3-7　法国产假时间

单位:周

家庭情况	产前假	产后假	总时长
孕 1	6	10	16
育 1,孕 1	6	10	16
育 2,孕 1	8	18	26
孕 2	12	22	34
孕 3 及以上	24	22	46

数据来源:Service-Public. fr. Congé de paternité et d'accueil de l'enfant d'un salarié du secteur privé〔EB/OL〕. (2024-01-01)〔2024-02-19〕. https://www. service-public. fr/particuliers/vosdroits/F3156.

---

① Ameli. fr. La durée du congé maternité d'une salariée〔EB/OL〕. (2023-12-21)〔2024-02-19〕. https://www. ameli. fr/assure/droits-demarches/famille/maternite-paternite-adoption/duree-du-conge-maternite/conge-maternite-salariee.

② Service-Public. fr. Congé de paternité et d'accueil de l'enfant d'un salarié du secteur privé〔EB/OL〕. (2024-01-01)〔2024-02-19〕. https://www. service-public. fr/particuliers/vosdroits/F3156.

总的来说,法国家庭政策以现金补贴为主体,围绕育儿相关的服务快速发展。家庭政策层次复杂,囊括对低收入人群的家计调查式福利和对高收入人群友好的税收抵免,托育服务则普遍惠及了所有收入人群。家庭政策理念也不断发展,对女性角色和权利的认知发生很大转变,家庭政策重点从提高出生率向降低贫困率和失业率,进而实现就业—家庭平衡转变。然而一直不变的是,自家庭政策出现起,照顾儿童就一直被视为国家、社会、家庭三方共同的责任,而非家庭内部的"私事",这一理念和共识至今来看仍然有借鉴价值。

五、法国的社会救助制度

法国的社会救助制度原名为"最低融合收入"(le revenu minimum d'insertion,RMI),其于 1988 年至 2009 年发挥着"济贫防贫"和"社会融合"的功能。由于在该项制度的运行过程中,法国国内存在着一些批评性意见,主要的评论观点认为,这项制度并没有真正发挥其制度名称中所包含的"融合"及"社会整合"的功能,而其功能主要停留在现金转移支付上,所以产生了改革和制度重建的客观社会需求。2000 年后,法国政府开始试点推行一项新的社会救助制度,其名称为"主动团结收入"(le revenu de solidarité active,RSA),RSA 于 2009 年替代了原有的 RMI。与原有的 RMI 相比,RSA 不仅承担了"济贫"功能,也为无收入者和低收入家庭提供现金转移支付,构筑了法国社会最后一道收入安全防线;同时,作为领取社会救助的对应条件,具有劳动能力的法国居民需要承担相应责任,不仅需要在就业部门的协助下积极配合寻找工作,而且需要参加关于职业知识技能及家庭财务运用方面的"融合课程",这使得新制度真正具备了"济贫防贫"和"社会融合"的双向功能。RSA 也包含了一定程度的训诫措施,例如领取社会救助待遇者如无正当理由连续两次拒绝合理的工作安排,那么其社会救助待遇就会被削减。考虑到法国与许多南欧国家一样面临着较高的青年失业率,所以 RSA 有意识地将职业教育和社会整合融入新社会救助制度之中,从而使得 RSA 具有了一些新的社会衍生功能，例如"包容性发展"和"积极的工作福利"等。RSA 也间接推动了法国职业培训的发展，还发挥着降低青年失业率的作用。当前，一名单身的法国居民在符合审核资格的条件下可获得每月约 598 欧元的社会救助待遇。截至 2022 年 6 月，总计有 188 万个法国家庭从 RSA 中获益。

第五节 法国社会模式的经验与教训

2021 年，法国权威媒体《费加罗报》刊登了一篇题为《法国还是富裕国家吗？》的文章，省视法国近 30 年的衰落。从 1980 年到 2021 年，法国 GDP 经济总量从全球第 4 位滑向全球第 7 位，人均 GDP 则从全球第 12 位跌至第 24 位。尽管与新兴经济体相比，法国仍然是富裕国家，但已和德国等国拉开差距，几乎处于富裕的"底部"。①

法国社会模式(le modèle social français)在价值上代表着在国家保护人之角色下，大众积极参与社会价值创造，国家提供慷慨的社会保护使民众能更好地抵御社会风险，社会团结一致对待最贫困和弱势的人群。这种社会模式在二战后能够依靠经济复苏、充分就业和大众生活条件的改善实现社会效益的最大化。因此，在"黄金 30 年"期间，法式福利国家表现出旺盛的生命力和蓬勃朝气，具有高生产效率、高社会效益、高国家认同感的特点和优势。在这一阶段，法国超越它的欧洲邻国，较早地建立起最低工资保障制度和最低养老金制度，成为劳动收入保护的先驱，提出 35 小时工作制。家庭政策的较早发展、普遍而高品质的医疗保障更进一步彰显了法式福利国家的"父爱主义"和"普遍主义"。在走向"共同富裕"的"坦途"（经济繁荣期）上，法国注重让民众共享经济社会发展的成果，无论是初次分配领域的效率，还是再分配领域的公平。

---

① Lefigaro. La France est-elle encore un pays riche? ［EB/OL］. (2021-10-22) ［2023-02-01］. https://www. lefigaro. fr/conjoncture/la-france-est-elle-encore-un-pays-riche-20211015.

　　然而,正如阳光下总有阴影,与法国社会模式同行的是高昂的社会保护成本、潜在的惰性和社会的高烈度冲突与摩擦。经济繁荣期很容易遮盖这些"阴影",而一旦经济增长出现停滞或衰退,"阴影"会转而拷问法国社会模式的可行性,正如法国学者在 2007 年出版的著作的标题《我们应当烧毁法国的社会模式吗?》(*Faut-il brûler le modèle social français?*)。于法国而言,从 20 世纪 90 年代至今,几乎社会领域的所有改革都是为了处理这些阴影——控制社会保障开支,提高和扩大税基,进行积极的劳动力市场改革,国有经济从多数竞争性行业逐渐离场……尽管很难断言改革的成效,但无疑,这是每个后工业国家、后福利国家都可能经历的阶段,于当前的中国仍然有较强的借鉴意义。

第四章　日本特色的福祉国家

第一节　《国民收入倍增计划》和"一亿中产"社会

一、日本社会经济概况

日本是世界主要发达国家之一。2022 年,日本人均 GDP 为 34017.3 美元。[①] 不仅如此,日本还是发达国家中在社会不平等问题的处理上卓有成效的国家。日本的收入分配平等化程度、社会均等化水平等均在 OECD 国家中靠前,还曾在 20 世纪 60 年代至 80 年代创造了社会的"平等神话"。

国际上一般将基尼系数作为衡量一国收入分配平等程度的基本指标。如表 4-1 所示,日本在 20 世纪 60 年代至 80 年代属于基尼系数较低的发达国家。

---

① 数据来源:世界银行数据库,https://data.worldbank.org/indicator/NY.GDP.PCAP.CD?locations＝JP。

表 4-1　日本 20 世纪 60 年代至 80 年代基尼系数水平

年份	初次分配基尼系数	再分配后基尼系数	改善程度/%
1962	0.3903	0.3442	11.8
1967	0.3749	0.3276	12.6
1972	0.3538	0.3136	11.4
1978	0.3685	0.3476	5.7
1984	0.3975	0.3426	13.8
1987	0.4049	0.3382	16.5

数据来源:日本总务省统计局。

受 20 世纪 70 年代两次石油危机、20 世纪 80 年代日本"泡沫经济"破灭的影响,日本经济近 30 年来持续低迷。然而,虽然日本初次分配的不平等问题受经济低迷影响有所加剧,基尼系数超过 0.5,但在经过有效的职业保障手段、再分配措施和教育均等化等政策调整后,日本的实际基尼系数仍然控制在 0.37 上下(见图 4-1)。

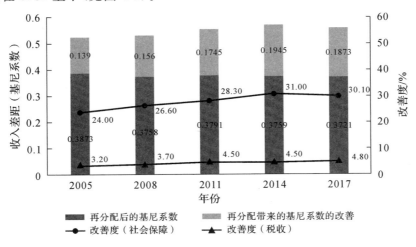

图 4-1　2005—2017 年部分年份日本初次分配、再分配基尼系数及改善度

资料来源:厚生劳动省.平成 29 年所再分配调查报告书[R].2017.

同为东亚国家,日本如何在经济高速增长期和经济停滞期均能较为有效地实现社会均等化目标,消弭社会分化和贫富差距较大的问题,这对于正处于经济转型期和推动共同富裕进程中的中国无疑有一定的借鉴意义。

二、《国民收入倍增计划》催生"一亿中产"社会

(一)《国民收入倍增计划》的内容和效果

日本"平等社会"的构建和外界对于日本的"普遍富裕印象"很大程度上归功于 20 世纪 60 年代实施的《国民收入倍增计划》，该计划奠定了日本经济增长和均等化分配结构的基础。

在第二次世界大战后，日本经历了"神武景气""岩户景气"，经济快速复兴，连续 18 年经济增长率超过 10%，国家总体实力大增。但经济发展的成果未能及时让民众共享，当时日本各产业工资年增长率仅为 5.6%。较低的工资水平不仅在当时引发激烈的劳资冲突，还导致需求严重不足，进而又导致产能过剩、消费不足、失业率上升、城乡二重结构、大小企业差距悬殊等问题，严重影响日本经济发展的可持续性。在此背景下，日本国内开始检讨此前主流的"国富"思想，向建立福利国家的思想转变。而在日本看来，建设福利国家首先要提高国民收入。代表性理论有经济学家中山伊知郎的"工资翻倍"理论、时任日本大藏省财务调查官下村治的"有效需求带动经济增长"理论等。1959 年，池田勇人在《日本经济新闻》发表文章《我的月薪翻倍论》，并在次年当选日本首相。1960 年，池田勇人组阁后很快推出《国民收入倍增计划》，首次提出用 GNP（国民生产总值）取代 GDP 作为衡量经济增长的指标，计划在 1970 年使 GNP 增长至 26 万亿日元，比 1960 年翻一番，劳动报酬也要在 10 年间实现翻番。其目标是通过最大限度地稳定经济增长、提高国民经济各部门生产效益，显著提升居民实际收入水平和生活水平，实现充分就业和国民收入翻番。通过有效需求和有效投资的增长，解决日本当时存在的产能过剩、消费不足、城乡二重结构和大小企业差距较大等问题。根据这一思路，该计划将推动基础设施建设、推进产业结构升级、促进中小企业现代化、促进国际经贸合作、振兴科技和人才、缩小收入差距（阶层间、产业

间、地区间）等作为核心课题。具体措施如下。

第一，实施全国综合开发计划。完善国家基础设施，建立综合交通体系，如开通东海道新干线；充实社会资本用于道路、港口、铁路、电力电信等基础设施建设；充实公共投资用于住宅和环境建设，以解决环境污染和城市拥挤问题。

第二，提高劳动生产效率。一是发展科技和培养人才。扩大理工类大学专业设置和招生规模，加强对研究型人才和职业工人的培养；以促进研发和完善产业化为目标，支持技术创新，推动日本的原创性研发。二是振兴农村。通过《农业基本法》，促进农业现代化、机械化发展，提高农业生产效率和农民收入；调节农村产业结构，引导工业企业向农村转移，在农村发展制造业和服务业。三是促进产业现代化。发展新兴工业和高新科技产业，充实企业自有资本，扩大企业现有规模。四是加强国际经贸合作。加强国际交通交流；实施出口振兴，增加以出口为中心的外汇收入。

第三，缩小收入差距。一是缩小居民收入差距。保障国民最低生活水平和最低工资待遇。二是缩小城乡收入差距。给予农民生活补贴，实施农产品价格保护政策，优化农村居民收入结构。三是缩小地区收入差距。促进落后地区的资源开发，调整地区性投融资比例，因地制宜发展工业，提前考虑地方产业结构升级可能引起的失业和再就业培训问题。四是缩小企业间收入差距。通过《中小企业基本法》，促进中小企业现代化，重点扶持中小企业，缓解中小企业融资难问题，并给予税补优惠和政策优惠；建立大型企业和中小企业的社会分工机制，缓和二元结构矛盾。

第四，建构和完善社会保障体系。确立"全民皆保险、全民皆年金"的社会保障目标，先后出台《国民健康保险法》《国民年金法》，基本覆盖所有人群。健全失业者的保障制度。

日本国内外对《国民收入倍增计划》的实施效果均给予很高的评价，普遍认为该计划的实施取得巨大成功，被认为是二战后日本最重要的经济计划之一。首先，日本提前在 1967 年完成 GNP 翻一番的目标，在 1968 年跃居世界第二大经济体，大部分指标任务都超额提前完成（见表 4-2）。其次，收入分配格局得到极大的改善，人均国民收入得到大幅提升（见表 4-3），地区间、行业间和阶层间收入差距显著缩小，社会财富的分配更加公平合理，国民生活水平得到显著提升。1961—1970 年，日本的基尼系数持续下降，失业率一直稳定在 1.1%—1.3% 的较低水平。更重要的是，这一时期的改革和重要思想基本奠定了日本后续的经济社会发展模式。

表 4-2　日本《国民收入倍增计划》执行情况对比

指标		《国民收入倍增计划》		实际执行情况	
		1970 年指标	年增长率/%	1970 年实际水平	年增长率/%
人口总数/万人		10222	0.9	10372	1
就业人数/万人		4869	1.2	5094	1.5
雇佣人数/万人		3235	4.1	8306	4.3
国民生产总值/亿日元		250000	8.8	405812	11.6
国民收入/亿日元		213232	7.8	328516	11.5
人均国民收入/亿日元		208601	6.9	317678	10.4
个人消费/亿日元		151166	7.6	207863	10.3
人均消费/亿日元		147883	6.7	204079	9.4
国民收入构成比例/%	第一产业	10.1	—	7.4	—
	第二产业	38.6	—	38.5	—
	第三产业	51.3	—	54.1	—
工矿业生产指数（1958 年为 100）		431.7	—	539.4	13.9
农业生产指数（1958 年为 100）		144.1	—	130.3	2.1
能源需求量/千吨煤		302760		574095	12
出口额/亿美元		93.2	10	202.5	16.8
进口额/亿美元		98.9	9.3	195.3	15.5

资料来源：内野达部. 战后日本经济史［M］. 赵毅，李守贞，李春勤，译. 北京：新华出版社，1982.

注：日元计价与生产指数以 1958 年计。

表 4-3 《国民收入倍增计划》实施前后工资指数比较(以 1975 年为 100)

项目	日本	美国	法国	联邦德国	意大利
1961 年	16.3	48.2	23.9	21.1	30.7
1970 年	43.5	69.9	49.0	43.8	63.0
同比增长/%	266.8	145	205	205.2	207.5

资料来源:《东洋经济统计月报》,1978 年 10 月。

(二)《国民收入倍增计划》催生"一亿中产"

《国民收入倍增计划》的成功直接改变了日本的社会结构,随着阶层间、行业间、地区间居民收入差距的缩小和人均国民收入水平的整体提升,日本中产阶层队伍得到壮大。同时,日本对中低收入阶层的托举亦使其获得向上流动的能力,日本社会结构向"橄榄型"的理想状态演进。同时,日本的国民意识和满意度在这一阶段达到顶峰,出现"一亿皆中产"的社会共识。如图 4-2 所示,在日本内阁府各年组织的"国民生活的民意调查"中,20 世纪 60 年代中期,有约 80%的受访者认为自己是中产阶层;到了 1970 年前后,认为自己是中产阶层的受访者甚至超过 90%。1979 年出版的《国民生活白皮书》评价日本国民的中产阶层意识"已经扎根"(本多良樹,2005)。"一亿中

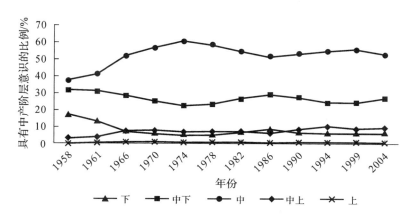

图 4-2 1958—2004 年日本民众对本人所处阶层的认识

资料来源:日本内閣府.国民生活に関する世論调查报告书[R].东京:日本内阁府,2004.

产"是橄榄型社会的理想形态，庞大的中产阶层体量有利于经济增长和社会稳定，这一意识在20世纪80年代的流行是全世界对日本最深刻的印象，而《国民收入倍增计划》的实施则是"一亿皆中产"意识形成、扎根最重要的经济社会背景。

三、日本经济社会模式和独特的"小福利国家"体制

日本是后发型国家，后发型国家往往较之其发达国家俱乐部的"前辈"们，在经济社会模式上有一定的特殊性：相较于社会保障体系的发展，后发型国家的政府往往不得不优先发展经济，强调"做大蛋糕"，日本亦是如此。在20世纪60年代制定的《国民收入倍增计划》中，池田政府直接放弃了追赶欧美福利国家的目标，而是一边提高工资收入，一边缩小各类差距。这一阶段池田政府对产业发展和积极就业的推动形成了日本更加强调初次分配均等化、以就业保障为核心的保障模式。又由于生活保障的重点在就业保障上，因此日本能够缩减福利支出的总体规模，在福利供给上采取"小福利国家"体制，并在有限投入的基础上尽可能实现"全民皆保、全民皆年金"的局面。日本"小福利国家"体制也是国家和雇佣体系合作的结果。在日本企业特别是大型企业提供较高水平的企业年金和雇佣保障的基础上，国家提供的厚生年金等社会保障成为一种补充型的制度，在这一意义上，日本企业分担了国家在福利供给中的很大一部分功能。此外，日本劳动者的高工资收入中隐含了一部分企业发放的家庭生活补助，从这一意义上来说，日本的初次分配在一定程度上还具有再分配阶段的功能。

综上，日本对国民可支配收入的调节主要依靠初次分配，再分配手段仅居其次；相比福利保障，日本更加强调以职业为核心的保障，职业保障不仅分担了国家在福利领域的部分职能，还支撑起日本家庭主义的福利特征。以下从初次分配、再分配、第三次分配的角度详细介绍日本在改善收入和财富分配格局方面的有益经验。

第二节　日本的初次分配

如上所述,初次分配是日本调节社会财富分配的主要手段,初次分配的高度均等化水平是日本的特色。日本采取的是政府积极干预劳动力市场的雇佣体制,就业率相当稳定,常年远高于其他 OECD 国家。2019 年,日本失业率仅为 2.4%。2011 年至 2023 年,日本男性就业率从 68.0% 上升至 84.5%,女性就业率则从 46.2% 上升至 73.9%。稳定的高就业率促进了日本劳动力市场的繁荣和国民财富总量的增加,更为重要的是,日本特殊的雇佣制度在很大程度上代替了福利制度的保障功能,其中最具代表性的为终身雇佣制、年功序列制、企业内工会构成的雇佣保障制度。

一、大型企业的日式经营

终身雇佣制、年功序列制和企业内工会并称日式经营的"三种神器",被认为是促进日本在二战后经济高速增长的重要支撑。20 世纪 60 年代,在日本经济腾飞和熟练型劳动力短缺的双重背景下,属于高生产率部门的日本大企业基本普及了这三项制度,形成日本企业独特的拟亲缘家族式体制。终身雇佣制指一经录用的正式员工将与企业签订长期雇佣合同(一般到 60 岁),企业绝不随意解雇员工。年功序列制指员工的薪酬按一定标准随着员工年龄和工龄的增长逐年增加。企业内工会是日本工会的主要形式,员工入职后即加入企业工会,其职能为回避激烈的劳资冲突,代之以温和的谈判和对话建构协调、合作的劳资关系,并向员工发放福利。通过稳定的雇佣环境、良好的劳资关系、完善的企业内福利和健全的职业培训制度,企业能够开发和积累优势人力资本,实现生产工艺的精细化与传承,创造更高的生产率,最终使雇员对企业形成亲缘式依赖和家族式忠诚。终身雇佣制和年功序列制对工龄的看重使员工不会轻易更换工作,因此日本成为跳槽率较低的国家。根据 2011 年日本厚生劳动省的数据,日本在同一企业工作 10 年以上及工作 5—10 年的男性占比分别为 52％、20％，远高于其他发达国家；在同一企业工作不满 1 年的及工作 1—3 年的男性占比分别为 3.5％、8％，为 15 个发达国家中最低。① 同时，终身雇佣制和年功序列制主导的雇佣制度抑制了企业内部员工间的工资差距以及同一行业内各企业的工资差距的扩大。一方面，年功序列制规定企业最高工资不得超出最低工资的十倍，这就使日本在工资收入分配阶段就具有极高的均等化水平。另一方面，日本的雇佣制度代替了一部分福利制度的功能，日本大企业的雇佣对象主要为男性，女性在大企业的就业率很低，男性的工资收入项目中包括给家属的生活补助费，这在一定程度上兼有家庭福利性质。对于员工而言，其前半生的社会风险主要由所在企业来承担和应对。此外，企业内工会的强势地位削弱了全国性、行业性工会的功能性，挤占了其发展空间，进而抑制了工会组织对企业的影响，换言之，企业经营者是企业内工会的主要受益者。据厚生劳动省的统计，截至 2020 年 6 月，日本建有工会的企业总占比约为 17.1％，在雇员超过 1000 人的企业中，建有工会的比例则高达 41.8％。

20 世纪的两次石油危机、"泡沫经济"的破灭和 21 世纪全球化的发展冲击了终身雇佣制和年功序列制，维系终身雇佣制的高额成本和更为廉价的移民劳工的到来使日本的劳动力市场结构发生变化。如图 4-3 所示，日本企业中，兼职、派遣员工和合同工等形式的非正式员工数量基本上逐年增加，正式员工的数量则呈逐年下降趋势。2020 年，日本企业员工中有 37.2％ 为非正式员工，而 1984 年非正式员工仅占 15.3％。尽管如此，当前日本雇佣体制仍然以终身雇佣制为主，但为了降低用工成本和鼓励竞争，不少企业引入绩效管理等办法提高管理水平。

---

① 数据来源：日本厚生劳动省统计公报，https://www.mhlw.go.jp/toukei/list/chinginkouzou.html。

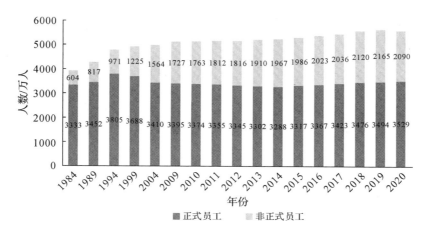

图 4-3 日本正式员工和非正式员工数量比较

二、中小企业的保护制度

不同于瑞典等国家鼓励劳动力从低生产率部门向高生产率部门自由流动的雇佣制度,日本的雇佣制度几乎阻断了劳动力在大型企业和中小企业之间的流动。以上介绍了终身雇佣制在日本大型企业的常态化,而在生产率较低的中小企业,日本主要实行保护性雇佣制度。如何解决生产率低下导致的劳动力流失问题?日本的方法是采取保护主义政策提高低生产率部门的收益,从而保护这些部门的稳定雇佣。比如,20 世纪 70 年代,日本为流通业、制造业等领域的中小企业制定了一系列保护政策,包括提供改善小企业经营的融资政策、通过发展公共事业为地方建筑业创造就业机会等。为了提高中小企业的竞争力,日本设立了多个公库供中小企业融资贷款,其中,国民金融公库的融资规模从 1973 年的 300 亿日元迅速跃升至 1975 年的2400 亿日元,商工组合中央金库、中小企业金融公库等服务中小企业的公库的贷款余额均在几年间增长了几倍。在挑战频发的 20 世纪 70 年代,日本农业以外中小企业的劳动人口增加了 68 万人,而大企业雇员增量仅为 12万人。中小企业的保护在这一阶段对稳定雇佣起到至关重要的作用。

三、以"春斗"为代表的工资议价方式

"春斗"是具有日本特色的劳资谈判运动，几乎所有日本企业和工会都会在春季围绕提高工资待遇进行谈判。该运动始于1955年，并最终发展为影响日本社会工资决定机制的重要制度因素。在"春斗"诞生前，日本工会以企业内部工会为主，行业工会的力量微弱。1954年，日本工会总评议会在经过内部斗争后明确走向行业联合斗争的路线，并于1955年成立"春斗共斗委员会"。20世纪60年代适逢日本经济腾飞和池田内阁实施《国民收入倍增计划》，"春斗"运动的发展获得社会经济条件的绝佳助力，一度以"与欧洲同酬"为口号，强势要求涨薪。60年代，钢铁行业是日本最领先的制造业之一，钢铁业工会作为排头兵，在全国企业、行业范围内率先与资方谈判要求提高工资水平。1964年，造船、重型机械、电器和汽车等重要工业产业成立日本金属工人工会（IMF-JC），形成"八产共斗"的谈判形势。同年，首相池田勇人与日本工会总理事会商定，将按照公共部门和私人部门工资均等原则，使私营部门重工行业的工资增长水平同样适用于公共部门和国营企业，纠正公共部门和私人部门工人间的工资差距。日本"春斗"谈判运动的策略不同于欧美国家，核心策略是坚持行业间联合谈判。首先，由强势行业工会作为排头兵与资方谈判，形成的谈判成果以"基本工资"（base-up）的形式确立，每年还按照双方谈判的结果达成一个工资定期增长率，俗称"春斗率"；其次，所有私营部门的工人按照基本工资涨薪；最后，所有公共部门（公务员）和国营企业按照基本工资涨薪（见图4-4）。"春斗"确立的"基本工资"和"春斗率"使日本所有企业、行业间的工资收入差距控制在非常有限的范围内，且收入水平能够适应经济增长水平和物价水平的波动。

从效果来看，自1964年至石油危机前，日本平均工资水平连续12年以每年超过10％的速度上涨，特别是在1974年（石油危机后），"春斗率"高达32.9％（见表4-4），超过当年物价上涨水平（20.9％）。石油危机后，日本平均工资涨幅虽然无法继续保持两位数增长的势头，但在1977年至1989年，

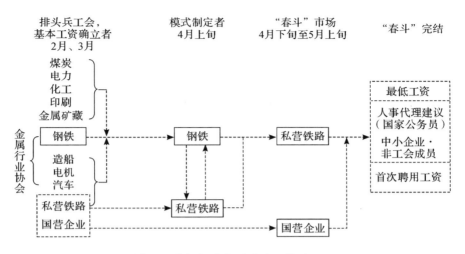

图 4-4 "春斗"市场的形成和传导过程

日本平均工资年均增长率仍然保持在 3％—8％ 的水平。以 1991 年日本"泡沫经济"破灭为起点，"春斗率"进一步下降；2002 年至今，则只能保持 1％ 左右的水平（见图 4-5）。

表 4-4　代表性年份日本"春斗率"和经济状况一览

年份	国民生产总值（GNP）增幅/％	物价指数（CPI）/％	工资上调比例（"春斗率"）/％	要求上调额度/日元	实际上调额度/日元	完成率/％	工资差别系数
1960	12.5	3.8	8.7	2831	1792	63.3	0.17
1963	10.1	6.6	9.1	4815	2237	46.5	0.16
1965	6.4	6.4	10.6	6214	3150	50.7	0.16
1968	13.5	4.9	13.6	8305	5296	63.8	0.07
1970	8.8	7.3	18.5	11795	9166	77.7	0.06
1973	4.7	15.6	20.1	18897	15159	80.2	0.05
1974	4.9	20.9	32.9	35177	28981	82.4	0.07
1978	5.1	3.8	5.9	19621	9218	47.0	0.20
1980	3.2	7.6	6.7	15157	11679	77.1	0.06
1983	2.8	1.9	4.4	15002	8964	59.8	0.15
1985	4.8	1.9	5.0	15507	10871	70.1	0.09
1988	5.9	0.8	5.2	17430	12747	73.1	0.12
1990	5.5	3.3	5.9	20727	15026	72.5	0.08

数据来源：根据日本厚生劳动省统计数据整理。

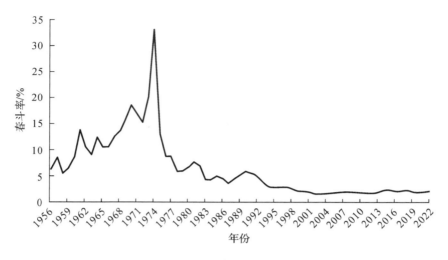

图 4-5　1956—2022 年日本各年"春斗率"

数据来源：日本厚生劳动省统计数据，https://www. jil. go. jp/kokunai/
statistics/timeseries/html/g0402. html。

"春斗"是日本建构积极劳资关系的代表性管理制度，是较为温和的工资议价形式，劳资双方高浓度的谈判形式化解了潜在的激烈的劳资冲突，为企业生产经营创造了更为稳定的环境。"春斗"所要求的提高工资在各历史阶段有不同的动机，但都能够适应当时经济社会发展的需要。在 20 世纪 50年代，"春斗"的直接动机是抵抗通货膨胀，为工人艰难的生活争取更多生活资料。到了 20 世纪六七十年代，"春斗"的"基本工资"制度提高了相对低收入阶层的工资待遇，广泛增加了社会可支配收入，是池田内阁"以消费为主导的市场扩大计划"的重要组成部分。而在石油危机后，"春斗"所具备的"相互学习"功能则进一步凸显。劳资双方在"春斗"前一年的 12 月即开启广泛讨论，双方商定工资涨幅的考量因素包括国内外经济形势（工资比较、物价）、企业经营状况（生产能力、支付能力）、未来经营计划等。谈判的过程加深了双方的信息共享和相互理解的程度，在充分了解的前提下，即使是涨薪率降低也不会引起激烈的争论和冲突。"春斗"的重要成果是形成了日本特有的社会工资决定机制，在日本经济高速发展期间普遍提高所有部门、行业的基本工资，使民众共享国家发展的成果，同时缩小了行业间、公私部门间的收入差距,对于日本国民"中流意识"的形成具有重要作用。

第三节　日本的社会再分配

如前所述,日本主要依靠初次分配调节社会财富的平等水平,在初次分配阶段实现了较高的均等化水平;而由于社会保障支出一直较少,狭义社会保障制度代表的再分配手段在矫正平等分配问题上仅发挥次要作用,但近年来,社会保障对日本基尼系数的改善度也达到 30％以上。那些被抑制的社会保障支出被各种名目的公共事业开支的增加取代,因此,日本在缩小产业间、地区间差距,以及推动医疗、教育等基本公共服务均等化等方面有丰富的经验值得借鉴。

一、日本社会保障体制的调剂功能

日本的社会保障体制包括社会救助、社会保险、社会福利和社会服务等内容。1961 年,日本引入了覆盖全体国民的健康保险和公共年金等社会保险制度,要求全体国民加入国民年金制度和国民健康保险制度。当时能够实现"全民皆保"的只有 2 个北欧国家,能够实现"全民皆年金"的只有 11 个国家。尽管日本在形式上建构了"全民皆保"的目标体系,但从当时的社会保障支出规模来看,日本福利国家的水平非常有限。1960 年,日本社会保障支出占 GDP 的比重仅为 4.9％,而德国、法国、英国的这一比重分别高达 18.5％、16.3％和 12.3％。1973 年,在田中内阁的改革下,日本以年金和高龄者医疗为中心的社会保障支出大幅增加,日本社会支出规模首次接近发达国家水平,因此 1973 年被称为日本的"福利元年"。但在同年,日本就受到石油危机的冲击,公共支出力不从心,日本福利国家的建设在起步之初就受到限制,即使在当前,日本社会支出水平在发达国家中也较低。2019 年,日本社会公共开支占 GDP 的比重为 22.3％(见图 4-6),且与 2010 年相比,10 年间仅增长不到 1％。

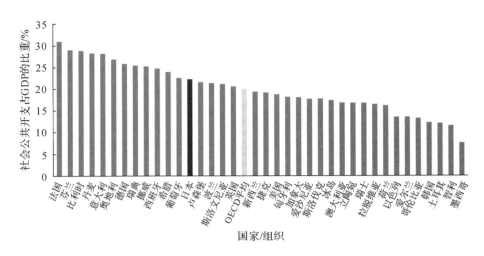

图 4-6　2019 年部分 OECD 国家社会公共开支占 GDP 的比重

数据来源：OECD，http://www.oecd.org/social/expenditure.htm。

　　从日本社会保险项目的覆盖范围来看，年金保险和健康保险在公务员、正式雇员之外，已将自营职业者、灵活就业人员、员工不足 5 人的企业等都强制纳入保障体系中，真正意义上实现了全民覆盖。失业保险和工伤保险也针对灵活就业人员和非典型雇佣人员实施特别加入制度，实现了全民覆盖。从社会保险项目的保障水平来看，年金保险的替代率较低，2020 年，厚生年金的替代率仅为 40％（OECD 平均水平为 63％），即使将私人年金计入，日本年金的总替代率也只有 64％，仍然低于 OECD 国家 69％的平均水平。此外，由于近年来日本延迟退休年龄和降低退休金的改革，部分老年人有返贫的风险，出现了"下流老人"[①]的社会问题。日本健康保险体系主要包括国民健康保险（面向农民、个体经营者和无业人员）和雇员健康保险（面向企业职工）。两种制度下，被参保者及其家族成员负担额均不超过医疗费用的30％，且 1975 年《老人法》修订后，70 岁以上老人基本能够免费看病，1975年又增加了高额医疗费补助制度。"全民皆医保"和较低的负担水平极大地

----

　　①　在日语中，"下流"表示社会的下层。"下流老人"描述日本大量老年人从中等收入群体向低收入群体逆向流动的状况。

降低了日本国民因病致贫的风险。

在日本最近 30 年间的社会保险制度发展历程中,尤为引人关注的是长期护理保险制度的建立和发展。日本是全球老龄化程度最高的国家之一,根据日本总务省的预测,到 2065 年,65 岁以上老人将占据日本总人口的近 40%。[①] 面对庞大的失能、半失能老人群体,日本很早就开始探索老年福利服务。从 20 世纪 60 年代起步,一直到 2000 年日本正式颁布《护理保险法》,长期护理在日本走过了从由税收供给的福利到医疗保险的子项目再到设立独立的长期护理保险的演变路径。根据《护理保险法》,日本国民从 40 岁起按年向政府强制缴纳一定的长护保险金,即使投保人最终一次也未使用护理服务。长护保险的保险对象分为第一号被保险者、第二号被保险者,当年满 65 岁的参保人产生长期护理费用后,相关部门在严格审查后,将给予满足条件的申请者 1—5 级不等的护理费用津贴,最终的护理服务费用分担比例大约为:个人承担 10%,长期护理保险基金承担 90%。长期护理保险基金的资金一半来自各级政府税收,一半来自其他医疗保险项目的共济。从制度建立初期起,日本就非常注重将社会组织作为长期护理服务的提供方。日本长期护理保险以服务给付为主,特殊情况下也给予本人一定的现金给付,对于家庭内部照顾者的现金给付非常严苛,获得者寥寥无几。提供的服务类型主要包括居家养老服务、机构养老服务等,服务的具体内容非常细致,如图 4-7 所示。自 2000 年日本建立长期护理保险制度以来,获得护理服务的老年人数量持续增长,截至 2021 年,第一号被保险者中获得护理资格的人数约为 681.8 万人,比 2000 年增加了 400 万人。长期护理保险的给付费用不断上涨,2021 年的给付费用达 8482 亿日元。[②]

---

①　国立社会保障・人口問題研究所. 日本の将来推計人口[EB/OL]. (2020-01-31)[2023-12-01]. https://www.ipss.go.jp/pr-ad/j/jap/03.html.

②　厚生労働省. 介護保険事業状況報告(令和 3 年 3 月暫定版)[EB/OL]. (2021-03-31)[2023-12-01]. https://www.mhlw.go.jp/topics/kaigo/osirase/jigyo/m21/2103.html.

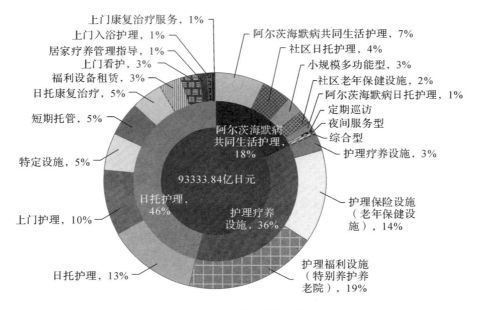

图 4-7 日本护理服务现状

资料来源：辻哲夫.日本老年人护理政策的未来走向——主要围绕以往经验以及近期措施[EB/OL].（2019-10-18）[2023-02-01].https://www.jetro.go.jp/ext_images/china/20190926-01.pdf.

二、日本医疗服务均等化举措

日本以较低的医疗卫生费用支出和较高的国民健康水平著称。日本人均医疗床位数居世界首位，2017 年，日本每千人拥有 13.1 张床位，高于OECD 国家平均水平的 2 倍，德国为 8.0 张，美国仅为 2.8 张。①

日本非常注重区域医疗服务资源的共享和互助，日本的"三级医疗圈"制度促进了地域间医疗机构和医师的多层级互动。三级医疗圈是指日本各都道府县基于区域特征划定的层级错位、功能协同的区域医疗结构。它的一大特色是将行政区划与人口数量、年龄构成、区域交通等社会因素相结

---

① OECD. Hospital Beds（Indicator）[DB/OL].（2021-03-19）[2023-12-01]. https://data.oecd.org/healtheqt/hospital-beds.htm.

合，使医疗资源分配尽可能少地受行政因素制约而陷于僵化。三级医疗圈的具体划分体现为：一级医疗圈按市町村划分，提供与日常生活密切相关的基础卫生医疗服务（基层诊所）；二级医疗圈由多个市町村构成，提供保健医疗、疾病预防、特定疾病诊疗以及住院治疗等一般性卫生医疗服务；三级医疗圈基本按县划分，提供需要先进技术支援的特殊医疗服务（见图4-8）。

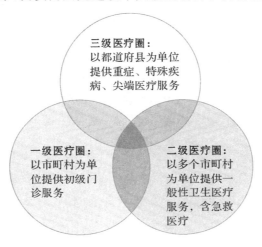

图4-8　日本三级医疗圈职能示意

在三级医疗圈架构上，日本建立了完善的转诊体系。首先，非急诊就医由民众自行前往基层诊所或联系家庭医生上门，若无法满足治疗需求，机构会对患者进行转诊。转诊有两种模式，一种是一级医疗圈内部的转诊，即由诊所向其他专门性诊所或地方小型医院转诊；另一种是诊所与二级医疗圈的"地域医疗支援医院"或特定功能医院间的转诊。由于日本地方医疗小型化、专门化程度很高，因此许多诊所是能够对特定疾病实施诊疗的。而"地域医疗支援医院"则是每个二级医疗圈中的核心医疗机构，它们是整个医疗体系中居民诊疗任务最主要的承担者，二级医疗圈也因而成为整个医疗体系中最为关键的环节。每个三级医疗圈一般只有一所大型中心医院，负责高精尖医疗任务，所接收的一般都是转诊自一级、二级医疗圈的住院患者，基本不设门诊。在二级、三级医疗圈医院对患者完成关键的诊疗任务后，如有需要会再将患者转诊到一级医疗圈的相应医疗机构或者护理机构、养老机构等，实现由上及下的机构联动，形成"双向转诊"格局。在同等级医疗圈（主要是二级医疗圈）中，医院根据疾病治疗的紧急性、治疗所需时间的不同，还分为急性期医院、慢性期医院、恢复期医院等不同类型。除对各家医院整体的功能与任务做出规定，日本厚生劳动省推出的"地域医疗构想"甚至对病房乃至病床都进行了功能性和阶段性分类，根据病患的疾病类型、治疗阶段的不同，对这些床位的数量、所分配的医师数量等实施明确规定，促进医疗资源的合理分配。

日本地域间医疗互动在很大程度上解决了医疗资源的地域分布差距问题，这既是日本医疗服务的主动创造，也在一定程度上是无可奈何之举。日本虽然人均床位和其他医疗设施的拥有率位居全球前列，但每千人仅拥有2.4名医生，而全球平均水平为每千人3.34名。[①] 日本医生总数的严重不足是困扰城市和乡村的共同问题，地域医疗互动在某种程度上是对医生短缺问题的一种应对。为了缓解医生人数不足的问题，日本采取了增加医学生奖学金、颁布《紧急临时医生派遣制度》、支持退休女医生返聘等措施，在一定程度上缓解了医师不足问题，但仍然不能从根本上解决该问题。

三、日本教育均等化举措

日本在教育领域实现了高度均等化，根据 2015 年 OECD 的评估，日本在为学生提供平等教育机会方面位于 OECD 国家前列，学生的学习表现受到家庭背景的影响仅为 9%，而 OECD 国家平均水平为 14%。[②] 从理念来看，日本和其他东亚国家一样重视教育，1907 年，日本已开始实行 6 年制的义务教育。二战结束后，为了发展经济，日本进一步强化教育公平的理念。具体而言，日本教育均等化的特色举措如下。

---

① 数据来源：世界卫生组织、OECD 的统计数据，https://data. worldbank. org/indicator/SH. MED. PHYS. ZS.

② OECD. Programme for International Student Assessment（PISA）Results from PISA 2015 Students' well-being［EB/OL］.（2017-05-04）［2021-03-19］. https://www. oecd. org/pisa/PISA2015-Students-Well-being-Country-note-Japan. pdf.

第一，推行教育硬件和配套的标准化。1958年，日本文部省召集各学科最有名望的教育家，共同制定了《学习指导纲要》，详细规定了小学、初中、高中各类教学科目的教学范围、内容、教学目标、纲要、各单元教学进度表和具体的教学方法，并在1968年、1978年两次修订。这些详细且高质量的指导方针为教师的教学提供了固定的准绳和可操作性。此外，即使在日本乡村，文部省（文部科学省的前身）和地方也投入大量经费按照全国统一标准修建多功能教学楼、体育馆、游泳池、运动场，配备数字电视和播放器等电子设备。学校提供的午餐也有全国统一标准，确保学生营养均衡。

第二，教师轮岗制度。1956年，日本颁布《地方教育行政组织及运营法》，该法将公立学校教师的人事管理权集中到县一级教育主管部门，此项制度施行后，日本教师轮岗制度得以广泛实施。教师轮岗制度旨在鼓励发达地区教师向偏远地区流动，让优质教师资源和学校带动薄弱地区学校发展，缩小城乡间教育质量差距。教师轮岗区域以同县下辖的市、街、村为主，也包括跨县一级的交流。根据日本文部省的统计，日本中小学教师每年的轮岗率接近20％，同县内部的轮岗教师约占55％，发达地区与偏远地区双向轮岗的教师约占18％。新入职教师在入职后的前6年中，几乎都要经历1—2次轮岗，随着职业生涯的稳定，轮岗频率降低。此外，为了鼓励教师积极轮岗，日本对教师权益和收入水平给予足够的保障。日本公立学校教师属于国家公务员，且日本立法明确教育公务员工资必须高于普通公务员，因此教师在日本属于中上等收入的职业。在轮岗期间，教师工资收入不变，且还有额外发放的寒冷地区津贴、偏远地区津贴、特别地区勤务津贴、长距离人事调动津贴等。根据《偏远地区教育振兴法施行规定》的规定，偏远地区轮岗教师相较于发达地区教师，最高可多获得额外25％的工资收入。

四、日本职业教育体系的就业、收入促进功能

日本职业教育体系的发展程度在世界范围内领先，其在工业生产、文化产业、服务业等行业中表现出的"匠人精神"享誉世界，也成为日本职业教育

的重要名片。日本的职业教育体系主要分为两大系统，即企业内职业教育（在职员工）和学校系统职业教育（入职前）。

企业内职业教育是日本职业教育的一大典范，它是日本大型企业管理制度中终身雇佣制和年功序列制的衍生产物或内容物。在终身雇佣制下，员工一旦入职就近乎与企业建立终身雇佣关系，企业有足够动机和资本对长雇员工的技能提升进行长期培训和投入。在年功序列制的激励下，员工个体也具备充足动力去接受企业内部职业教育、精进职业技能。终身雇佣制—企业内职业教育—年功序列制形成完整的职后再教育闭环，专业匹配度极强的员工队伍极大地提高了日本企业的竞争力，被天野郁夫等日本学者认为是日本战后经济腾飞的"秘密武器"。据统计，1986 年在日本拥有 30位以上员工的企业中，以各种形式开展企业内职业教育的企业占比达 94%。日本知名企业均设有各自独特的企业内职业教育学园，如丰田会社的丰田工业学园等。日本企业内职业教育采取的模式非常多元，包括在岗培训模式（OJT）、脱岗培训模式（OFF-JT）、自我开发模式（SD）等。受训员工覆盖所有层次，从社长、部长、科长到一般员工、新入职员工，企业都会根据其所处科层和部门类型进行差异化和有针对性的培训。一般而言，企业内职业教育的主体是正式员工。日本企业是企业内职业教育资金的主要提供者，但日本政府也对开展企业内职业教育的企业进行扶持，主要方式包括发放培训补助金、派遣培训指导师资等。

日本现代职业教育学校体系在二战后逐步建立，早期同时学习借鉴了德国双元制职业教育体系和美国校企合作模式，到了 20 世纪 70 年代，基本形成包括职业高中、高等专科学校、短期大学、专修学校等在内的完整职业教育体系，形成日本独特的产学结合职业教育模式。日本学生在小学和初中阶段就要接受职业培养（career education），塑造未来的职业观、劳动观，了解与社会和专业相关的知识和技能。学生在初中毕业后开始分流，以考入普通大学为目标的学生进入普通高中，而希望掌握职业技能、尽早就职的学生则进入职业教育阶段。事实上，日本与其他受儒家文化影响的东亚国家一样,被认为是"学历社会",日本国内在很长一段时期对职业教育存在偏见。为了扭转这一偏见,日本对职业教育学校体系进行多次改革,如打通教育双轨间再选择通道(职业教育学生可进入普通大学深造,反之亦然)、延长职业教育链条(设专门职业类硕士、博士)等,特别是2017年文部科学省提出建立专门职业类大学(専門職大学),授予该类职业学校毕业生学士学位……这些措施大大提高了职业教育在国民中的接受度。从就业率来看,职业教育毕业生就业率略高于普通大学毕业生。2020年,公立大学、私立大学、短期大学、高等专科学校、专修学校毕业生就业率分别为95.9%、96.1%、96.3%、100%、95.8%。① 其中,高等专科学校100%的就业率表现亮眼。高等专科学校以培养日本工业发展的骨干技术人员为目标,非常注重理论知识和一线实操能力的结合,实验实习课时占专业课时安排的31.8%,毕业生能够快速胜任企业工作,故深受日本企业欢迎。此外,不同类型的职业学校能够满足学生的多元需求,进而促进日本产业的专业化发展。例如,在日本很多行业需要从业者取得相应的资格证书,如安装厨房设备需要考取厨房设备士的资格,想要从事这类需要资格证书的行业的学生适合报考高等专科学校;再如,日本动漫插画、游戏、设计、美容美发等服务业发达,绝大部分专修学校都是培养单一类型的服务专业人才,例如东京设计师学院、新宿医疗专门学校、东京动画专门学校等。在这些专修学校的高就业率和相关行业的文化辐射力的吸引下,除了日本当地学生,还有众多来自海外的留学生进入日本专修学校学习。表4-5整理了日本学校教育系统下的职业教育类型、专业面向和学位称号。

---

① 文部科学省.令和2年度大学等卒業者の就職状況調査(4月1日現在)[EB/OL].(2021-05-18) [2023-12-01]. https://www.mext.go.jp/b_menu/houdou/31/11/1422624_00007.htm.

表 4-5　日本学校教育系统下的职业教育类型、专业面向、学位称号

阶段	类型			
义务教育阶段 (小学＋初中)	职业教育			
中等教育阶段	职业高中: 工业、农业、商业、水产、家政、信息等	高等专科学校: 课程设置重视与职业资格的取得相关的内容,重视职业实践;5 年一贯制,毕业授予准学士学位(称号)		专修学校: 工业、农业、医疗、卫生、教育和社会福祉、商务、服饰与家政、文化教养等 8 类
高等教育阶段	大学: 教养教育、专业教育(学术和职业)	短期大学: 专业教育(职业/实际生活)、教养教育	专修学校: 见上 8 类	专门职业类大学: 见上 8 类
	学士学位	短期大学士学位	"专门士"称号(2 年修业);"高度专门士"称号(4 年修业)	4 年制授学士(职业)学位,2—3 年制授短期大学士(职业)学位
研究生教育阶段	专门职业类大学院硕士(專門職大学院·修士)	专门职业类大学院博士		

随着日本雇佣体制的变化,特别是终身雇佣制解体、非正式员工增多,近年来,日本企业内职业教育的功能逐渐弱化,相应地,日本"工业 4.0 时代"对高技术人才的需求更多依靠职业教育学校体系来完成,这也是日本 2017 年以来对高等职业教育进行大刀阔斧改革的核心原因。此外,在求职越来越困难的日本,职业教育学校的发达保障了毕业生高水平的就业率和收入水平,一些高级技工和服务业从业人员的收入甚至高于一流公立大学毕业生。日本的职业教育系统不仅打造了日本具有"匠人精神"特色的制造业和服务业,还以高水平的就业率和收入水平确保了劳动力市场的稳定。即使职业教育在日本仍受到一定的污名化,但日本的职业教育体系能够不断改革以提高职业教育战略地位、改善技术工人待遇、适应国家雇佣体制和产业发展的变化,为日本人力资本的更新、社会结构的稳定和收入差距的缩

小做出重要贡献。

五、日本空间发展均等化举措

在二战后的经济发展起步阶段,日本城乡发展两极化问题开始凸显。1961 年,日本颁布《农业基本法》,提出缩小城乡居民收入差距的目标。此后,为了解决城乡发展不均衡问题,日本政府先后颁布了《山村振兴法》(1965 年)、《小笠原诸岛振兴开发特别措施法》(1969 年)、《冲绳振兴开发特别措施法》(1971 年)、《半岛振兴法》(1985 年)、《促进特定农山村地区农林业发展基础整备法》(1993 年)和《促进过疏地区自立特别措施法》(2000 年)。它们将人口密度低、交通不便的山村和离岛等地理区位劣势地区划定为扶持区域,明确了政策目标、划定标准与实施措施,为长期稳定地推动乡村振兴提供了坚实的制度保障。围绕乡村振兴实施的城乡均等化措施的主要内容可总结为:第一,资金和政策支农。日本政府采取了财政补贴、税收优惠和金融扶持相结合的方式,保障乡村振兴政策顺利实施。第二,拓宽增收渠道,增加农民可支配收入。通过促进农村三大产业融合和乡村旅游的发展,增加农民的工资性收入和经营性收入。第三,改善农村居住环境。开展水、电、公路等公用设施的"新造村运动",治理农村污水排放和农药使用造成的水质污染,保护和开发乡村景观。第四,提高农村福利和保障水平,鼓励全体农民参加国家健康保险,依靠厚生联等公益团体出资在乡村建立公益医疗机构;1971 年颁布《农民年金基本法》,政府对每年从事农业生产 60 天以上且自愿投保的农民补贴 20％—50％的保费,连续参保 20 年至 65 岁时,可领到最多相当于大学应届生工资水平的养老金。1958 年,日本修订《偏远地区教育振兴法》,中央财政加大对偏远地区学校的扶持力度,对偏远地区学校的新建以及发电、饮水、食堂等设施的建设,给予建设费用总额 33％—55％的补贴。为偏远地区教师提供"特别增加津贴",提供住宅和其他福利。

六、日本高额累进税率的均富功能

与欧美发达国家的做法类似，日本也建立了高额累进的税收体系来调节国民贫富差距。由累进的所得税、较高的资产税和稳定的居民税构成的税收体系有效发挥了收入再分配的作用，显著缩小了日本各阶层间的收入差距。

在 20 世纪 70 年代以前，个人所得税是日本税收的主要来源，1969 年起，日本开始施行 15 级的超额累进个人所得税，最高所得税税率一度高达 70%（应纳税额超过 8 万日元的部分），总体税负水平超过同期欧美国家。由超额累进制的个税制度跨度之大、级别的分类之细，可见日本在调节国民收入差距方面的政策决心。但个人所得税的主要课税对象为中等收入群体，20 世纪 60 年代的高税率受到纳税人税负过重、有欠公正、不利于经济发展的指责，因此到了 1987 年，日本着手进行简化税制和降低税率的一系列改革，奠定了现行税制的蓝本。日本从 1987 年开始的历次税制改革总体以"公平、中立、简化"为目标，旨在降低总体税负水平，平衡所得税、消费税和资产税，减少税收对经济活动和积极就业的负面影响。主要措施包括：第一，保证所得税在税收中的中心地位，但降低所得税的比重，开征并逐步提高消费税，开征并加强对利息和资产收益的税收，降低继承税和赠与税的最高税率，但相应扩大缴费人群。第二，减轻中等收入及以下人群、中等规模及以下企业税负。简化个人所得税和法人税结构，降低法人税税率，个人所得税和法人税的最高税率分别从 75% 逐渐降至 45%、55%，税收层级从 15级减少至 7 级（见表 4-6）。提高个人所得税、法人税的税前抵免额度。扩大最低税率的适用范围，80% 的工薪阶层适用 10% 的低级别税率，适用 20% 及以下税率的人员总数则达到工薪阶层的 96%。[①] 尽管日本以减税为主的税制改革会在一定程度上减少国家税收收入，但由于改革同时扩大了缴费

---

① 日本内閣府. 平成 14 年度版 年次経済財政報告書［EB/OL］.（2002-11-30）［2021-03-19］. https://www5.cao.go.jp/j-j/wp/wp-je02/wp-je02.html.

人群范围,增加了消费税、资本利得税等税种,因此日本税制改革并未过多动摇税基和影响总体税收。

表 4-6　日本现行个人所得税税率

应纳税金额/日元	税率/%	免税额/日元
1000—1949000	5	0
1950000—3299000	10	97500
3300000—6949000	20	427500
6950000—8999000	23	636000
9000000—17999000	33	1536000
18000000—39999000	40	2796000
40000000 以上	45	4796000

资料来源:日本国税厅. 第 2260 号 所得税税率[EB/OL].(2023-04-01)[2023-06-01]. https://www.nta.go.jp/taxes/shiraberu/taxanswer/shotoku/2260.htm.

继承税(日本政府征收的一种遗产税)和赠与税是日本通过税收调节再分配的另一重要制度。作为个人所得税的补充,高额累进的继承税为日本政府提供了较高的财政收入。进而,政府通过转移支付手段来救济低收入群体,缩小贫富差距,且抑制了财富代际传承现象的加剧,推动了社会成员财富的均等化。如托马斯·皮凯蒂在《21 世纪资本论》中所言,资本主义世界中资本收入的不平等程度超过劳动收入不平等,造成更大的贫富差距。而高额累进的税制是抑制财富不平等的重要手段。从日本继承税的主要构成来看,对土地、现金和存款以及有价证券的继承行为征收的继承税是其主要构成部分,三者在 2021 年合占继承税的 83.6%(见图 4-9)。

全世界尚有约三分之一的国家没有开征遗产税,部分国家废止了遗产税,且即使是施行遗产税的国家,也规定了较高的基本抵扣额度。而与主流趋势不同,日本现行继承税和赠与税的规定虽较 1988 年有所放宽,但其继承税和赠与税的税率在世界范围内仍然较高,且 2013 年最新修订的立法(见表 4-7)相较 2003 年的规定又有所收紧。根据现行立法,继承税最高税率可达 55%。为了防止逃税,日本还开征赠与税,如果父母每年向子女转移

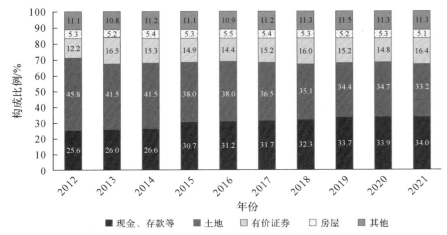

图 4-9　日本继承税中各类继承财产金额的构成比例变化

资料来源:日本国税庁. 令和元年分、相続税の申告事績の概要［R/OL］.（2022-12-08）［2023-02-01］. https://www. nta. go. jp/information/release/kokuzeicho/2022/sozoku_shinkoku/pdf/sozoku_shinkoku. pdf.

200 万日元以上金额,即需缴纳 10％—50％的赠与税。此外,如果继承人不是死者的配偶、子女和父母,那么其还需要缴纳价值继承税 20％的附加税。根据日本财务省的统计,继承税收入自 2002 年以来不断增长,2019 年继承税总收入达 23145 亿日元,应税比例①为 8.3％,平均负担比②为 12.5％。

表 4-7　日本 1988 年之前与 2013 年至今继承税主要立法内容对比

立法内容	1988 年之前	2013 年至今
（1）税前基本扣除: 　　定额扣除 　　按继承人数扣除	2000 万日元 400 万日元×继承人数	3000 万日元 600 万日元/人×继承人数

---

① 应税比例＝应缴纳继承税的课税案件数/每年死亡人数。

② 平均负担比＝纳税额/应税价格。

立法内容	1988 年之前	2013 年至今
(2)税率	14 级税率： 200 万日元及以下：10％ 200 万—500 万日元：15％ 500 万—900 万日元：20％ 900 万—1500 万日元：25％ 1500 万—2300 万日元：30％ 2300 万—3300 万日元：35％ 3300 万—4800 万日元：40％ 4800 万—7000 万日元：45％ 7000 万—1 亿日元：50％ 1 亿—1.4 亿日元：55％ 1.4 亿—1.8 亿日元：60％ 1.8 亿—2.5 亿日元：65％ 2.5 亿—5 亿日元：70％ 5 亿日元以上：75％	8 级税率： 1000 万日元及以下：10％ 1000 万—3000 万日元：15％ 3000 万—5000 万日元：20％ 5000 万—1 亿日元：30％ 1 亿—2 亿日元：40％ 2 亿—3 亿日元：45％ 3 亿—6 亿日元：50％ 6 亿日元以上：55％
(3)有配偶者的继承税减免	扣除遗产的 1/2 或最高 4000 万日元	扣除额不超过配偶法定遗产的对应税额或最高 1.6 亿日元
(4)身故抚恤免税限额	250 万日元/人×继承人数	500 万日元/人×继承人数
(5)身故退休金免税限额	200 万日元/人×继承人数	500 万日元/人×继承人数
(6)税收抵免： 　未成年者扣除 　伤残扣除 　严重伤残扣除	20 岁以前 3 万日元/年 70 岁以前 3 万日元/年 70 岁以前 6 万日元/年	18 岁以前 10 万日元/年 85 岁以前 10 万日元/年 85 岁以前 20 万日元/年

资料来源：日本财务省发布的关于继承税修订内容的资料，https://www.mof.go.jp/tax_policy/summary/property/e02.htm。

第四节　日本的第三次分配

日语中没有中文"慈善"的说法，民众自发的社会公益活动在日本被称为市民公益活动或市民社会贡献活动，慈善团体在日本被称为 NPO（非营利组织，non-profit organizations）。NPO 从事的非营利公益活动就相当于中文语境中的"慈善"，而"捐赠"在日语中的表达为"寄付"。日本在公益慈善事业上起步较晚，与其他发达国家相比成绩平平，是世界上 NPO 规模最小的国家之一。英国慈善救助基金会（CAF）于 2018 年针对 126 个国家和地区展开了一项调查，其以"帮助陌生人""捐赠""志愿服务"三个指标计算出世界捐赠指数，日本的该指数在这 126 个国家和地区中名列第 107 位，居所有发达国家末位。尽管如此，日本的公益慈善事业在近 20 年来也取得极大发展。1995 年阪神大地震后，各地捐款和非营利机构急剧涌现。1998 年，日本首部《特定非营利活动促进法》（简称"NPO 法"）出台，该法案出台后，一般性公益活动团体注册为法人的门槛降低，NPO 数量快速增长。1998 年，日本仅有在册 NPO 法人团体 23 个。到了 2020 年，NPO 法人团体的数量增长到 50893 个。"NPO 法"出台后，法人团体数量快速增长、业务不断扩张，逐渐超过政府监管范围，因此在 2006 年，日本国会通过《一般社团、财团法和公益法人认定法》（又称《公益法人改革法》），取消政府部门许可制，给予 NPO 组织更大的自治权限，公益法人根据注册类型的不同（一般财团、一般社团、公益财团、公益社团、NPO）履行不同的报告义务，并享受（或不享受）不同的税收优惠。同时，《公益法人改革法》将公益法人的活动领域限定在 23 个领域，包括福祉、儿童、学术、灾害等。根据内阁府的统计，日本公益团体的活动较集中在医疗保健福祉、社会教育、儿童养育、道路建设、学术文化振兴、职业能力开发等领域，而公益团体筹资的主要去向为文化创新（22％）、教育研究（19％）、宗教事务（9％）、社会服务（8％）、住宅开发（8％）、环保（8％）等领域。① 此外，日本市民参与社会工作和捐款的比例有所增长。内阁府 2018 年的问卷调查结果显示，17％的日本民众在当年有参与志愿活动的经历，他们参与志愿活动的主要原因为希望对社会有所贡献（54.5％）；41％的受访民众表示当年有过捐款行为，他们选择的捐款机构前三位分别是共同募金会（37.2％）、日本红十字会（29.5％）和居民协会（28.9％）。如图 4-10 所示，2020 年，日本个人捐赠总额为 12126 亿日元。慈善事业是推动共同富裕的"第三只手"，能够充分调动共同富裕中的社会力量。日本在

---

① 资料来源：日本内阁府关于 NPO 的统计公报，https://www.npo-homepage.go.jp/about/toukei-info/ninshou-bunyabetsu。

1998 年、2006 年两次立法规范和推动了慈善公益事业的发展。

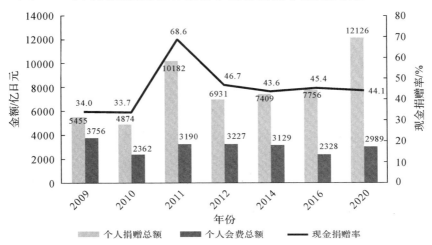

图 4-10　日本部分年份个人捐款总额、个人会费总额、现金捐赠率

数据来源：日本ファンドレイジング協会.寄付白書 2021[M].東京：日本ファンドレイジング協会，2021.

第五节　"格差社会"下的再思考

相对于一种稳定的社会状态，共同富裕更是一种动态发展的过程和不断修正的目标。本章第一节至第四节回顾总结了日本在经济腾飞的 20 世纪 60 年代至 90 年代如何通过《国民收入倍增计划》创造了平等神话和"全民皆中产"的国民意识，以及在初次分配、社会再分配和第三次分配领域的制度举措。然而在行文的 2023 年，本书必须回应的一个问题是，在经历了经济的"失去的 30 年"，正受困于少子老龄化危机、走进"平等神话崩坏""格差社会""低欲望社会"的日本，是否仍可以为我国共同富裕建设提供经验？

对于日本在这方面的经验，应当一分为二来看待。一方面，必须肯定日本 20 世纪 60 年代至 90 年代经济腾飞阶段在增加国民收入、缩小贫富差距、建构平等社会方面的成绩；另一方面，必须正视日本在 20 世纪 90 年代经济增长放缓后出现的少子老龄化、劳动力短缺、贫富差距扩大、就业不稳定等新的社会问题，并以此为鉴。同时，应总结归纳日本为了解决以上问题采取的有效的政策措施，为我所用。换言之，日本对这一问题给出了两个版本的答案：第一个是如何在"增长型社会"下推进共同富裕；第二个是当国家进入"成熟型社会"后，在面临新挑战时，如何经受"逆共富"的考验、维护已经取得的成果。

一、"增长型社会"强调分配公平和财富共享

日本 20 世纪 60 年代至 90 年代在分配公平和财富共享方面的成绩是在增长型社会背景下取得的。所谓增长型社会，表现为在经济长期保持两位数增长水平下，国民收入增长，消费能力提高，国民教育水平提升，人口生育率上升，人均寿命延长，相关社会制度不断建构与完善，呈现一派欣欣向荣之景象。但经济高速增长不等于共同富裕，日本在经济增长期能够营造"一亿皆中产"的平等、稳定的社会环境，主要仰赖几个关键制度设计。

第一，强调初次分配的收入调节功能。从《国民收入倍增计划》开始，日本在筹划自己的福利国家制度时就明确认为，劳动收入的提高而非福利本身，才是建立福利国家的关键。劳动报酬是国民收入的主要来源，终身雇佣制和年功序列制确保了劳动力稳定、高水平的就业率和工资收入；以"春斗"为代表的劳资谈判制度建立了全行业统一的基本工资标准，并确保工资收入每年稳步增长。劳动报酬的提高是实现"藏富于民"最直接有效的手段，是民众共享经济发展成果的主要途径。

第二，重视分配公平和各产业空间的均等化发展。年功序列制、"春斗"基本工资等制度确保各行业劳动者的基本收入差距维持在较小范围内，且遵守同质化的工资增长渠道，体现日本对分配公平的重视。城乡、产业的均等化发展以及教育、医疗等基本公共服务供给的均等化是缩小地区间、行业间贫富差距，实现共同发展的重要举措。

第三，构建覆盖全面的社会保障安全网。日本社会保障体系中"全民皆保"的设计理念体现了分配的公平性，增强了国民的安全感。

第四，人才是共同富裕的密码。日本的教育均等化和完善的职业教育体系为日本输出的专业人才和匠人，是日本经济发展的动力源泉。

在增长型社会，日本所采取的终身雇佣制、年功序列制、以"春斗"为代表的劳资谈判制度、全面型社会保障体系等均与经济发展速度相适应，优质充足的劳动力供给、公平慷慨的分配制度、和谐稳定的劳资关系和基本公共服务的均等化等共同成就了经济高速增长期日本平等社会的形成。

二、"成熟型社会"需警惕人口和劳动结构变化

20世纪90年代日本的"泡沫经济"破灭后，社会层面的问题也日益严峻，主要围绕人口和劳动力结构的变化——少子老龄化和劳动力短缺——产生。生育率的持续下降和超老龄社会的到来，增加了整个社会的不安感，"尼特族""草食系""不婚族"等新兴生活方式不再少见，这些又进一步降低了人口出生率。劳动人口的减少导致国民可支配收入的减少，进而整个社会陷入消费低迷→经济形势恶化→贫困率上升→晚婚与不婚者增加→出生率进一步走低→少子老龄化加剧的循环中。部分学者开启了对"格差社会""下流社会"的讨论，并认为日本曾经创造的平等神话已经崩坏，这些声音在日本国内引起巨大反响。相较于"格差社会""下流社会"这些激进可怖的概念，日本的问题其实并不特殊，几乎是所有发达国家在迈入成熟型社会后都会面临的后现代化问题。首先，将日本判定为成熟型社会，是因为经济的长期高速增长本就不是常态，且日本在20世纪90年代后经济总量仍在世界前三位，国民大学就读率高达53.3%，社会保障体制不断完善（增加长期护理保险制度），文化软实力对全球有重要辐射力，日本的发达国家地位没有改变。其次，生育率低、老龄化严重、劳动力不足等问题是进入成熟型社会的国家所共有的。但日本的少子老龄化问题在发达国家中也是最严重的，已演变成结构性问题。2018年，日本终身生育率为1.42，居全球倒数第三。

日本在这些问题上确有其特殊成因。第一，20世纪90年代日本经济不景气后，终身雇佣制开始动摇，正式员工占比从1984年的84.7%下降到

2019 年的 61.7％，男性收入水平和稳定性下降，育儿成本高成为影响生育率的主要原因。第二，职场上的性别隔离和同工不同酬现象影响女性生育意愿。2019 年，日本职业女性中只有 44.0％ 为正式员工。而在日本传统文化中，女性是家庭照顾责任的唯一承担者，因此生育后的女性只能辞职或从事非正式工作。这使女性难以兼顾工作和家庭，生育成本高企。第三，保育市场不健全。3 岁以下"待机儿童"（由于设施和人手不足等原因只能在家排队等待保育所空位的幼儿）没有足够的途径被保育机构照看，使女性难以从母职中脱离。

而从政府的视角来看，日本未能有效缓解出生率下降问题的重要原因在于未能及时认识到问题的严重性，政策干预过晚。早在 1970 年，日本总和生育率已降至 2.13，临近预警水平，但政府未能及时采取应对措施，一直到 1989 年总和生育率已降至 1.57 后，政府才高度重视。但那时，社会上低生育意愿的氛围已经形成，且同年日本爆发"泡沫经济"危机，经济的不景气更加剧了生育意愿的问题。这对今天的中国有重要的借鉴意义，2020 年，我国人口普查结果显示，我国总和生育率已低至 1.3，中国亟须高度重视人口出生率低下问题，完善生育支持政策体系。

三、"成熟型社会"更要加强社会安全网兜底功能

当日本从"增长型社会"过渡到"成熟型社会"，面临人口结构和雇佣结构的挑战时，社会保障体制的问题首先暴露。如前所述，日本国内对本国社会保障体制的评价为全面但低水平的"小福利国家"体系，社会支出占 GDP 的比重本就偏低，人口出生率的降低和就业人口的减少使社会保障筹资来源更加紧张，而老龄化社会的到来又使养老金等社会保障支出压力加大。2015 年以来，日本老年人口供养比保持在 2∶1 左右，根据内阁府的预测，到 2060 年，日本老年人口供养比或许达到 1∶1 的水平。[①] 在少子老龄化问题

---

① 内閣府. 平成 28 年版高齢社会白書［EB/OL］.（2016-05-19）［2023-06-01］. https：//www8. cao. go. jp/kourei/whitepaper/w-2016/html/zenbun/index. html.

严重的日本,社会保障体系不仅面临巨大的财政可持续性问题,且过高的人口抚养比又在年轻人和老年人之间产生了新的"分配不公平",社会保障对于年轻人的基尼系数的改善作用极小。此外,社会保障对于生育和儿童养育的促进功能受到限制,未来,老年人口对社会保障需求的增加还将持续。故此,日本政府近年来采取多种措施改革社会保障制度,应对少子老龄化挑战。

第一,提高社会保障的财政可持续性。日本自 2019 年 10 月起将消费税率从 5％提高至 10％,增加部分全部用于社会保障资金,将政府雇员公共养老金并入雇员养老保险制度。

第二,提高年轻人参保意愿。缩短最低缴费年限(从 25 年缩短至 10年)。引入"宏观经济指数化",提高未来养老金领取者之待遇。将雇员养老金覆盖范围扩大至部分非正式员工。

第三,提高社会保障体系的"适老化"水平,全面改革国民健康保险,提高财务的可持续性。区分医疗保健和长期护理福利的优先次序,并增加高收入老年人的共同支付部分。建立综合社区护理体系,鼓励老年人以预防和家务互助形式保持健康和活跃。合理分配医疗资源,调整床位功能,将超额急症护理病床调整为康复和老年居家护理床位。

第四,增强社会保障中家庭和儿童福利部分对提升生育意愿的促进作用。以保障妇女平等就业为目标,全面采取措施对儿童照料和家庭育儿予以支持。解决幼儿园和保育园不足问题,提高幼教工资待遇。投资儿童保育服务,建立综合支援诊所,增加患儿托儿所、公共哺乳设施等。改善育儿父母的工作福利,如增加育儿假、缩短工作时间等。为单亲家庭提供现金津贴、实物补贴和咨询服务等。

日本与中国一衣带水,相比欧美,其经验对我国有更大的参照价值,日本在走向"全民皆中产"的 20 世纪和面对少子老龄化困境的 21 世纪的诸多做法和教训为我国推进共同富裕提供了宝贵的经验。

第五章　北欧福利国家

第一节　北欧福利国家的形成背景

当我们提及北欧,首先想到的是瑞典、芬兰、丹麦、挪威和冰岛这五个国家。这五个国家在历史背景上紧密相连,在宗教信仰、政治制度、社会政策等方面也十分相近,虽然并未结成政治共同体,但于 20 世纪 50 年代联合成立了北欧委员会,因此也被称作北欧五国。北欧五国作为发达国家中后来居上的代表,其以普遍主义、国家性与平等性为核心的福利制度模式闻名世界,形成了独具特色的北欧模式,成为高福利、高幸福指数的代名词。

北欧福利国家的核心特征为:普遍性,公民享受同一福利制度;基于公民身份的社会权利;以税收筹资为主导原则;强调国家调控;大型的公共部门,高水平的公共服务;劳动力市场组织严密,参与度高;广泛而慷慨的福利待遇,去商品化程度高;注重再分配与平等;普及和免费的大众教育(克劳斯·彼得森、陶冶和华颖,2019)。北欧福利模式的出现与形成并非偶然,而是与北欧福利国家的历史、经济、政治、社会的发展进程紧密相关。

一、紧密关联的历史

北欧国家的历史相互关联,为福利国家的形成提供了广泛的共识。北欧国家有着 1000 多年的共同历史，从维京时代起，北欧大部分地区首次成为一个联合王国，挪威逐渐控制了冰岛，并与瑞典和丹麦交往密切。12 世纪中期，瑞典征服了芬兰，并于 13 世纪末将芬兰变为了瑞典的一个公国。14 世纪末，丹麦、挪威和瑞典结成卡尔马联盟，三个王国共同拥戴一个君主。15 世纪起，丹麦王室不断企图控制挪威和瑞典的内政事务，瑞典逐渐对丹麦在联盟中占据主导地位不满，并开始不断挑起纷争，加之芬兰亦在不断反抗着瑞典的统治，导致整个卡尔马联盟内部离心离德。直至 16 世纪 20 年代，瑞典战胜丹麦，摆脱了丹麦的统治，使得联盟分崩离析，但挪威与丹麦仍然维持着联盟国家的关系。17 世纪初期，瑞典为争夺波罗的海的霸权与对挪威的宗主权，开始不断向外扩张，直至 18 世纪初与俄国的北方战争战败才得以告终。19 世纪初，俄罗斯帝国兼并了瑞典统治下的芬兰。同时，瑞典多次参与欧洲大陆的反法同盟，并在对丹麦的战争中取得胜利，于 1814 年迫使丹麦将整个挪威割让给了瑞典，但丹麦仍然保持着对冰岛的控制权。

19 世纪上半叶，北欧国家普遍被贫困笼罩，穷则思变，工业化成为北欧国家的一个新的开端，重工业、采矿业和造船业开始在北欧的大部分地区兴起。20 世纪初，芬兰、冰岛和挪威实现独立的呼声日益高涨。挪威率先于 1905 年解除与瑞典的联盟，获得独立；芬兰紧随其后，于 1917 年宣布脱离俄国，获得独立；冰岛于 1918 年获得了独立。

工业化催生了民主化，民主体制在第一次世界大战后在北欧国家得到了全面确立。北欧国家在第一次世界大战期间始终保持中立，但在第二次世界大战期间，丹麦与挪威由于被德国进攻与占领，被迫卷入了战争之中；芬兰受到德国与苏联的夹击，在战争中遭受了巨大损失；瑞典始终保持中立立场；冰岛则孤悬海外，虽在美国与英国的控制之下，但并未真正参与战争。第二次世界大战后，芬兰、瑞典始终在苏联与西方国家之间保持平衡，实行严格的中立政策，持续近 80 年；而丹麦、冰岛与挪威则于 1949 年加入了北约。虽然北欧各国在发展趋势上大体保持一致，但部分国家在历史的推动下逐渐开始寻找新的发展道路，部分国家亦开始向欧洲一体化迈进。丹麦于 1973 年加入了欧洲共同体，后加入欧盟；芬兰与瑞典于 1995 年加入欧盟；而挪威与冰岛至今未加入。

深度交融的历史使得北欧诸国有着较为相似的社会价值观念与较强的身份认同感。北欧各国看似分散，但在各国内部有着强烈的支持双边、多边合作的呼声，这种合作使得各国在文化、经济和政治上的联系更加紧密，而北欧理事会的成立则进一步加强了北欧各国之间的联系。共同的文化桥梁与历史背景为北欧诸国形成相似的社会政策奠定了基础，使得北欧诸国在国际化浪潮中能够求同存异，合作谋求共同利益。

二、坚实的经济基础

北欧国家的经济发展为其成为福利国家打下了坚实的经济基础。北欧五国的经济发展普遍高度依赖广泛的进出口贸易，被称为"小型开放经济体"（small open economies）。除丹麦外，其他国家都奉行不同程度的国家干预主义和以信贷为基础的金融体系。2021 年，瑞典、挪威、丹麦、芬兰和冰岛的人均 GDP 分别为 6.03 万美元、8.92 万美元、6.7 万美元、5.38 万美元和6.82 万美元。

19 世纪中叶，北欧尚未完成工业化，其经济明显落后于当时的主要工业化国家。1840 年，丹麦、芬兰、挪威和瑞典的人均国民生产总值分别为 246美元、214 美元、258 美元和 252 美元，均低于欧洲平均水平 260 美元（马赛厄斯和波拉德，2004）。第一次世界大战后，北欧国家的人均国民生产总值只达到当时欧洲的平均水平，芬兰则仍然低于平均线。但二战以后，在马歇尔计划的支持下，北欧诸国的工业化逐渐完成，经济开始快速发展，瑞典更是取得了长期而稳定的经济腾飞，创造了举世瞩目的"瑞典模式"。与发达国家的普遍路径不同，北欧国家的早期工业化并非在工业部门进行，而是依靠一些关键的自然资源。例如，丹麦的农业最早完成了工业化，挪威的林业和渔业十分发达，瑞典则有着丰富的铁矿石储量和森林资源，芬兰的林业以及冰岛的渔业亦较为发达。随着时间的推移，挪威在 20 世纪 70 年代依托丰富的石油和天然气储量变得更加富裕,冰岛的铝矿储量、水电和地热能资源也给其带来了飞跃式的发展。

20世纪70年代,受石油危机和布雷顿森林体系崩溃的影响,北欧国家的经济陷入停滞期,出现了衰退和长期增长缓慢的状况。丹麦自19世纪60年代后长期遭受国际收支赤字和高通货膨胀率的影响,其中公共部门支出呈现无节制的增长状态,持续出现预算赤字问题。直至20世纪80年代中期,丹麦采取了"休克疗法",增加税收和抑制私人消费与投资,其经济才开始复苏。芬兰在20世纪70年代中期也经历了严重的经济衰退,但由于与苏联保持着稳定的双边贸易关系,进出口得以保持平衡,后续实现了经济的持续增长。挪威的一些行业也经历了严重的危机,在19世纪80年代,金融业与房地产业受损严重,但该国迅速发展起来的石油工业使其国内经济得以提振。而瑞典则遭遇了经济结构性问题,即瑞典的产业结构过于多元化,但缺乏支柱性产业。传统造船业与采矿业在危机中遭受严重打击,瑞典克朗在此期间贬值两次以推动出口,但整体经济复苏较为缓慢。同时,瑞典生产力发展缓慢与公共部门的迅速扩张也带来了新的经济与社会问题,政府开始将部分产业收归国有,以保证就业。冰岛在危机中曾大力发展捕鱼业,以期保持贸易顺差与保证就业,但受气候与洋流的影响,捕鱼量并不稳定。此外,冰岛的制造业较为单一,以纺织业与小规模的造船业为主,对在危机中增加出口收入的贡献十分微弱。

20世纪90年代末,北欧国家的经济均已走出阴霾,开始了新一轮的蓬勃发展,产业结构逐步转型,新兴产业迅速扩张。同时,政府在这一时期采取了更严格的经济政策,制定了低通货膨胀目标并注重增加政府的财政收入,对银行加强监管,防范新的金融泡沫出现。2004年,瑞典的人均GDP已超过美国。当2008年金融危机席卷全球时,北欧国家除冰岛外,所受到的影响明显小于许多其他国家,其中瑞典和挪威的经济仅经历了一年的收缩便得以恢复。而冰岛在遭受了严重的金融危机后,在2011年后实现了经济的快速复苏,除传统产业外,旅游业成为冰岛经济发展的新支柱。

三、连贯的执政理念

北欧国家较为稳定的政党体系使得执政理念能够一以贯之，为福利国家的形成提供了制度保障。北欧国家的政党体系具有相似性。各国均有着强大且同质性较高的左派政党，右派政党则相应式微破碎，这与北欧各国内部具有相似执政理念的社民党的长期执政密不可分。社民党是对北欧国家三个工人阶级政党的统称，即丹麦的社会民主党（Socialdemokratiet）、瑞典的社会民主工人党（Socialdemokraterna）与挪威的工人党（Arbeiderpartiet），三者均是于19世纪末在马克思主义思潮的影响下建立起来的，并发展成为北欧福利国家建设的主导政治力量。

20世纪初，北欧国家的社民党逐渐进入各国国会，开始与其他政党联合执政，在此期间不断推动部分带有福利国家色彩的社会政策的施行。20世纪30年代起，受欧美经济危机的影响，自由主义逐渐不再受到青睐，而社民党所主张的国家干预理论则得到了大众的广泛支持，社民党开始以建设"人民之家"（Folkhemmet）为旗帜，以国家与家庭的平等共享为原则，以全体国民的和谐幸福为目标，在北欧进行社会改革运动。"人民之家"最初由瑞典社民党第二任领导人佩尔·阿尔宾·汉森（Per Albin Hansson）提出，他指出，好的家庭体现出平等、理解、合作和帮助，将这种概念扩大到包括全体公民的"人民之家"，就意味着将公民划分为特权者与不幸者、统治者与被统治者、穷人和富人、优裕者与贫困者、掠夺者与被掠夺者的各种社会与经济障碍将被打碎。其认为，国家应该承担起对全体公民的责任，建立一种公民享有充分的生活保障与民主平等的社会，保护所有公民的利益，而实现这一目标的基本途径则是建立起有效的社会保障制度，促进各种社会力量的合作而不是对抗。汉森的"人民之家"计划为瑞典福利国家的建立与初步发展奠定了思想基础，因循着政策学习的路径，该计划随后在丹麦与挪威亦成为重要的政策目标。

同时，北欧国家有着协商政治的传统，实行阶级合作的社会政策，执政党在制定政策时，会与其他政党、相关利益团体及社会团体进行协商，以求达成相对公平、稳定的收入分配政策，使各阶级保持和谐的关系。但由于政治控制的强度不同，挪威与瑞典的阶级妥协性更高，丹麦居于中间水平，芬兰与冰岛则妥协性较低。社民党的长期执政亦使得政治环境趋于稳定，社会政策的连续性得以保持，社会福利制度随之迅速发展起来，福利国家逐渐成形。

第二节　北欧国家的初次分配

在有限的社会财富体量下，收入分配是"分好蛋糕"、促进共同富裕的重要制度保障。初次分配作为收入分配过程的第一环节，将国民总收入直接与生产要素相联系，按生产要素所有者投入劳动、资金、技术、土地等生产要素的多少分配相应报酬，既遵循了市场效率优先的基本原则，又体现了按贡献分配的公平要义。初次分配制度的设计和运行与生产关系密切相关，涉及各生产要素所有者之间利益分配的方式和水平问题，因此，政治场域的阶级关系和市场场域的劳资关系对初次收入分配制度具有决定性作用。

一、北欧国家初次分配的基本制度

北欧福利国家初次分配的基本制度是工资协商（谈判）机制，且没有法定最低工资标准。在该制度下，雇主、雇员、政府三方共同参与工资、工时、工作环境和其他福利待遇的商定。各行业、地区以及企业的工资水平通过三方协商和谈判在企业外部和内部两个层面确定，每次协议有效期为两年。其中，代表雇员利益的工会和代表雇主利益的雇主协会在企业外部针对行业、地区的工资标准进行协商，并协定最低工资标准；雇员和雇主则基于统一的行业和地区工资标准在企业内部就具体的工资水平进行谈判。在工资协商制度中，雇员和雇主是主要行动者，政府仅发挥促进协商和监督协议履行的辅助作用，从而维护和协调双方利益。当工会和雇主协会无法就行业和地区的工资标准达成一致时，政府便介入促成协议；当雇员和雇主产生劳资纠纷时，则可以通过政府主导的劳动法庭进行仲裁。

北欧雇员和雇主就工资问题进行协商谈判的实践缘起于 19 世纪 70 年代丹麦的工会运动，在这一时期，雇员主要通过"持续罢工"的战术迫使雇主对提高工资的要求做出妥协。这一对抗在 1897—1899 年达到顶峰。1899年春天，丹麦爆发了历史上规模最大的劳资纠纷——"大停工"运动，最终劳资双方于当年达成了著名的"九月协定"。这一协定具有基本协定的地位，是北欧工资协商制度的先驱。在此之后，1902 年，挪威工会联盟和雇主联盟也达成协议，并于 1935 年确定了"基本协定"；1906 年，瑞典工会联合会在谈判中迫于同盟歇业的压力，与雇主联合会签署了"十二月妥协协议"，随后在1938 年签订了著名的"萨尔茨耶巴登协定"。第二次世界大战末期，芬兰和冰岛开始逐渐向斯堪的纳维亚中心靠拢。在丹麦、挪威、瑞典三个邻国的影响下，芬兰分别在 1940 年和 1944 年通过"一月协定"和"基本协定"，冰岛独立初期在独立党主持领导下保留延续了北欧"社会契约性"的特色。北欧各国基本协定的签署意味着劳资双方之间能够互相尊重，工会接受雇主享有一定特权，同时雇主也认可工会作为整个工人群体的代表（库恩勒等，2010）。

在北欧，这种通过集体谈判来调节利益分配的传统可追溯至阶级妥协机制。受经济产业结构的影响，北欧国家的阶级关系相较其他资本主义国家资产阶级和工人阶级冲突对立的状态有所不同。北欧发达的现代化农业催生了一支能够与资产阶级和工人阶级相抗衡的、强大且独立的农民队伍，确保了农民阶级的话语权，构成了资产阶级、农民阶级、工人阶级相互制衡的"三角阶级结构"，为不同阶级间进行平等的对话协商提供了可能（张佳华，2013）。在社会民主党的长期领导和社会民主主义理念的影响下，北欧国家政府倡导通过诸如协商、谈判、博弈等和谐稳定的方式调解各阶级间的利益之争，形成了"协商一致"的治理模式。经过半个世纪社会建设的努力，北欧国家遍布各个领域的高度组织化社会团体组织逐渐成为社会成员参与国家决策的中介,从而孕育了基于法团主义的阶级妥协机制。其中蕴含的改良和妥协主义为劳资之间的工资协商谈判提供了借鉴经验(林卡和张佳华,2011)。

工会密度高、工会运动统一是北欧国家劳资关系最鲜明的特点,也是工资协商机制运行不可或缺的关键要素。北欧劳动力市场中,工会组织覆盖广泛,雇员参与率极高,无论是蓝领工人还是白领工人、专业人士,大多数雇员都会自愿地选择加入工会,形成了网络化的劳动力自治组织。OECD 的数据显示,21 世纪初期,冰岛、瑞典、丹麦、芬兰的工会密度分列 OECD 国家的前四位,挪威位列第六。如图 5-1 所示,从具体数值来看,OECD 国家工会密度平均值在 15%—21%,而北欧五国的工会密度高达 50%—90%,其中冰岛的工会密度逐渐突破 90%,在 2020 年达到 92.2%,断崖式超越 OECD 其他国家。此外,北欧工会组织具有高度的集中化色彩,各国设有总工会/工会联盟(LO)统领全国工会运动,约束和限制下级工会履行工资协议,从而充分有效地发挥工资协商制度在初次收入分配环节中的作用。以瑞典为例,瑞典总工会的最高权力和决策机构是会员代表大会,根据总工会章程,未经工会中央同意,各行业、地区工会不得擅自采取行动。最为重要的全国工资协议属于中央级谈判,由总工会与雇主协会达成,下级工会应当在全国工资协议下与雇主商定具体的工资水平、增长幅度和工作时长等;若未达成一致,需要征得总工会的同意才可罢工,否则必须用自己的资产来赔偿企业因罢工而遭受的损失(黄范章,2016)。各行业、各地区高密度、高结构化的工会组织凝聚了雇员的集体力量,使得劳资双方能够平等对话,为雇员与雇主就工资福利等问题进行协商谈判奠定了强有力的组织基础。

在阶级妥协机制和工会运动的催化下,北欧国家建立了较为完善的劳资谈判体系,雇主、雇员和政府三方就工资相关问题平等协商谈判构成了收入初次分配的基本原则。

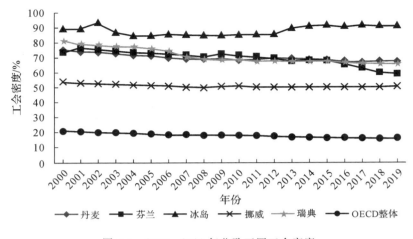

图 5-1　2000—2019 年北欧五国工会密度

资料来源:OECD 数据库,https://data.oecd.org。

二、北欧国家的初次分配与共同富裕

从经济调控策略来看,北欧国家放开所有制、控制收入分配权,在主张市场自由发展的同时干预收入分配机制,走出了兼顾"效率"与"公平"的第三条道路,避免了误入老牌资本主义国家贫富分化的歧途。一方面,北欧模式鼓励私有经济发展,市场经济体制中私营经济占主导地位,国有经济占比不高且主要集中在公共服务部门,宽松的市场管控环境促成了较高的经济效率,人均国民总收入水平稳居高收入国家前列(见图 5-2)。另一方面,在总体富裕的前提下,北欧模式还强调社会财富的公平分配,市场经济参与者之间的收入差距总量小而稳定。收入初次分配环节中,北欧五国建立了有政府参与的劳资谈判体系,由雇主、雇员和政府三方协商行业、地区和企业内部的工资标准,从而避免了两极分化的收入分配格局。

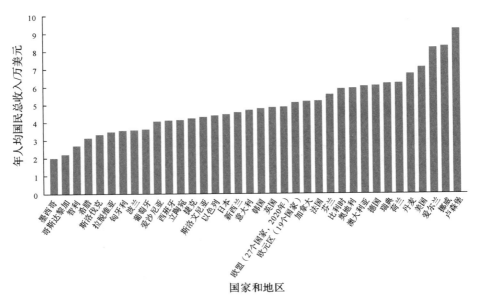

图 5-2 2021 年部分国家和地区人均国民总收入

资料来源：OECD 数据库，https://data.oecd.org。

　　具体而言，首先，北欧国家不同职业群体之间的收入水平差距小，趋近平等工资制度（见图 5-3、图 5-4、图 5-5）。2021 年，芬兰九大类职业的月平均工资为 3629 欧元，经理群体的工资水平最高，月平均工资为 7236 欧元，初级职业群体的收入最少，月平均工资为 2375 欧元，最高工资仅是最低工资的 3.05 倍；挪威所有职业的月平均工资为 50790 挪威克朗，收入最高的董事月平均工资为 87240 挪威克朗，收入最低的清洁工、援助人员等月平均工资为 35860 挪威克朗，前者仅为后者的 2.43 倍；在冰岛，各类职业中的最高工资不到最低工资的 3 倍。

　　其次，北欧国家不同部门之间的收入基本持平，月平均工资差额不超过 1000 欧元。三大部门中，地方政府的工资水平最低，中央政府的工资水平最高，私有及其他部门工资水平居中（见图 5-6）。2021 年，芬兰中央政府雇员的月平均工资为 4128 欧元，地方政府雇员的月平均工资为 3295 欧元，两者相差 833 欧元；挪威中央政府雇员的月平均工资与私有及其他部门的工资差额为 312 欧元，与地方政府的工资差额为 829 欧元；冰岛部门间月平均工资最大差额仅为 686 欧元。

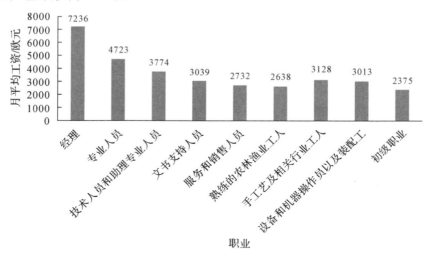

图 5-3　2021 年芬兰按职业划分月平均工资

数据来源:芬兰统计局,https://www.stat.fi/index_en.html。

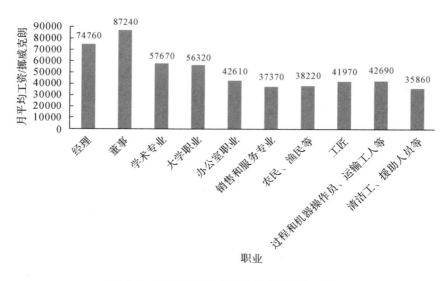

图 5-4　2021 年挪威按职业划分月平均工资

数据来源:挪威统计局,https://www.ssb.no/。

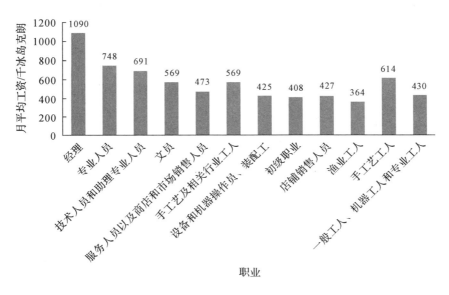

图 5-5 2021 年冰岛按职业划分月平均工资

数据来源:冰岛统计局,https://www.statice.is/。

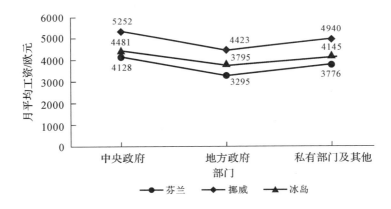

图 5-6 2021 年芬兰、挪威、冰岛各部门月平均工资

数据来源:芬兰统计局,https://www.stat.fi/index_en.html;挪威统计局,https://www.ssb.no/;冰岛统计局,https://www.statice.is/。

再次,国家内部不同地区间的工资水平较为均衡,收入初次分配差距不大。以丹麦为例,2021 年全国员工群体的月平均工资为 28367 丹麦克朗,首都大区的月平均工资水平最高,为 31062 丹麦克朗,北日德兰地区的月平均工资水平最低,为 26031 丹麦克朗,地区间月平均工资水平的最大差额为

5031 丹麦克朗,仅相差 0.19 倍。

最后,值得特别注意的是,北欧国家男性和女性群体间的薪酬差距较小。北欧福利国家注重性别平等和女性权益保护,通过创建庞大的公共部门吸纳妇女从事有报酬的社会性公共服务工作,使得妇女能够高度参与到家庭以外的劳动力市场中,确保女性的经济独立权,缩小收入的性别差距。世界经济论坛发布的《2021 年全球性别差距报告》显示,在全球 158 个报告国家中,冰岛、芬兰、挪威的性别平等指数居前 3 位,瑞典和丹麦分列第 5 位和第 29 位。聚焦到劳动力市场变量来看,北欧国家男性和女性的年平均工资差距基本维持在 10000 欧元上下,且呈现不断缩小的趋势(见图 5-7)。2010 年,北欧五国性别薪酬差距最大的国家是丹麦,男性和女性的年平均工资差额为 10598 欧元,差距最小的国家是瑞典,差额为 5582 欧元;到 2018 年,北欧五国性别薪酬差距的最大值和最小值已经下降到 10441 欧元和 4852 欧元。

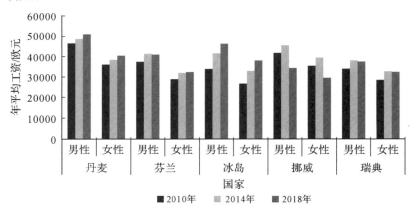

图 5-7　北欧国家按性别划分年平均工资

数据来源:北欧统计数据库,https://www.nordicstatistics.org。

谈判协商是一种温和的利益调节机制。北欧国家以三方协商为核心的收入初次分配制度赋予了雇员和雇主在工资确定过程中的参与权和话语权,既保留了企业的生存发展空间,又保护了雇员的劳动和生存权益,从而在经济稳定发展的基础上形成了相对平均的薪酬分配格局。

第三节　北欧国家的再分配

在现代化进程的推动下,人们的生存环境和生活水平得到改善和提升,但无论人类文明进步到哪一阶段,不公平和贫困的存在都是不可否认的事实。由于人们天资禀赋和生产要素占有的差异,以市场机制为主导的初次分配必然带来社会成员间的收入差距,进而引发更多社会不公平现象。因此,需要由政府通过再分配的手段来纠正市场失灵,调整初次分配结果,维护社会公平。再分配又称社会转移分配,是在各收入主体之间进行现金或实物转移的一种收入二次分配,主要转移渠道包括税收、社会保险、社会福利等转移支付方式。

一、再分配中的税收调节制度

马克思指出:"赋税是政府机器的经济基础,而不是其他任何东西。"[①]在现代国家治理体系中,税收是政府按照法律规定,强制、无偿取得公共财政收入的一种规范形式,其本质是政府凭借公共权力依法依规参与国民收入分配,从中获得经济基础以满足社会公共需要。税收由征税部门征收后统一分配使用,通过这种特殊的分配关系,政府等公共部门不仅得到了活动经费支持,也调节着社会财富的分配格局,维护社会秩序稳定。众所周知,北欧模式以"高福利"著称于世,而"从摇篮到坟墓"的高水平福利得以长久性存续离不开"高税收"雄厚的资金支撑,"高福利"与"高税收"紧密相依。税收收入占国内生产总值的比重是衡量一个国家税收负担的重要指标。OECD 的数据(见图 5-8)显示,2011—2021 年,其成员税收收入占 GDP 比重的平均值约为 33%,而北欧五国税收收入占 GDP 比重的平均值达到41.65%。其中,冰岛税收收入占 GDP 的比重最低,约为 36.70%,但在 2016

---

① 中共中央马克思恩格斯列宁斯大林著作编译局.马克思恩格斯全集:第十九卷[M].北京:人民出版社,1963:32.

年出现峰值,税收收入占 GDP 的比重突破 50%;丹麦的税收负担最重,10年间税收收入占 GDP 比重的平均值为 46.07%。

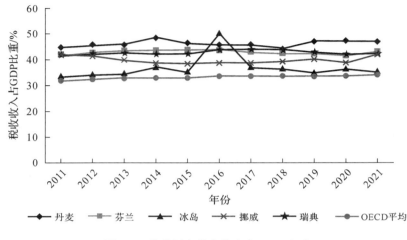

图 5-8　北欧国家税收收入占 GDP 比重

数据来源:OECD 数据库,https://data.oecd.org。

　　个人所得税是以个人或家庭为纳税单位的所得税,应税所得范围包括本国公民和居住在本国境内的个人所得以及境外个人来源于本国的所得。从性质来看,个人所得税是一种直接税,税负由纳税人直接承担且无法转嫁,能够有效地调节个人可支配收入差距。伴随着经济社会的发展,以自然人为核心的社会财富流动和分配占整个社会财富流动和分配的比例越来越高,形式也越来越多样,因此,个人所得税逐渐成为税收体系的主体税种。在北欧国家,个人所得税收入约占国家总税收的 35%,且该比重呈起伏式上升的趋势。其中,丹麦的个人所得税收入占总税收的比重最高,2011—2021年均在 50% 以上,2015 年达到峰值,为 54.81%;冰岛紧随其后,个人所得税占总税收的比重于 2019 年突破 40%;瑞典、芬兰、挪威个人所得税占总税收的比重均在 30% 左右(见表 5-1)。

表 5-1　北欧五国个人所得税占总税收的比重

单位：%

年份	丹麦	芬兰	冰岛	挪威	瑞典
2011	51.79	29.22	37.64	23.18	27.81
2012	51.16	29.31	37.43	23.47	28.35
2013	54.41	29.31	38.25	24.89	28.70
2014	53.98	30.57	34.95	25.44	28.92
2015	54.81	30.24	36.70	28.04	29.38
2016	53.08	29.58	26.71	27.63	30.06
2017	53.10	29.16	38.17	26.53	30.22
2018	54.49	28.87	39.78	25.35	29.50
2019	52.19	28.98	40.99	25.90	28.67
2020	54.18	29.99	43.09	29.41	28.79
2021	52.23	29.86	41.38	25.39	29.00

数据来源：OECD 数据库，https://data.oecd.org。

　　从个人所得税的总体设计原则来看，北欧国家沿用 20 世纪 80 年代末引入的二元所得税制，即对工资、薪金、经营等劳动所得课征重税，而股息、利息、租金等非劳动所得的课税负担相对较轻（彭海艳，2021）。实践过程中，二元所得税制在北欧国家演变为两种模式，丹麦、芬兰、瑞典对劳动所得与资本所得分别按累进税率和比例税率征税；挪威则对所有应税所得征收比例税，同时对超过一定标准的劳动所得按累进税率征税。可见，北欧国家在个人所得税的税率设计上均对劳动所得按超额累进税率征税，对个人或家庭应税所得分等级按递增的多级税率征税，以此缩小社会成员间的个人收入差距。如北欧最先采纳二元所得税制的丹麦，其个人所得税的累进税率分为基本、中等、高等三个档次，个人缴纳的所得税最高曾达到收入的59%。从税收管理和支配的归属权来看，北欧国家大多实行中央和地方两级课税制度，个人所得须按规定税率向中央和地方两级纳税，个人所得税税率一直保持较高水平。2012—2021 年，北欧五国个人所得税的平均税率高达 50.72%，这意味着个人一半以上的收入由政府进行统一的再分配，丹麦和瑞典的个人所得税税率则超过 55％（见表 5-2）。总体而言,北欧五国个人所得税的设计在具体内容上略有不同,但基本遵循多得多征、少得少征的公平原则,充分发挥了个人所得税在调节社会成员间个人收入差距方面的杠杆效应(见表 5-3)。

表 5-2　北欧五国个人所得税税率

单位：%

年份	丹麦	芬兰	冰岛	挪威	瑞典
2012	55.40	49.00	46.24	47.80	56.60
2013	55.40	49.00	46.24	47.80	57.00
2014	55.60	49.00	46.24	47.80	57.00
2015	55.40	52.35	46.24	47.20	57.00
2016	56.40	54.25	46.25	46.90	57.10
2017	55.80	54.00	46.24	46.72	57.10
2018	55.90	53.75	46.24	46.60	57.30
2019	55.90	53.75	46.24	38.20	57.20
2020	55.90	56.95	46.24	38.20	52.30
2021	55.90	56.95	46.25	38.20	52.30

数据来源：全球经济指标数据网（Trading Economics）。

表 5-3　北欧五国个人所得税制比较

比较维度	丹麦	芬兰	瑞典	冰岛	挪威
实行年份	1987	1993	1991	1995	1992
纳税单位	个人				个人或家庭
现行税率/%	55.90	56.95	52.90	46.25	38.20
二元所得税制模式	劳动所得——累进税率 非劳动所得——比例税率				叠置的二元所得税
管理和支配权限	中央和地方分税制				

除个人所得税,北欧国家还设有以自然人所有和归其支配的财产为课税对象的财产税,综合发挥多元化税种的再分配作用,调节个人财产拥有

量,推动形成相对均衡的社会财富分配格局。在财产税类目下,遗产税和赠与税是最为普遍的两类税种,二者以无偿继承或接受赠与的财产为课征对象,通常同时征收。当前,北欧国家中的瑞典、丹麦、芬兰、冰岛四国依旧征收遗产税和赠与税,而挪威于2014年取消了遗产税。从税率设计来看,瑞典、芬兰、冰岛均采用高额累进的遗产税和赠与税税率,具体标准根据所接受的财产价值以及双方的关系而定;丹麦则实行单一比例税,亲属之间财产转移的税率为15%,非亲属之间的遗产与赠与税税率约为36.25%。北欧国家齐全有力的所得税和财产税税收体系有效地缩小了社会成员间收入分配和财富占有的差距,社会财富分配格局不断优化,延续着"北欧模式"追求社会公平的目标。

二、再分配中的社会保险制度

在工业化进程的推动下,世界各国逐渐重视社会保障制度的建设,通过给予因诸如丧失劳动能力等原因收入减少或生活困难的公民一定的物质帮助,以保障他们的基本生活,维持社会秩序稳定。其中,社会保险制度是现代社会保障体系的核心支柱,其主要作用在于为因某些原因永久或暂时丧失劳动能力、失去劳动岗位而造成收入损失的人口提供经济补偿。社会保险是一种缴费性的社会保障制度,保险待遇的领取需要以履行法定的缴费义务为前提。社会保险项目齐全、覆盖全民的北欧五国均设有社会保障税,由雇员和雇主以工资支付额为税基按比例共同缴纳,构成社会保险制度的主要资金来源。税收是北欧"高福利"模式的主要经济支撑,因此,大多数北欧国家也对主要用于支付社会保险待遇的社会保障税课征较高的税率,只有丹麦基于超高个人所得税率而象征性地以低于4%的税率征收社会保障税;在纳税责任的划分上,鉴于已有高税率的个人所得税和财产税,雇员仅需缴纳低税率的社会保障税,而由雇主承担主要缴费责任(见表5-4)。通过资金的筹集和给付,社会保险制度同时实现了低风险和高风险群体间的风险分配、低收入和高收入群体间的收入分配以及个体不同人生阶段的收入分配，是政府借助互助共济的政策工具来调节个人财富分配、参与国民收入再分配的重要体现。

表 5-4　2021 年北欧五国社会保障税基本情况

单位：%

指标	芬兰	冰岛	挪威	瑞典	丹麦
社会保障税占总税收的比重	27.80	15.17	22.89	21.18	0.13
总税率	31.55	10.10	22.30	38.42	<4.00
雇员税率	10.89	4.00	8.20	7.00	<2.00
雇主税率	20.66	6.10	14.10	31.42	<2.00

数据来源：OECD 数据库，https://data.oecd.org。

与欧洲其他国家相比，北欧国家的工业化起步较晚，社会福利发展也相对滞后，19 世纪以前仅存在无政府参与的有限社会救济。面对日益涌现的社会问题，北欧国家各党派于 19 世纪末期开始就社会保险问题进行激烈的争辩，建设由政府主导的制度化社会保障逐步成为重要的政治议题。到 20 世纪 30 年代，北欧国家先后在养老、工伤、失业、疾病等诸多方面通过了立法，构建了面向全民的普遍性现代社会保险制度。

北欧国家社会保险制度的建设始于养老保险项目。1891 年，丹麦率先通过养老金法案，建立了非缴费的收入调查式养老金制度，并逐步完善为包括政府养老金、劳动力市场补充养老金和职业养老金在内的综合性法定养老金制度。经过 100 多年的实践与发展，北欧国家纷纷建立了以国民养老金为基础的多支柱社会养老保险制度（见表 5-5）。国家基本养老金具有高度的包容性普遍主义色彩，去商品化特征显著，覆盖全民，凡达到国家规定退休年龄和居住年限的国民或居民均可享受，不与就业和收入挂钩。丹麦的国家养老金覆盖 15—65 周岁期间至少在丹麦居住 3 年的丹麦公民或至少在丹麦居住 10 年的非丹麦居民，包括基础养老金和主要面向贫困老人的补充养老金两部分；瑞典规定，年满 65 周岁且居住满 3 年的公民及侨民均可按照单身或夫妇类别领取等额的国家基本养老金，后期便向着缴费型养老金制度改革;挪威的基本养老金制度于 1966 年修改为当前的全民保险计划,规定凡参加全民保险计划 3 年以上或在国内居住满 20 年的 67 周岁以上老人均可领取基本养老金;1957 年,芬兰颁布《新国家养老法》,确立了与居住时间相关的非缴费型国家养老金体系,包括晚年/早期晚年养老金、无劳动能力养老金、个别提前退休养老金、失业养老金等,为老年人提供了平等享受的养老金制度;冰岛的基本养老金制度被称为"国民养老型",全体国民可获得同等数额的养老金,随着退休年龄的推迟,每月领取的养老金数额相应增加。

表 5-5　北欧国家基础养老金制度比较

制度内容	瑞典	挪威	丹麦	芬兰	冰岛
覆盖群体	无收入和低收入群体	全民	全民	无收入和低收入群体	全民
资金来源	由政府税收支持,无须个人缴费	税收＋雇员(税前工资的 8.7%)和雇主(雇员税前工资的 11.4%)缴费＋政府全球养老基金	非缴费型,资金来源于中央政府税收	税收＋少量的资产增值	雇主缴费(雇员工资额的 2%)
给付条件	(1)年满 65 周岁;(2)在瑞典居住满 3 年;(3)没有养老金或养老金数额较少	(1)年满 67 周岁;(2)参加全民保险计划满 3 年或居住满 20 年	年满 67 周岁的丹麦公民	达到最低居住年限且其他养老金和补助低于最低国家养老金的标准	年满 67 周岁的全体国民
待遇标准	(1)改革前:所有国民按同一标准发放。(2)改革后:居住满 40 年可获得全额保障养老金,居住不满 40 年的平均按每年 1/40 的比例递减;与收入关联养老金挂钩,当领取的收入关联养老金低于标准时,国家给予补助;单身群体的标准高于已婚者	居住(参保)年限越长,享受比例越高,居住满 40 年且缴费 30 年及以上的退休者可获得全额基础养老金,余者递减,最低标准约为每月 7500 挪威克朗	(1)全体退休人员享受相同的基本金额,约为每月 5500 丹麦克朗;(2)单身、已婚或同居者享受不同标准的养老金津贴;(3)15 周岁后在国内居住满 40 年享受全额养老金	包括无劳动能力养老金、晚年/早期晚年养老金、个别提前退休养老金、失业养老金等,每个项目标准不同	全体退休国民享受等额养老金,约为每月 9577 冰岛克朗;72 周岁以上退休,养老金可达每月 16000 冰岛克朗

在医疗（疾病）保险方面，北欧国家尽管组织方式不同，但都实行全民免费医疗，患者在指定或公共部门就医的诊疗费用由税收支付；还设有额外的疾病津贴，以作为生病雇员工资的一部分，其中许多人还能获得全额工资（Kvist and Greve，2011）。1982年，瑞典通过卫生立法，规定本国公民在患病或生育时都可领取医疗费用补助，家庭中有收入的成员只要按规定缴纳医疗保险税，全家即可享受医疗保健费用、疾病津贴、产妇津贴等公费医疗待遇；丹麦居民无论是否就业，均可凭借个人的医疗保险卡享受免费医疗和医院护理服务；挪威的全民医疗保障制度规定，凡加入全民社会福利制度的人均可享受在医院免费住院、治疗和用药；芬兰的医疗保险实行现金补助和医疗补助的双重制度，在芬兰人口登记中心登记长期居住并依法纳税的公民及其子女均可享受基本医疗保险待遇；独立时间最晚的冰岛也同样实行全民免费医疗保障制度，且医疗水平较高。

在失业保险方面，北欧各国建立了多层次、多支柱的失业保险金政策，以补偿失业人员的收入损失，保障其基本生活水平。但在福利国家危机的冲击下，失业保险政策发生了由"宽松"向"严格"的重大转变，注重对失业人员进行职业培训和再就业支持。瑞典的失业保险体系包括基本失业保险、自愿失业保险、集体补充失业保险三个部分，参加失业保险的时间达12个月以上，在失业前一年至少工作了5个月且非自愿离职的失业者均可领取基本失业保险金；丹麦失业保险的覆盖范围包括雇员和65周岁以上独立工作者，非个人原因且3年内就业26周、最近12个月为基金会会员的失业者可领取失业保险金；在挪威，当雇员的工作时间减少50％以上时即可认定为失业，待遇水平与申请者的工资收入挂钩，至少为计算基数的75％；芬兰建立了补贴性自愿保险和失业援助的双重失业保障制度，支付项目包括基本救济金和收入关联救济金；冰岛的失业金同样与工资水平相关联，失业者按月领取，且抚养18周岁以下孩子的可每人每日领取固定补助，并为失业者提供免费培训。

伴随着工业化时代的到来，工人被大机器伤害的事件时有发生，这些受伤的工人强烈要求得到职业伤害补偿,工伤保险成为社会保险体系内不可或缺的内容。瑞典的工伤保险覆盖雇员和独立经营者,同时还包括学生,主要待遇项目有暂时伤残补助、永久残疾抚恤金及一些遗属待遇;在丹麦,所有就业者强制性参加职业伤害保险,雇主在缴纳工伤保险费的同时还需要向劳动市场职业病基金缴纳会费,保险待遇给付包括治疗、康复和丧失劳动能力的补偿,永久性伤害补偿,对死亡雇员的赔偿;挪威的雇员、军人、学生被认定工伤后,可从休息第一天起的52周内获得全额工资补贴,同时还可享受社保体系内的伤残补贴、基本补助和护理补助等待遇;芬兰工伤保险的支付项目包括临时残疾补助、永久残疾抚恤金和医疗补助;1903年,冰岛创立了由国家担保的工伤保险基金,1909年制定了正式的工伤保险法,赋予参保人在工作中受伤时得到工资补助和病休补助或残疾人补助的基本权益。表5-6对北欧国家社会保险制度内容进行了比较。

表 5-6　北欧国家社会保险制度内容比较

制度内容		瑞典	丹麦	挪威	芬兰	冰岛
养老保险	立法时间	1913 年	1891 年	1936 年	1937 年	1974 年
	主要内容	保障养老金＋公共养老金（以个人收入为基础）＋职业养老金	政府养老金＋劳动力市场补充养老金＋职业养老金	全民保险计划＋职业年金计划	与收入相关的养老金＋与居住时间相关的国家养老金体系	国民养老金＋老年人补助（年满67周岁的老人在16—67周岁期间在国内居住满3年,满40年可领取年度完全养老金）＋职业养老金
医疗保险	立法时间	1982 年	1960 年	1911 年	1963 年	1936 年
	主要内容	医疗费用补助＋公费医疗待遇	居民可凭借个人的医疗保险卡享受免费医疗和医院护理服务	凡加入全民社会福利制度的人均可免费享受住院治疗和用药	现金补助＋医疗补助,登记在册的纳税公民及其子女均可享受	全民免费医疗＋病休工资补助

续表

制度内容		瑞典	丹麦	挪威	芬兰	冰岛
失业保险	立法时间	1934 年	1907 年	1906 年	1917 年	1936 年
	主要内容	基本失业保险＋自愿失业保险＋集体补充失业保险	失业津贴（两年内每日补助）＋培训和教育（三年）	失业救济金（按申请期间年收入或失业前3年平均收入较高者支付，至少为计算基数的75%，且必须积极求职）	基本救济金（每日支付固定金额，随养育儿童数量增加而增加）＋收入关联救济金	收入关联救济金（领取最高失业金不能超过3个月）
工伤保险	立法时间	1916 年	1916 年	1958 年	1917 年	1909 年
	主要内容	暂时伤残补助、永久残疾抚恤金＋遗属待遇（丧葬补助、孤儿和遗属补贴）	治疗、康复和丧失劳动能力的补偿＋永久性伤害补偿＋死亡赔偿	工伤工资补贴＋其他伤残补助	临时残疾补助（12个月的全额工资）＋永久残疾抚恤金（正常收入的85%）＋医疗补助	工伤工资补贴＋病休工资补助＋残疾人补助

三、普遍性的现金补贴制度

如果北欧国家项目多样、覆盖全民的社会保险制度已经具有高度的包容性，那么非缴费的普遍性社会福利制度更能体现北欧模式"人人平等"的理念和追求。与以缴费为待遇领取条件的社会保险制度相比，普遍性现金补贴则不论经济或工作状况如何，无条件均等地支付给每个社会成员，是在其收入之外发放的周期性现金支付。在北欧，最为典型的普遍性基本收入是社会福利式的家庭补贴。一战期间，为缓解工薪阶层家庭的贫困问题，西方国家开始建立工资补贴制度，向劳动者发放基本工资之外的收入补贴；随后，面对多样化的家庭需要，法国于1932年颁布《家庭补贴法》，以家庭为单位提供维持家用的补贴（丁建定和李薇，2013）。目前，家庭补贴制度已经成为工业化国家通过立法途径参与国民收入再分配，以家庭和儿童津贴为依托向家庭提供的各种物质和服务支持,以保障妇女和儿童生活、补偿家庭费用、维持家庭收支平衡的重要社会福利项目(李薇,2017)。在社会民主主义思潮的影响下,北欧国家的家庭补贴制度遵循社会福利式的发展路径,政策面向全体家庭,强调政府在儿童照顾和培育优质国民方面的责任,奉行男女平等的政策理念。

北欧国家的家庭补贴项目以普遍性现金津贴为主,主要涉及儿童发展和妇女权益保障的福利性需求。面对人口老龄化和生育率下降的严峻态势,北欧各国为全体具有公民身份的儿童提供直接的资金支持,通过发放儿童补贴来减轻照料儿童带来的家庭经济压力(见表 5-7)。瑞典的儿童补贴分为普通补贴、多子女补贴、学生补助金三类,还设有专门的幼儿托育补贴,若幼儿不进入公立托育机构,家长可领取照料补贴在家照顾幼儿;在丹麦,政府为 18 周岁以下的孩子按季度发放少儿补贴,每个年龄段可领取的补贴数额不同,并对儿童托育费用、看牙等医药费用按不同比例报销;挪威向 18 周岁以下的未成年人每年每人发放约 11640 克朗的育儿补贴,对自然条件艰苦的极地地区和斯瓦尔巴群岛,每年额外增加 3840 克朗,对于养育儿童的单亲父母按比实际多一个孩子的标准发放补贴,其中,若抚养 3 岁以下幼儿,则每个家庭每年可多领取 7920 克朗;在芬兰,新生儿出生前,父母凭孕育证明可获得国家免费提供的"育儿袋"或 140 欧元的新生儿保育补贴,从出生到 17 周岁,每个孩子每月可领取 120—172 欧元的保育补助,孩子越多,补助金额越多,并向单亲家庭的孩子、残疾或患有慢性疾病的儿童提供额外补贴;冰岛的儿童补贴福利更加注重教育,7—15 岁的孩子享有九年义务教育,并由政府出资建设疗养中心用于治疗和教育智力缺陷儿童,在直接现金补贴方面仅对失业者不满 18 周岁的孩子每天发放 276 克朗的补助。

表 5-7　北欧国家儿童津贴政策比较

国家	政策
瑞典	(1)普通补贴:16 岁以下儿童每月 1250 瑞典克朗 (2)多子女补贴:每月二孩家庭另补贴 75 瑞典克朗,三孩家庭另补贴 365 瑞典克朗,四孩家庭另补贴 870 瑞典克朗,五孩家庭另补贴 1495 瑞典克朗,六孩家庭另补贴 2120 瑞典克朗 (3)学生补助金:家中如有上高中的孩子,每月可领取 1250 瑞典克朗学习补贴 (4)幼儿托育补贴
丹麦	(1)18 周岁之前分年龄段领取不同数额的补贴 (2)育儿费用报销:儿童托育费用、看牙等医药费用
挪威	(1)育儿补贴:18 岁以下儿童每人每年 11640 挪威克朗补贴 (2)艰苦地区补贴:每年额外增加 3840 挪威克朗补助 (3)单亲父母补贴:按比实际多一个孩子的标准发放补贴,其中若抚养 3 岁以下幼儿,则每个家庭每年可多领取 7920 挪威克朗
芬兰	(1)保育补助:从出生到 17 周岁,每人每月可领取 120—172 欧元 (2)新生儿基本保育:育婴袋或 140 欧元现金 (3)托幼补助:满 3 岁进入市政托儿所的儿童,每月 200 欧元 (4)其他:单亲家庭儿童、残疾儿童、慢性病儿童可以获得额外补贴
冰岛	(1)义务教育:7—15 岁儿童学费全免 (2)失业者儿童补助:18 周岁以下儿童每人每天 276 冰岛克朗补助 (3)智力缺陷儿童:政府出资建设疗养中心

　　除直接的现金补贴外,慷慨的育儿假是北欧国家社会福利式家庭补贴政策的另一重要体现(见表 5-8)。育儿假是指为在职父母提供的一种用来照料年幼子女的带薪假期,包括母亲享有的母亲假、父亲享有的父亲假以及父母可以协商共同享有的育儿假。育儿假政策不仅有利于职工平衡家庭和工作,建立良好的亲子关系,提高育儿质量,而且可以在制度层面支持和鼓励男性参与儿童照料,保障了女性的生育和工作权利,彰显着男女平等的价值理念。在瑞典,父亲和母亲共同享有带薪育儿假 480 天,其中父亲和母亲各专享 13 周,其余假期可由父母亲协商灵活使用,并可获得 390 天额外的育儿津贴;丹麦的育儿假划分为产前假、产假和育儿假三个阶段,并按工作性质不同享有不同数额的产假福利补助;挪威的全薪育儿假共有 47 周,每

多一个孩子相应增加 5 周或 7 周,由夫妻双方共享,其中父亲必休 12 周,风险行业的产妇可以提前休假并获得产育工资补贴;芬兰于 2022 年 8 月起实施新的育儿假政策,改革后双亲可享有 164 天的带薪休假,并延长了产假津贴的领取时限;从 2003 年起,冰岛给予每对夫妻 9 个月的育儿假,并在此期间可以获得 80％的工资收入(见表 5-8)。

表 5-8　北欧国家育儿假政策比较

国家	育儿假期	产假津贴
瑞典	双亲共享带薪育儿假 480 天,其中父亲和母亲各专享 13 周,其余可由双亲协商灵活使用	390 天最高 80％工资收入的父母津贴＋90 天每日 180 瑞典克朗的固定补助
丹麦	产前假 4 周、产假 14 周、育儿假父母双方共 64 周	按全职、非全职工作人员,失业人员,学生这四类人员进行差异化发放
挪威	父母共享全薪育儿假 47 周,父亲必休 12 周	风险行业的产妇提前休假可领取产育工资补贴
芬兰	164 天的带薪休假	每位父母可享受 160 天的基于收入的津贴,怀孕的母亲可获得 40 天的产妇津贴
冰岛	每对夫妻 9 个月的育儿假	—

四、普惠型的社会服务制度

进入后工业化时代,人口老龄化、家庭少子化导致照料需求成为新的社会风险因素。面对家庭保障功能弱化的事实,北欧国家除向家庭提供普遍性的经济补助外,还建立了普惠型社会福利体系,致力于为国民提供养老、托幼、教育、医疗、就业等优质全面的社会服务,均等地享有基本公共服务是北欧国民的基本权利。在北欧社会福利体系中,公共部门是主要的服务供给者,服务费用大多由国家负担,个人仅需缴纳小部分费用,服务项目贯穿整个生命周期,不仅设有基本的照料护理服务,还包括提升人力资本的教育培训,满足了国民"老有所养,幼有所育,学有所教,病有所医,弱有所扶"的高水平社会福利需求,同时将女性从家庭劳动中解放出来,保障了女性的就业权利,确保男性和女性拥有平等的社会地位。

(一)养老服务

人口出生率下降和人类平均寿命延长导致北欧国家面临严峻的人口老龄化形势,老年人护理的需求不断增长。为此,北欧各国在多支柱养老金体系的基础上发展了居家养老、社区养老、养老院、老年公寓等多样化的养老服务模式。其中,居家养老是老年人的首选养老模式,如瑞典、挪威、冰岛都建立了先进的家政服务网络,为老年人提供即食饭菜、卫生清洁、购买商品等日常服务;芬兰致力于建设一张覆盖全国的居家养老服务网络,改造老人居住房屋,为居家老人配备紧急求助项链等安全设备,借助科技力量提供远程监测和护理服务。丹麦则主要通过老年住房政策和社区服务制度保障老年人良好的生活条件和生活质量,严格规定老年人住房设计要求,建立了24小时医疗护理和家庭服务制度,配备专业治疗师提供康复训练、精神关怀服务。

(二)儿童照料

儿童是家庭的新生力量,也是国家和社会未来的希望。随着女性受教育水平和就业率的不断提高,北欧的社会生育率持续下降,关注和帮助儿童成长与发展的儿童福利政策成为北欧国家社会福利体系的重要内容。在儿童津贴和慷慨的育儿假之外,北欧五国还提供普惠型儿童托育服务,以缓解生育带来的家庭照护和工作紧张,从而提升女性的生育意愿,提高人口出生率。北欧国家将儿童的抚养视为国家的责任,普遍认同儿童尽早进入托育机构有益于其成长。北欧的儿童托育机构采取托育一体化模式,普遍向0—6岁婴幼儿提供日间照料和启蒙教育服务,幼儿一般在10个月到1岁开始进入托育机构。2020年,芬兰、冰岛、挪威、瑞典0—10岁的日托儿童分别占同年龄段儿童总人数的57.9%、78.1%、67.2%、73.9%。在托育费用方面,公立机构的儿童托育费用主要由财政支付,如瑞典、丹麦可报销儿童托育费的 80%左右；若家长选择私立机构或居家照料，国家也给予一定的托育补贴。2020 年，丹麦和挪威用于家庭和儿童的公共支出分别占 GDP 的 3.4%和 3.5%，芬兰为 3.1%，冰岛和瑞典为 2.9%。

（三）教育与就业服务

教育是提高人口素质和社会生产率的根本手段。北欧国家的社会政策注重人力资本投资，通过同质化的全民教育制度和多样化的就业服务确保人们掌握一定的生产技能，拥有足够的就业机会，不断提高社会创新能力，激发市场活力。北欧的教育模式大致可分为基础教育和高等教育，各国均建立了以义务教育为基础的多层次的教育体系，满足国民从幼儿到成年的终身学习需求。如芬兰的教育系统包括早期儿童教育、幼儿教育、综合教育、高中（预备）教育、职业（预备）教育、高等教育等；瑞典的教育体系可划分为学前教育、义务教育、义务教育后教育三个阶段，其中义务教育后教育包括高中、高等教育和成人教育，为国民提供了多样化的教育服务选择；丹麦的教育体系设有独特的自由学校体系，在公立学校之外建立青年学校和民众学院，以关注学生的个性化成长。税收是北欧国家政府维持运转的经济基础，为此，北欧国家通过开展技能培训、加强职业教育、扩大公共部门规模、开展失业与求职登记等方式帮助和鼓励失业人员再就业或创业，锚定高就业率和低失业率的社会政策目标。瑞典设有专门的就业服务机构——国家劳动力市场管理局——来协调和优化各个部门劳动力市场的供求关系，下设数百家职业介绍所和职业生活服务机构，创建就业服务网络平台，为全国各地的失业者提供招聘信息、劳动技能培训等服务；丹麦的就业中心则为每位失业者量身定制培训和再就业计划，提供空缺职位信息，帮助和督促有劳动能力的失业者尽快返回劳动力市场。

（四）医疗卫生

作为社会福利制度的一部分，北欧国家的公费医疗闻名全球，医疗卫生服务水平也居于世界前列。2020 年,北欧国家用于医疗卫生服务的支出占 GDP 比重的平均值为 8.06%。按照疾病发展的不同阶段,医疗保障可以分为初级防治、二级防治和三级防治三个层次。瑞典根据疾病的轻重缓急及治疗的难易程度建立了"分散式"的全民医疗体系,打造能够提供"一站式就诊服务"的社区卫生服务中心,使病人不需要去医院就可以问诊全科医生、专科医生以及接受拍片和化验等更基础的医疗服务。丹麦建立了以全科医生为主的初级医疗卫生服务体系和以医院为主的二级医疗卫生服务体系,通过签约保证每个人都拥有一名全科医生。芬兰的医疗服务系统侧重预防疾病,全科诊所是全民医疗保障金字塔的基石,配备化验室且能够独立诊治各科慢性疾病,缩短了病人的等候时间,保障每位居民都能第一时间获得优质的医疗保健服务。挪威拥有发达的医疗保健系统,且覆盖群体拓展至全体欧盟居民,国内各地的公共医疗保健服务对 16 岁及以下儿童、孕妇和哺乳期妇女免费,其他社会成员则可以在支付 2040 挪威克朗的免赔额的前提下在该年度免费享受医疗保健服务。

五、北欧国家的再分配与共同富裕

在社会民主主义理念的指导下,北欧国家的社会政策立足公平与平等的基本原则,通过税收和社会保障等政策工具对国民收入进行再分配,以缩小社会成员间的可支配收入差距,维护社会团结。在税收方面,北欧国家均设有超额累进税率的个人所得税和多种类的财产税,对社会成员的高收入部分课征约 50% 的税收。在社会保障方面,北欧国家在项目齐全、覆盖全民的社会保险制度的基础上,建立了由政府财政支付的普遍性的现金补贴与社会服务体系,无条件地为全体国民提供基本收入补助和均等的基本公共服务,通过转移支付合理有效地对社会财富进行再分配。基尼系数是衡量一个国家或地区居民收入差距的常用指标,能够较为直观地反映某国或地区的贫富差距状况。基尼系数的取值范围是 0—1,国际上通常认为,基尼系数在 0.2—0.3 时,成员间的收入较为平均;0.3—0.4 属于合理范围;0.4—

0.5 表示收入差距较大;超过 0.5 时,居民间收入差距大。2011—2020 年,北欧国家税前市场收入的基尼系数大多超过 0.4,但税后可支配收入的基尼系数均下降至 0.2—0.3(见表 5-9),说明北欧国家的税收和社会保障制度具有显著的再分配效应,有效缩小了社会成员间的收入差距,形成了较为均衡的社会财富分配格局。

表 5-9 北欧国家税前和税后收入基尼系数一览

年份	税前或税后	丹麦	芬兰	冰岛	挪威	瑞典
2011	税前	0.433	0.485	0.404	0.409	0.435
	税后	0.251	0.264	0.252	0.250	0.273
2012	税前	0.436	0.488	0.397	0.410	—
	税后	0.249	0.260	0.252	0.253	—
2013	税前	0.442	0.495	0.383	0.412	0.424
	税后	0.254	0.262	0.240	0.252	0.267
2014	税前	0.444	0.495	0.391	0.416	0.428
	税后	0.256	0.257	0.246	0.257	0.272
2015	税前	0.451	0.507	0.385	0.432	0.43
	税后	0.263	0.260	0.257	0.272	0.276
2016	税前	0.447	0.506	0.382	0.428	0.434
	税后	0.261	0.259	0.264	0.262	0.28
2017	税前	0.446	0.512	0.369	0.429	0.434
	税后	0.264	0.266	0.250	0.262	0.282
2018	税前	0.443	0.509	—	0.429	0.428
	税后	0.263	0.269	—	0.262	0.273
2019	税前	0.445	0.512	—	0.427	0.429
	税后	0.268	0.273	—	0.261	0.277
2020	税前	—	0.516	—	0.436	0.433
	税后	—	0.265	—	0.263	0.276

数据来源:OECD 数据库,https://data.oecd.org。

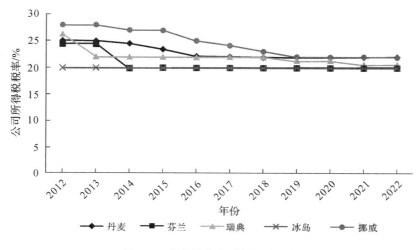

图 5-9　北欧国家公司所得税税率

资料来源:全球经济指标数据网(Trading Economics)。

不可否认的是,经济发展和社会福利之间存在不可消解的张力,但北欧模式探索出了社会保障与经济发展相互促进的"中间道路",在追求高水平社会福利的同时保持市场经济活力,促进国内生产总值稳步增长,为普遍性的社会保障提供富裕的经济基础。一方面,北欧国家注重保护经济市场主体,打造良好的营商环境,国家虽然对个人所得课征较高税率,但征收较低的公司所得税,保证市场主体稳定运转,提供充足的就业岗位。2012—2022年,北欧五国的公司所得税税率维持在 20%—30%,约为个人所得税税率的一半,且呈现不断下降的趋势(见图 5-9)。较低的公司所得税直接降低了公司的经营成本,减轻了企业的用人负担,是北欧国家经济持续繁荣的重要支撑。另一方面,北欧国家的社会政策取向注重人力资本投资,建立多层次的普惠型教育体系,提高社会生产率和创新能力,保持较高的生产力价值;此外还提供多样化的就业服务,通过劳动技能培训、职业介绍、制订就业计划等方式帮助和鼓励失业人员再就业或创业,在减轻国家社会福利支出负担的同时增加税收收入。总体而言,北欧模式在一定程度上实现了社会保障和经济发展相互促进的良性循环:高质量的经济发展为社会福利提供了坚实的经济基础;高水平的社会福利保证了高就业率和低失业率,源源不断地创造着社会财富。

第四节　北欧福利国家所面临的危机与挑战

建设福利国家的初衷是当市场机制无法有效满足人们的需求时,确保人们能够获得最低限度的社会福利;当人们无法获得工资收入时,如失业、生病、残疾等,或当收入与生活需求存在差异时,如生育、受教育时期等,为人们提供相应保障。福利国家在形成后并非长期处于静止状态,而是在不断的发展与变革中寻求动态平衡。随着社会的发展变化,福利国家也面临着不同的挑战。本节将会对北欧福利国家所面临的危机与挑战做出阐释,以期为我国共同富裕的实现提供参考。

一、社会支出巨大,财政负担过重

北欧福利国家最为突出的特点是广泛而普遍的福利与社会服务,而这些福利与服务的费用则主要由政府的税收负担,即"高税收,高福利"。如何保障福利资金的来源与大型福利领域的联合融资是对北欧政府财政的一个关键挑战。

受各国经济发展与全球经济形势变化的影响,北欧国家的社会支出亦在不断调整。20世纪70年代至80年代,北欧国家为应对两次石油危机的冲击,普遍施行积极的劳动力市场政策,同时扩大社会服务,增加就业,提高女性地位,形成了福利国家模式的黄金时期。1975年,丹麦和瑞典的社会支出占GDP比重为27.1%与27.4%,到1985年,两国的这一指标已发展到35.1%与33.2%。但与此同时,这一时期北欧国家所面临的财政压力也在不断增加,随着经济进入衰退、停滞期,各种矛盾开始显现:生产率下降、通货膨胀加速、失业率上升,政府财政预算基础不断被削弱,持续减缓的经济增速与高失业率是导致国库收入和支出不平衡最为重要的因素(皮尔逊,2007)。20世纪90年代初,曾被誉为高就业率典范的北欧诸国,因一系列的经济问题开始受到大规模失业的冲击。在此情况下,各国政府开始通过减少补助额度和控制福利领取资格条件等措施应对公共收入与开支之间的失衡。直至 90 年代末期,随着经济的复苏,北欧各国的社会开支才再次出现增长。进入 21 世纪,北欧各国仍然基本延续了 20 世纪末对社会开支进行控制的政策。2020 年,丹麦、芬兰、瑞典、冰岛和挪威的社会开支占 GDP 的比重分别为 31.6%、31.4%、28.7%、30.2% 和 30.2%(见图 5-10)。其中,冰岛与挪威达到了 20 世纪 90 年代以来的峰值;丹麦于 2009 年达到 33.1% 的峰值后逐渐呈现缩减态势;而瑞典在 1993 年社会开支占 GDP 的比重高达 35.2% 后,始终处于紧缩调整之中;芬兰自 1993 年开始紧缩支出,其社会开支于 2008 年金融危机后呈现出波动增长的态势。同一时期,欧盟各国 2019 年平均公共支出占 GDP 的比重为 26.8%,且自 2010 年后始终呈现下降态势。

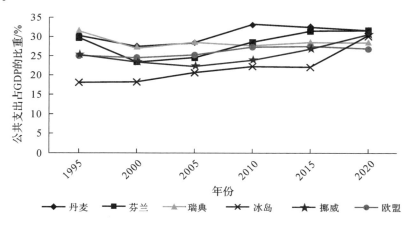

图 5-10　1995—2020 年北欧公共支出占 GDP 的比重

数据来源:欧盟统计局,https://ec.europa.eu/eurostat/en/。

在所有的社会支出中,丹麦、芬兰和瑞典最主要的支出是养老金方面的支出。瑞典的份额最高,占总支出的 41.3%,而芬兰为 37.5%,丹麦为 36.2%,挪威与冰岛相对较低,分别为 30.5% 和 23.4%。而对挪威与冰岛来说,社会支出中占比最大的是疾病护理方面的支出。在冰岛,这一支出占社会支出的 35.6%;在挪威,这一支出占比为 32.1%。相应地,在其他三个北欧国家,这一比例相对较低:丹麦为 22.6%,瑞典为 24.9%,芬兰为 24.8%(见图 5-11)。在所有北欧国家中,养老金与疾病护理这两个项目的平均支出占到了平均社会总支出的 59% 到 66%,且自 2010 年以来呈现上升态势。

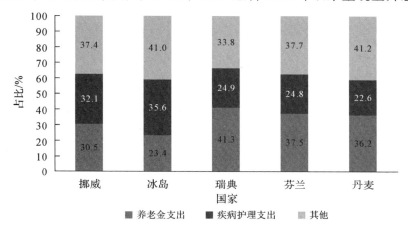

图 5-11 北欧养老金与疾病护理支出占社会总支出比重

数据来源:欧盟统计局,https://ec. europa. eu/eurostat/en/;北欧健康与福利统计数据库,https://nhwstat. org/。

北欧国家在社会保障体系的筹资方式上有许多相似之处,但也存在差异。北欧五国的社会服务支出普遍由地方政府负责提供,例如儿童保育、青少年福利、医疗护理、老人及残疾人照护等,而基本养老金与医疗保险基金则由中央政府提供。同时,芬兰、冰岛、挪威的相关现金补贴资金也由中央政府提供,瑞典的现金补贴则由雇主和雇员缴纳的相关费用提供资金。与此同时,相比于前文所提到的社会开支占 GDP 的比重,政府社会福利收入(social protection receipts)占 GDP 的比重明显不足。2020 年,丹麦、芬兰、瑞典、冰岛和挪威中央政府的社会福利收入占 GDP 的比重分别为 16.5%、10.7%、6.6%、17.0% 和 12.1%,其地方政府的社会福利收入占 GDP 的比重分别为 11.9%、9.3%、12.2%、5.2% 和 6.8%(见图 5-12)。虽然还有民间融资、缴费等其他保障社会支出供给的渠道,但如何在福利刚性及路径依赖之下有效控制社会支出,减轻政府财政负担,仍然是北欧各国急需应对的挑战。

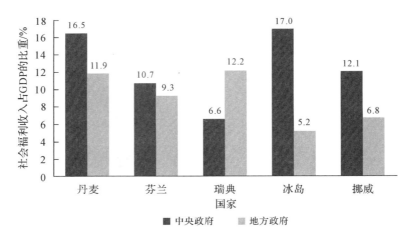

图 5-12　北欧中央政府与地方政府社会福利收入占 GDP 的比重

数据来源:欧盟统计局,https://ec.europa.eu/eurostat/en/。

二、老龄化冲击,人口结构改变

福利国家是建立在根据人们所处的生命阶段和生活情况来给予其所需的保障与服务之上的。社会福利所涵盖的许多重要领域都与年龄有关,许多福利资源配置所考量的标准大多可以直接或间接地与老年人口联系起来。人口老龄化不仅导致了领取养老金的人口增长,养老金支出激增,而且使得医疗与护理部门的压力增加。如前文所述,这两项社会支出约占北欧福利国家社会总支出的三分之二。此外,北欧国家社会福利融资主要依赖税收收入,随着预期寿命的延长、生育率的下降,以及老龄化问题的不断加剧,老年抚养比亦随之攀升,劳动人口的减少也必将会对社会福利的融资产生影响。因此,人口结构的变化是北欧福利国家面临的重要挑战。

人口老龄化的过程可以理解为人口年龄结构的向上迁移。近几十年来,人口老龄化始终是北欧国家的主要人口趋势之一。如图 5-13 所示,2022年,丹麦、芬兰、冰岛、挪威和瑞典 65 岁及以上人口占总人口的比例分别为20.34%、23.05%、14.98%、18.23% 与 20.27%。自 20 世纪 90 年代中期以来,除挪威外,其他国家老年人口占比均处于持续上升态势。其中,冰岛的老年人口比重始终低于其他国家,这是由于冰岛始终保持着较高的生育率;而瑞典在 2015 年以前是五国中老年人口比例最高的国家。挪威则呈现出与其他国家不同的人口发展趋势,在 20 世纪末至 21 世纪初,老年人口比重始终呈下降态势,但这并非意味着老年人口的减少,而是由于出生率的增长,其老年人口仍然处于不断增长的状态。同时,对于人口趋势的预测表明,老年人口在未来仍然会不断增长,一组更为直观的对比是,1950 年,北欧国家 65 岁以上的人口占总人口的比重约为十分之一,而到了 2050 年,则可能会上升至四分之一。

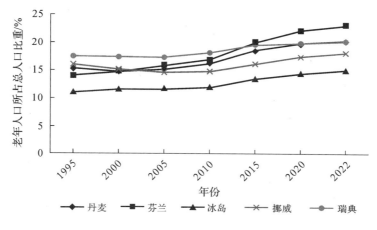

图 5-13　北欧国家老年人口所占总人口比重

数据来源:北欧统计数据库,https://www.nordicstatistics.org/。

与老龄化加剧密不可分的是相对较低的生育率,人口的自我更替需要平均每对夫妇生育约 2.1 个孩子才能实现。已有研究表明,年轻人口数量的减少是人口老龄化的主要原因(Heleniak and Gassen,2019),总和生育率(TFR)需要达到一定的水平才能使人口结构保持平衡。第二次世界大战至 20 世纪 70 年代,北欧国家受战后"婴儿潮"的影响,总和生育率普遍高于 2.1。分界点为 1975 年,此后除冰岛外,其他国家的总和生育率均下降至 2.1 以下。进入 21 世纪以来,北欧所有国家和地区的生育率均呈现下降态势,其中芬兰、冰岛和挪威降幅较大(见表 5-10)。如果芬兰的出生率保持目前的水平，那么 15 年后，芬兰将不存在出生率超过死亡率的地区。

表 5-10　2010—2020 年北欧国家、OECD 平均及欧盟平均总和生育率

年份	丹麦	芬兰	冰岛	挪威	瑞典	OECD 平均值	欧盟平均值
2010	1.75	1.87	2.20	1.95	1.98	1.75	1.58
2011	1.73	1.83	2.02	1.88	1.90	1.71	1.54
2012	1.67	1.80	2.04	1.85	1.90	1.71	1.54
2013	1.69	1.75	1.93	1.78	1.89	1.68	1.51
2014	1.71	1.71	1.93	1.76	1.88	1.69	1.53
2015	1.79	1.65	1.81	1.73	1.85	1.68	1.54
2016	1.75	1.57	1.75	1.71	1.85	1.68	1.56
2017	1.73	1.49	1.71	1.62	1.78	1.66	1.54
2018	1.70	1.41	1.71	1.56	1.75	1.63	1.53
2019	1.67	1.35	1.75	1.53	1.70	1.61	1.53
2020	1.72	1.37	1.72	1.48	1.66	1.59	1.50

数据来源：北欧健康与福利统计数据库，https://nhwstat.org/；OECD 数据库，https://stats.oecd.org/；欧盟统计局，https://ec.europa.eu/eurostat/en/。

除较低的生育率无法维持人口的增长外，预期寿命的延长也是产生老龄化问题的重要原因。自 1990 年以来，北欧国家的预期寿命呈现出稳步增长的态势，人均预期寿命普遍达到了 80 岁及以上。进一步地，随着预期寿命的延长，老年人口不断增加，而出生率又无法有效维持人口的自然更替，进而也导致了老年抚养比不断攀升。2021 年，芬兰的老年抚养比已达到 36.8%，在北欧国家中居于首位，也高过了欧盟 32.5% 的平均水平，而冰岛为五国中老年抚养比最低的国家，为 22.1%。

老年抚养比的上升也意味着劳动人口的减少与养老金领取者的增多，其深层逻辑为社会福利收入的减少与社会福利开支的增多。为在较低的人口出生率下保证人口结构的平衡，北欧各国普遍施行了较为开放的移民政策，近年来，移民人口大幅增长。但已有研究业已表明，移民与生育率的提高并未呈现相关关系，同时，移民同样会对老龄化造成影响（Heleniak and

Gassen，2016）。因此，如何促进人口结构的良性发展，是北欧国家包括很多其他发达国家需要应对的挑战。

三、劳动年龄人口减少，劳动力市场活力不足

高就业率是北欧福利国家的核心特征之一，为了保证福利的普遍性，较高的就业率是必不可少的要素。北欧国家始终是高就业率国家的代名词，尤其是在促进两性平等就业上具有高度领先性。在最近几十年里，将残疾人纳入劳动力市场也成为北欧国家社会发展的目标。就业对个体的经济独立与个人福祉具有重要意义，尽管北欧福利国家有相对慷慨和普遍的福利制度来保障无法就业或处于失业时期等无法获得工资收入的个体的生活，向其提供部分社会服务与现金收入，但这些福利并不能完全取代就业所带来的收入。因此，从这个角度来看，就业对个体而言，在某种意义上是一种专属的个人福利。同时，高就业率对福利国家的整体发展也具有重要意义。较高的就业水平将有助于提高社会生产率，进而有助于通过税收和经济活动来为普遍的社会福利提供资金，确保政府的财政收入。此外，更多的人口能够通过工作收入养活自己，也能够相应减轻公共福利系统的压力，因为这些系统的主要作用在于通过补偿收入不足来促进社会公平。因此，较低的就业率，无论是因为不同群体以各种方式被排除在劳动力市场之外，还是因为主要通过兼职工作获取收入而非稳定工作，都可以解释为对福利国家的核心挑战。

由于劳动力数量增长的放缓，北欧各国的中老年人口（55—64 岁）有着很高的劳动力市场参与率，这意味着北欧各国的劳动力市场中可以利用的资源较为有限，劳动力市场的活力不足已经初见端倪。其中，丹麦 55—64 岁的就业人口占同年龄组人口的比重已从 1990 年的 53.4％上升到 2020 年的 72％，远高于欧盟 59.3％的平均水平。而冰岛则较为特殊，从 1991 年的 85.4％下降至 79.1％（见图 5-14），这主要与其职业结构有关。此外，丹麦和芬兰 55—64 岁女性就业人口占同年龄组人口比重有着大幅的上升，分别从

1990 年的 42.3％和 39.7％上升至 2020 年的 68.1％和 68.1％(见图 5-15)。除性别平等化的影响之外,这一转变同样显示出维持劳动力市场活力的需求。

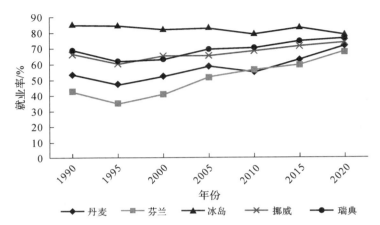

图 5-14　1990—2020 年北欧国家 55—64 岁人口就业率

数据来源:北欧统计数据库,https://www.nordicstatistics.org/。

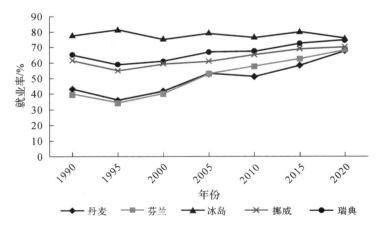

图 5-15　1990—2020 年北欧国家 55—64 岁女性人口就业率

数据来源:北欧统计数据库,https://www.nordicstatistics.org/。

为了维持劳动力市场的活力,保证较低的失业率也是北欧国家在千变万化的国际形势下所需面对的挑战。2008 年金融危机后,丹麦、冰岛和瑞典的失业率呈下降态势,芬兰和挪威则呈现缓慢增长的态势,但在 2019 年之

后,北欧各国的失业率普遍开始上升(见图 5-16)。其中,瑞典的失业率在
2020 年达到了 8.8%,高于北欧其他国家,也高出了欧盟平均水平,而挪威
则是北欧国家中失业率最低的。值得一提的是,自 2008 年以来,芬兰的失
业率基本高于北欧其他国家,当前也仍然高于欧盟平均值。

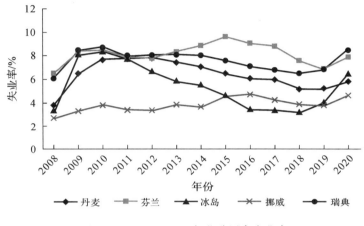

图 5-16　2008—2020 年北欧国家失业率

数据来源:北欧统计数据库,https://www.nordicstatistics.org/。

　　如前文所述,当前北欧国家老龄化的加剧意味着劳动年龄人口的不断
减少,老年人退休后以养老金的形式获得收入。在此情况下,较低的就业率
不仅会导致政府财政收入减少,同时还会增加政府转移支付的支出,包括失
业、家庭、医疗等各个方面,进而也将导致福利国家融资压力的增加,这些问
题对北欧国家劳动年龄人口的就业率提出了更高的要求。同时,如何维持
劳动力市场的活力也是北欧福利国家需要应对的难题。2018 年,国际劳工
组织指出,如果很大一部分劳动力的技能已经过时,劳动力的老龄化可能会
使劳动市场的生产力与竞争力更加难以为继。

四、大量移民涌入,社会同质性降低

　　福利国家是建立在广泛的社会认同与相似的文化基础之上的,随着大
量外来移民的涌入,如何有效促进外来移民的快速融入与保证北欧价值观

的延续是福利国家需要应对的深层挑战。

对北欧国家的历史进行考量可以发现，北欧国家始终保持着高度的同质性，依靠着地缘关系，普遍对斯堪的纳维亚有着较强的认同感。在20世纪30年代，北欧国家尚属于向外移民国家，尤其是在第一次世界大战期间，有大量人口移民到美国。但在二战以后，北欧国家开始采取较为外向的移民政策。随着福利国家的繁荣发展，从20世纪70年代开始，有大量的难民涌入北欧国家。如今，北欧国家已经成为移民净接受国，移入人口远多于流出人口。1990年至2005年，平均每年有16万人移居到北欧国家及地区。自2006年开始，每年的移民人口都超过了20万人。而在2016年，受"难民潮"的影响，移民人口在该年达到顶峰，为37万人。整体来看，1990年至2019年，北欧人口的增长率为17.7%，其中11.5%均为移民人口（见表5-11）。

表5-11　1990—2019年北欧人口变化

国家	总人口/人		1990—2019年人口增长绝对值/人			1990—2019年人口增长率/%		
	1990年	2019年	总计	自然增长	净迁移	总计	自然增长	净迁移
总计	23123729	27231865	4273938	1467280	2806658	17.7	6.2	11.5
冰岛	253785	349468	110025	73216	36809	40.7	28	12.7
挪威	4233116	5328212	1136380	482018	654362	25.9	11.1	14.8
瑞典	8527036	10230185	1792753	456190	1336563	20	5	15
芬兰	4974383	5517919	541855	243532	298323	10.9	5.1	5.8
丹麦	5135409	5806081	692925	212324	480601	13.1	4	9.1

数据来源：北欧健康与福利统计数据库，https://nhwstat.org/。

持续增长的外来移民人口对于老龄化起到了一定的减缓作用，但其前提是新移民需要尽快进入劳动力市场，创造经济效益，促进经济增长。正如挪威布鲁赫曼委员会（Brochmann Committee）的报告所言："移民对福利模式发展的影响取决于是谁在移民，他们带来了哪些资源，以及他们在何种程度上融入了挪威的工作、生活和社会。"[①]20世纪中期,来自波兰和其他欧盟新成员的移民在新移民中占了很大比重,这一时期的移民潮主要与二战后寻找新的工作机会、教育和家庭因素有关,这些移民在加入北欧国家后不久便进入了劳动力市场。但至20世纪末,来自遭受了重大冲突或内乱的国家的移民,如厄立特里亚、伊朗、伊拉克、索马里、阿富汗和叙利亚的移民,成为主要的移民群体。这些新移民由于语言、受教育程度、健康状况等因素,普遍较难融入劳动力市场,且有着较高的失业率,与本国原住人口相比更为依赖社会福利。对此,北欧国家的政府为促进移民融入做了很多努力,尝试将融入政策与本国的教育政策、劳动力市场政策、社会保障政策和工资政策等方面进行结合,以期促进新移民的社会融入,但收效并不显著。

同时,伴随着来自不同国家、拥有不同文化背景、秉持不同价值观念的移民的不断增加,北欧国家传统的平等、团结、信任的文化基础也在受到挑战,北欧社会开始由同质性社会向异质性社会转变。对此,反对的声音也开始出现,近年来北欧反对移民的政党与群体不断增加,北欧国家开始采取更为严格的移民政策以期减少涌入的难民和寻求庇护者(Widfeldt,2018)。

五、小结

北欧福利国家当前面临着政府财政负担过重、老龄化不断加剧、劳动力市场活力不足、社会同质性下降等来自政治、人口、经济、文化等不同方面的挑战。这四个方面如同北欧本身的历史发展脉络一般,是环环相扣、紧密相连的。

北欧福利国家所面临的最显而易见的挑战是政府面临的财政压力,这是福利国家普遍面临的难题,也是当前福利国家的表征之一。而进一步对财政压力追根溯源,可发现其形成原因是社会支出的不断增加以至超出极

---

① Brochmann G, Grødem A S, 2013. Migration and welfare sustainability: The case of Norway [M]// Brochmann G, Jurado E. Europe's Immigration Challenge: Reconciling Work, Welfare and Mobility. London: I. B. Tauris: 59-76.

限。那么是否可以说是北欧各国的经济发展不足以支撑福利国家的发展呢？答案并不是绝对的。2021年，北欧国家的GDP平均增长率为4.26％，略低于欧盟5.4％的平均水平，但其人均GDP平均为42440欧元，又远高于欧盟32400欧元的平均水平。更进一步的原因是劳动力市场的活力不足以使得如"瑞典模式"般飞跃式的发展再次出现，全球化与欧洲一体化进程的不断推进亦对北欧国家的经济结构产生了影响。而劳动力市场活力不足的根本原因，则是老龄化的不断加剧与较低的出生率所共同造成的人口结构失衡，劳动人口不断减少。为了延缓老龄化进程，北欧国家采取了较为开放的移民政策，而移民的大量涌入则又使得北欧国家社会的异质性不断上升，也使得北欧各国政府不得不面对更为复杂的政策挑战。

总的来看，人口老龄化是北欧福利国家所面临的来自不同方面的挑战的一条贯穿线，其所带来的影响是贯穿整个福利国家未来的发展进程的。一方面，老龄化使得劳动年龄人口不断减少，对劳动力市场的生产力与竞争力产生影响，进而对福利资金的来源提出挑战。另一方面，老龄化也意味着老年福利相关支出的不断增加，如养老金、医疗护理费用等，而应对老龄化的根本方法在于提高生育率。对此，北欧各国政府制定了更具广泛性的家庭福利政策，这再次增加了政府社会支出的压力。至此，北欧福利国家面临着福利支出不断增加与福利资金来源不断减少的失衡状态，而这一状态是北欧福利国家进一步发展亟须清除的根本威胁。

第五节　北欧福利国家的经验与启示

随着我国社会经济发展水平的不断提高，我国历史性地来到了高收入经济体的门槛前，这意味着我国即将步入高收入经济体的行列。在这一重要历史关头，党中央高瞻远瞩地为我们绘制了迈向共同富裕目标的发展蓝图。党的十九届五中全会对扎实推动共同富裕做出了重大战略部署；《中华人民共和国国民经济和社会发展第十四个五年规划和2035年远景目标纲要》在"2035 年远景目标"中提出："人民生活更加美好,人的全面发展、全体人民共同富裕取得更为明显的实质性进展。"

当前,我国经济取得了长足发展,社会主要矛盾已经转化为人民日益增长的美好生活需要和不平衡不充分的发展之间的矛盾。共同富裕的内涵不仅包括国家、社会和经济的发展,而且包括发展成果的共享以及发展与共享的可持续。可以说,发展性、共享性与可持续性是共同富裕的核心要素(郁建兴和任杰,2021)。纵观北欧福利国家的发展历程可以发现,其也始终围绕着上述三个关键要素不断变革与发展。尽管社会民主主义模式的福利国家当前面临着诸多挑战,但在其发展脉络中仍然存在着可供我国学习、借鉴的经验。

一、以经济高质量发展为前提,夯实共同富裕的基础

共同富裕的首要前提是实现富裕,一个社会的高度富裕是由其高收入水平、高财产积累和高水平公共服务决定的(李实,2021)。通过梳理北欧福利国家的形成过程可以发现,北欧国家福利政策的突破性发展也大多产生于经济飞速发展期。

丹麦在 20 世纪 50 年代至 70 年代中期,通过一系列福利改革逐渐建立起了综合性增长的福利模式,并成为此后发展的主轴,亦使得丹麦成为现代意义上的福利国家。而其得以进入福利国家发展黄金时代的基础,则是 20 世纪 50 年代以来丹麦经济的大规模腾飞。在这一时期,丹麦经济由农业主导向发展现代工业急速转型,进入了普遍繁荣时期。同时,社会改良的理念与经济的增长也紧密交织在一起,1960 年至 1970 年,丹麦社会支出的增长幅度达到了 160%。同样的例证也可以从瑞典的发展历程中窥见。第二次世界大战中,瑞典作为中立国,其经济并未受到较大冲击,在战后,瑞典经济更是保持了较其他欧洲国家更为长期与稳定的发展态势。经济的发展同样促进了社会的进步,在瑞典创造令世界瞩目的经济成就的同时,其福利政策也同样取得了长足的发展,具体表现为福利政策的内容遵循经济结构的发

展不断变革，社会保障制度的覆盖面不断扩大，社会保障水平不断提高。

同时，从北欧福利国家的发展中我们不难发现，福利制度的发展需要遵循经济发展的轨迹。社会福利的发展仰赖于经济的发展，而社会福利制度则能够起到缓和社会矛盾的作用，为经济的进一步发展提供良好的社会环境，二者之间呈现出相辅相成的关系。合适的福利制度可以成为经济发展的助推器，而不相匹配的福利制度则会成为经济发展的绊脚石。如瑞典在20世纪70年代中期面临着经济发展明显减缓、福利制度与福利刚性导致的福利水平难以及时下降所产生的冲突与困境。高福利成为社会经济正常发展的制约因素，使得政府深陷财政赤字的泥潭，难以激发经济活力。直至20世纪80年代，瑞典福利制度才艰难过渡到改革时期。而在走出经济停滞的阴霾后，瑞典政府则重新调整福利政策，使民众能够享受经济发展的成果。

由此可见，高质量的经济发展是福利国家形成与发展的决定性因素，只有打下坚实的经济基础，才能为广泛的社会福利提供充足的资金支持，才能使共享发展成果成为可能。因此，我国要实现共同富裕就必须坚持"发展才是硬道理"，不能满足于当前的发展成果而止步不前，必须坚持不断提高经济发展水平与居民富裕程度。同时，也要注重提高我国福利政策的发展性，根据社会经济发展的程度与阶段，适时、适当调整社会福利政策，以经济的高速发展促进社会福利的发展，以社会福利的发展保障经济的稳定发展。

二、以分配公平为核心，提高社会福利的整合性与共享性

"富裕"是一个相对的概念，往往是在与他者进行比较后所得到的一种主观感受，由于个体观念的不同，每个人对于富裕的理解也存在着差异。而"共同富裕"则更多需要强调的是"共同"。在共同富裕的框架下，富裕从单独的个体感受扩大至整个社会群体，更为强调共享性这一核心要素，强调在物质富裕的基础上增强所有公民的幸福感，从而进一步达到提升精神富裕这一更高层次的目标。这就需要在积累一定的社会财富后更加注重分配的公平性与公共福祉的可及性。

北欧福利国家以注重平等的收入分配制度、较小的收入水平差距以及普遍的社会福利而著称。北欧国家所实行的工资协商机制在初次分配领域保障了不同阶级群体利益间的公平性，同时也保证了不同职业群体间不会出现较大的收入差距。此外，较高的女性劳动力参与率和较强的两性平等意识也确保了收入水平有着较小的性别差异。在再分配领域，北欧国家充分发挥了政府的主导作用，无论是在具有超额累进税率的个人所得税与其他种类的财产税、各类社会保险制度广泛的内容设置与群体覆盖面、现金补贴制度的普遍性，还是在基本公共服务的可及性等方面，都凸显了以高税收保障高福利、以强制性保障普遍性的特点。

此外，从福利体系整合性与碎片化的分析框架来看，北欧福利国家的各类福利制度在准入标准（entry criteria）、享受标准（eligibility criteria）、衡量标准（measurement criteria）与筹资标准（financing criteria）等方面均有着较强的整合性与协调性，福利制度碎片化所带来的影响较弱，社会保障的效率较高，这一特点在很大程度上进一步提升了北欧国家的社会福利发展水平。

我国社会保障制度当前仍然面临着分割化与碎片化的问题，不同群体间存在着较大的差异，不同制度间缺乏统筹与协调，这与我国社会保障制度发展初期更多服务于经济目标而非社会目标密不可分。但在当前新时代的发展要求下，这一现状就不利于缩小地区、城乡、群体之间的发展差距与全体人民共享发展成果目标的实现，亟须将福利制度转向更多服务于社会目标，优化顶层设计，整合制度结构，降低各类福利制度之间的转化成本，适度提高统筹层次，以期促进社会保障的有序发展，提高全民共享发展成果的可及性。

三、以可持续性为目标，迈向长期稳定的共同富裕社会

共同富裕是一个长远目标，需要一个过程，是一个社会财富长期稳定增长与合理分配并行的动态过程，不可能一蹴而就，其最终目标是实现可持续的经济发展和公平分配。就发展的可持续性而言，共同富裕社会的经济发

展模式一方面应当是环境友好型的,经济增长与生态、资源环境相适应;另一方面应当是充满活力和创新力的,能够为社会财富增加提供持续不断的动力,推动经济发展向着更快、更高质量的方向前行。就共享的可持续性而言,共同富裕是一个社会财富公平合理分配的稳定状态,在科学多层次的分配体系和持续有力的财政体系的合力支撑下,人们能够对未来社会财富的公平分配有理想稳定的预期(郁建兴和任杰,2021)。

当前,北欧福利国家虽然面临着众多挑战,但在历史上多次从经济低谷时期涅槃重生,依旧维持着世界上较为全面且较高水平的社会福利制度。面对全球化、移民和人口老龄化的冲击,北欧模式开始强调社会政策的投资效应,逐渐从社会保障范式转向创新竞争范式,同时拥有高水平的社会保障和竞争创新能力(克劳斯·彼得森、陶冶和华颖,2019)。为保障和提高市场经济的活力与竞争力,"高税收"的北欧国家征收较低的公司所得税,降低企业运营成本,鼓励企业研发创新,占据生产链中的高端位置,保护市场经济主体,促进充分就业,社会经济持续稳定增长。此外,北欧国家重视对儿童和教育的投资,设立普遍性的家庭育儿津贴辅助儿童成长发展,建立完备的从婴幼儿到青少年时期的公立教育体系;注重职业培训和继续教育,强化个人的可持续性发展,不断提高人力资本价值和社会生产力。最具特色的是,北欧国家建立了较为完善的社会公共服务体系,将女性群体从家庭中吸纳到劳动力市场中,在推动经济发展的同时扩大了纳税规模,提高了高水平社会福利的可持续性。总体而言,具备高度自由的市场经济和强有力的再分配体系的北欧模式实现了经济发展和社会保障相互促进的良性循环,为效率和公平的抉择提供了第三条路径。

在迈向共同富裕的进程中,我国需要在不断解放和发展生产力的同时完善生产关系,持续寻找效率和公平的平衡点。目前,我国已是世界第二大经济体,但市场经济主体的总体国际竞争力不强,位于生产链的中低端,经济发展方式对自然资源的依赖性仍较强。因此,要加快转变生产发展理念,坚持绿色生产;合理调整雇主的税费负担,加强对中小微企业的金融扶持,鼓励企业加大在研发创新环节的投资力度,掌握行业高精尖技术,促进经济社会绿色、可持续发展。与此同时,我们要不断完善初次分配、再分配、第三次分配制度,形成公平合理的社会财富分配格局。坚持按劳分配为主体,提高中低收入劳动者的薪资水平;完善社会保障制度,充分发挥再分配在社会财富分配中的有力调节作用,加快推进基本公共服务均等化,强化技术培训和继续教育,提高个人的可持续发展能力;同时提高社会保障经办效率,降低管理成本,提高公共财政和社会保障资金管理的可持续性;鼓励社会各界积极参与社会公益活动。最终,形成公平可持续的收入分配体系,扩大中等收入群体规模,进入长期稳定的共同富裕社会。

第六章　美国的收入与财富分配格局

第一节　美国收入、财富不平等的基本事实

一、美国收入分配格局及变动趋势

从全球视角来看,美国的贫富分化问题在所有发达国家中最引人关注。全球不平等数据库(World Inequality Database,WID)的数据显示,2021年美国税前国民收入的基尼系数为0.577,税后国民收入的基尼系数也高达0.462,远高于大部分发达国家(见表6-1)。根据美国人口普查局的调查数据,图6-1绘制了美国2021年家庭收入(household income)①的分布情况。如图6-1所示,2021年美国家庭的平均收入为102316美元,收入整体呈现右偏分布,说明大部分家庭的收入要低于全国平均水平。如果按收入的高低对家庭进行分组,2021年美国收入前20%的家庭税前收入占比达52.7%,税后收入占比达47.2%;而收入后20%的家庭税前收入占比仅为2.9%,税后收入占比也只有4.1%。② 从收入的平均水平来看,美国的高收

---

① 如无特殊说明,本章中的家庭收入均指税前现金收入,包括来自政府的转移性收入,不包括资本利得和实物收入。

② 数据来源:美国人口普查局官方网站。

入组与低收入组之间也存在着巨大的差距。2021 年,美国收入前 5％的家庭平均年收入为 480236 美元,而收入后 20％的家庭平均年收入仅为 14859 美元,前者是后者的约 32 倍。① 此外,不同特征人群的收入也有较大差异。② 就受教育水平而言,2021 年,美国大学毕业生的家庭收入中位数为 115456 美元,是高中毕业生的 2.4 倍。从家庭结构来看,美国已婚人群的家庭收入中位数为 106921 美元,男性单身户主的家庭收入中位数为 70525 美元,而女性单身户主的家庭收入中位数仅为 51168 美元。

表 6-1　部分发达国家国民收入的基尼系数对比

国家	税前国民收入的基尼系数	税后国民收入的基尼系数
美国	0.577	0.462
意大利	0.512	0.452
德国	0.492	0.375
英国	0.467	0.317
法国	0.416	0.287

数据来源:全球不平等数据库,https://wid.world/。

注:本表展示的是家庭人均国民收入的基尼系数,计算时只考虑家庭中的成年人。国民收入是指一个国家的居民在某一年内获得的所有收入,而不论这种收入采用何种合法形式。国民收入的概念比纳税申报表上的收入或家庭调查的收入更为宽泛,包括未分配利润、员工通过雇主获得的私人医疗保险等(赛斯和祖克曼,2021)。

从时间维度来看,在过去的百年历史中,美国的收入不平等程度呈现先下降后上升的 U 形变动趋势。而收入不平等的加剧很大程度上是由高收入人群的收入激增带来的。根据伊曼纽尔·赛斯(Emmanuel Saez)的测算(见图6-2),1913 年,美国收入前 1％人群的平均收入是全社会平均收入的 18 倍,收入前 0.5％人群的平均收入是全社会平均收入的 30 倍。这种贫富差距到 1929 年经济大危机之前达到了顶点。随之出现的 1929 年经济大危机

---

①　数据来源:美国人口普查局官方网站。
②　数据来源:美国人口普查局官方网站。

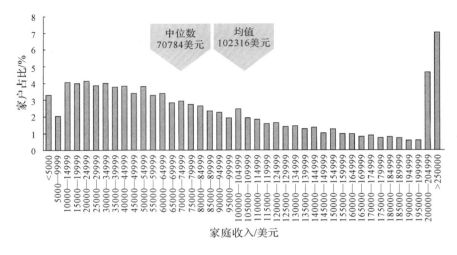

图 6-1　2021 年美国的家庭收入分布

数据来源：美国人口普查局。

　　注：此处的家庭收入指满 15 岁的家庭成员从市场和非市场途径获得的税前现金收入，包括来自政府的转移性收入，不包括资本利得和实物收入。

以及后续几年的大萧条，导致美国贫富差距出现了转折性变化，高低收入人群收入比值呈现不断下降的趋势，这一趋势一直持续到 20 世纪 70 年代末。从 20 世纪 70 年代后期开始，美国收入差距再次扩大。2018 年，美国收入前 1％人群的平均收入与全社会平均收入的比值上升到 22 倍，收入前 0.5％人群的平均收入与全社会平均收入的比值上升到 35 倍。在美国高收入群体收入激增的同时，中低收入群体的收入增长基本处于停滞状态。根据美国人口普查局公布的数据，图 6-3 绘制了 20 世纪 70 年代以来不同收入群组的收入变动情况。对于收入位于后 20％的家庭，平均收入从 1967 年的 11378 美元（2021 年价格）上升到 2021 年的 14859 美元，年均增长率仅有 0.50％。而对于收入位于前 20％的家庭，平均收入从 1967 年的 126743 美元（2021 年价格）上升到 2021 年的 269356 美元，年均增长率达 1.64％。

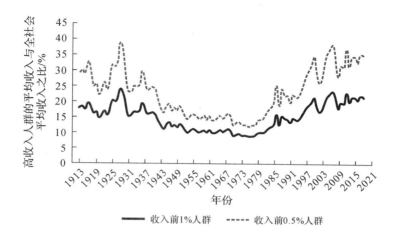

图 6-2　1913—2018 年美国收入不平等的 U 形变动趋势

数据来源:伊曼纽尔·赛斯,https://eml.berkeley.edu/~saez/TabFig2018.xls。

注:图中所指收入包括资本利得(capital gains)。

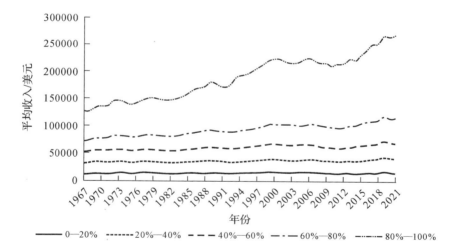

图 6-3　1967—2021 年美国不同家庭收入群组的平均收入(2021 年美元价格)

数据来源:美国人口普查局官方网站。

注:此处的家庭收入指满 15 岁的家庭成员从市场和非市场途径获得的税前现金收入,包括来自政府的转移性收入,不包括资本利得和实物收入。

二、美国财富分配格局及变动趋势

在考察收入分配格局的同时,不能忽视财富分配的变化。通常情况下,收入分配与财富分配具有紧密的联系,两者相互影响、相互强化。与收入分配类似,2021 年,美国个人净财富的基尼系数高达 0.826,远高于其他发达国家(见图 6-4)。根据美联储公布的数据,2019 年美国家庭净财富的均值为 74.68 万美元。如果按家庭净财富的高低对家庭进行分组,则 2019 年,顶层 10% 的家庭平均净财富有 571.03 万美元,而底层 50% 的家庭平均净财富仅为 2.23 万美元,前者是后者的 256 倍(见图 6-5)。从净财富占比来看,2019 年,财富前 10% 的家庭持有的财富占比达 76.46%,而底层 50% 家庭持有的财富仅占 1.49%。此外,在不同特征的人群中,家庭净财富也呈现出不同程度的聚集。[①] 从受教育水平来看,2019 年,拥有大学学历的人群平均家庭净财富为 151.69 万美元,而高中毕业生的平均家庭净财富仅为 30.46 万美元。从就业身份来看,2019 年,自雇劳动者(企业家)的平均家庭净财富为 268.57 万美元,是退休人群平均家庭净财富的 4 倍,是雇员平均家庭净财富

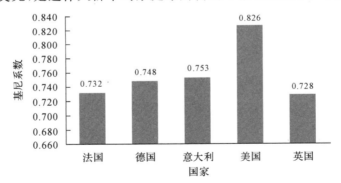

图 6-4 2021 年部分发达国家居民净财富的基尼系数对比

数据来源:全球不平等数据库,https://wid.world/。

注:计算时将收入在所有成年个体中平分。

---

① 数据来源:美联储的消费者财务调查,https://www.federalreserve.gov/econres/scf/dataviz/scf/table/#series:Net_Worth;demographic:nwcat;population:all;units:mean。净财富均为 2019 年价格。

的 6 倍。从居住条件来看,拥有自有住房的家庭平均净财富为 109.91 万美元,而没有自有住房的家庭平均净财富仅为 9.56 万美元,不到前者的十分之一。

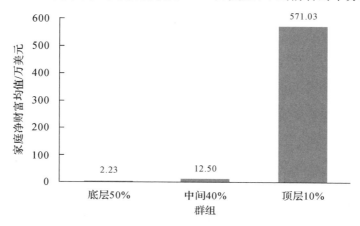

图 6-5 2019 年美国不同群组的家庭净财富均值

数据来源:美联储的消费者财务调查,https://www.federalreserve.gov/econres/scf/dataviz/scf/table/#series:Net_Worth;demographic:nwcat;population:all;units:mean。

注:按家庭净财富的高低进行分组。

近 100 多年来,美国的贫富差距经历了由高到低、又由低到高的演变。Saez 和 Zucman(2016)利用税收数据和宏观家庭资产负债表数据,对美国 1913—2012 年的财富分配状况进行了估计。他们的研究表明,美国的财富不平等程度已经回到了 1929 年的历史高度,尤其是超级富豪(最富有的 0.1% 人群)从 20 世纪 70 年代后期开始迅速积累了大量财富。1978 年,美国最富有的 0.1% 人群的平均净财富是美国社会平均水平的 71 倍,到 2012 年这一比值上升到 220 倍(见图 6-6)。超级富豪财富快速积累的主要驱动力是顶层收入的激增。一方面,顶层收入群体通常有着更高的储蓄率,导致财富不平等加剧;另一方面,财富不平等的加剧反过来推高了财产性收入的集中度,进而扩大了收入分配差距。与富人的财富激增不同,30 余年来,美国其他人群的财富增长较为缓慢,底层人群的净财富甚至出现了负增长。如图 6-7 所示,根据美联储的消费者财务调查数据,美国财富位于中间 40% 人群的平均家庭净财富从 1989 年的 31.57 万美元(2019 年美元价格)上升到 2019 年的 46.99 万美元,年均增长率仅有 1.34％;而美国财富位于底层 50％的人群的平均家庭净财富从 1989 年的 2.25 万美元下降到 2019 年的 2.23 万美元,年均增长率为－0.03％。

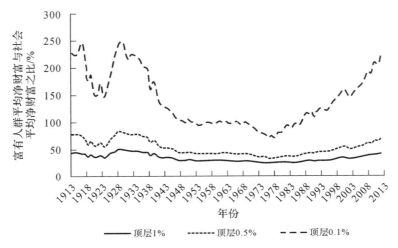

图 6-6　1913—2012 年美国财富不平等的 U 形变动趋势

数据来源:Saez E,Zucman G,2016. Wealth inequality in the United States since 1913:Evidence from capitalized income tax data[J]. The Quarterly Journal of Economics,131(2):519-578.

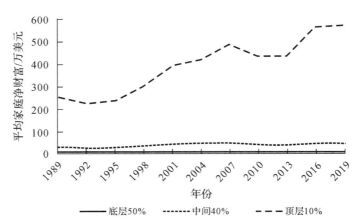

图 6-7　1989—2019 年美国不同财富群组的平均家庭净财富(2019 年美元价格)

数据来源:美联储的消费者财务调查,https://www. federalreserve. gov/econres/scf/dataviz/scf/table/＃series:Net_Worth;demographic:nwcat;population:all;units:mean。

注:按家庭净财富的高低进行分组。

第二节　美国应对不平等的有益尝试

一、预分配领域：美国大众教育的普及

美国是较早开始普及高中教育的国家。美国的大众教育起源于 19 世纪 30 年代的公共教育运动（common school movement）。当时马萨诸塞州的州议员霍勒斯·曼恩（Horace Mann）[1]提倡由国家建立公立学校，并让所有学龄儿童免费就读，使其成为"有文化、有道德和有生产力的公民"[2]，从而使整个国家受益。公共教育运动的支持者认为，公立教育不仅可以帮助穷人和中产阶级的子女就业，还可以帮助人们获得幸福感与成就感。此外，公立教育还被认为是增强各阶层凝聚力、改善社会分配结果的一种方式。1852 年，马萨诸塞州首次将全民义务教育写入州宪法。[3] 逐渐地，《全民义务教育法案》（State Compulsory School Attendance Laws）在全美范围内推广。美国 5—14 岁儿童进入公立学校就读的比例从 1830 年的 55％上升到 1870 年的 78％。20 世纪中期，在各类平权法案的推动下，促进所有人群的平等成为美国公立教育的重要使命。其中，最重要的一项法案是 1965 年由约翰逊总统签署的《中小学教育法》（The Elementary and Secondary Education Act）。该法案是约翰逊总统"向贫困宣战"（War on Poverty）的基石，他指出"充分的教育机会应该是美国的首要目标"[4]。《中小学教育法》的内容涉及：为低收入地区的教育提供财政援助，拨付资金进行图书馆资源建

---

① Center on Education Policy. History and Evolution of Public Education in the US[EB/OL]. (2020-05-22)［2023-02-28］. https://files. eric. ed. gov/fulltext/ED606970. pdf.

② Center on Education Policy. History and Evolution of Public Education in the US[EB/OL]. (2020-05-22)［2023-02-28］. https://files. eric. ed. gov/fulltext/ED606970. pdf.

③ Infoplease. State Compulsory School Attendance Laws[EB/OL].（2020-08-05）［2023-02-28］. https://www. infoplease. com/us/education/state-compulsory-school-attendance-laws.

④ 资料来源：美国教育部官方网站。

设,为低收入学生提供奖学金,等等。[①] 在联邦政府和州政府的资金支持下,美国公立教育质量不断提升,部分公立学校开始为低收入家庭的孩子提供早餐和午餐,并提供心理咨询、暴力预防等社会服务。

截至 2019 年,美国的 13452 个学区一共建有 98755 所公立学校。[②] 受益于公立教育的普及,美国普通民众的受教育水平已经位于发达国家前列。2021 年,美国 25 岁以上人群,获得本科及以上学历的比例为 37.9%,获得高中及以上学历的比例为 91.9%[③],远高于 OECD 国家的平均水平[④]。2019 年,美国约有 5080 万名学龄儿童[⑤]就读于公立学校,约占所有学龄儿童的 90%。美国公立学校的教育经费有三大来源：联邦政府（federal government）、州政府（state government）和地方政府（local government）。2019 年,联邦政府、州政府和地方政府向公立学校拨付的教育经费分别达 630 亿美元、3710 亿美元和 3610 亿美元[⑥],总计约占美国 2019 年 GDP 的 3.7%。2019 年,美国公立教育总支出为 7990 亿美元,平均对每名学生的经费支出为 15621 美元。

二、再分配领域：20 世纪两项关键的财政创新

20 世纪,美国开创了两项重要的财政创新（赛斯和祖克曼,2021）,极大地缩小了美国的贫富差距。一是大幅提高了财产税的累进性；二是强制实施法定的最高收入,通过最高税率政策没收超额收入。

这两项财政创新产生的原因是多方面的。税收公平的标准在不同时期存在很大差异,通常受到知识和政治变革的影响。20 世纪初,"平等地对待每个公民"（Treating citizens as equals）是美国现代民主制度的基石（Scheve

---

① Elementary and Secondary Education Act of 1965 [EB/OL]. (2024-03-19) [2024-03-23]. https://www.govinfo.gov/content/pkg/COMPS-748/pdf/COMPS-748.pdf.

② 数据来源:美国国家教育统计中心。

③ 数据来源:美国人口普查局官方网站。

④ 数据来源:经合组织数据库。

⑤ 指未接受高等教育的 5—18 岁儿童。

⑥ 数据来源:美国国家教育统计中心。

and Stasavage,2016)。在关于税收公平的辩论中,最具有说服力的观点被称作"补偿性纳税"(Scheve and Stasavage,2016)。该观点认为,中低收入人群由于边际消费倾向更高,承担了更高的间接税税率。并且,在经济活动中,富人获得极端的高收入往往以损害社会其他成员的利益为代价。因此,为维护社会的公平正义,富人应该缴纳更多的所得税,对穷人进行补偿。一战期间,"补偿性纳税"的观点受到追捧。战争赋予了富人特权,普通民众被征召入伍,而军火商却赚得盆满钵满。为了遏制战争暴利,美国迅速提高了税收的累进性。对于企业收益率超过 8% 的利润,按照高达 80% 的税率征税(赛斯和祖克曼,2021)。同时,个人所得税的最高税率从 1916 年的 15% 迅速上升到 1917 年的 67%、1918 年的 77%。[①] 一战结束后,个人所得税的最高税率在 1925—1931 年回调到 25%。富兰克林·罗斯福总统上任后,为支持大萧条后的经济复苏政策,将个人所得税的最高税率重新提升到了 63%,将遗产税的最高税率从 1931 年的 20% 提升到 1935 年的 70%。美国加入第二次世界大战后,罗斯福总统提出:"美国正处于严重的国家危机中。任何美国公民在纳税后的收入不得超过 200000 美元。"[②]因此,到 1944 年,年收入超过 20 万美元(相当于目前的 250 万美元)的人最高所得税税率达到了 94%[③],相当于没收了超额收入。需要注意的是,当时没收性的最高税率只针对超级富豪,年收入 20 万美元相当于 1944 年个人收入[④]中位数的 140 倍,而当时个人收入超过 1 万美元的人群占比不超过 0.8%。罗斯福在任期内通过实施没收性的税收政策,降低了美国税前收入的不平等程度(赛斯和祖克曼,2021)。

---

① Bradford Tax Institute. History of Federal Income Tax Rates:1913—2024[EB/OL]. (2023-12-27)[2024-02-19]. https://bradfordtaxinstitute.com/free_resources/federal-income-tax-rates.aspx.

② Pizzigati S. How about a Maximum Wage?:Taxation:F. D. R. wanted to cap incomes of the wealthy—An idea whose time may have come again[EB/OL]. (1992-04-08)[2024-02-19]. https://www.latimes.com/archives/la-xpm-1992-04-08-me-457-story.html.

③ Bradford Tax Institute. History of Federal Income Tax Rates:1913—2024[EB/OL]. (2023-12-27)[2024-02-19]. https://bradfordtaxinstitute.com/free_resources/federal-income-tax-rates.aspx.

④ 指 14 周岁以上人群的个人收入。**数据来源:**美国人口普查局官方网站。

三、再分配领域:美国福利国家制度的兴起

美国的福利国家制度(welfare state)是指政府为保障公民的基本生活需要所实施的一系列社会政策。这些社会政策涵盖养老、医疗、教育、住房、儿童保育等方面。美国的福利制度已有 100 多年的历史,19 世纪末期的进步时代(Progressive Era)①、20 世纪 30 年代的罗斯福新政②(the New Deal)时期以及 20 世纪 60 年代的"伟大社会"(the Great Society)③时期是美国福利制度形成和发展的三个重要时期。

南北战争(1861—1865 年)结束后,工业主义和公司资本主义在美国迅速蔓延。在自由放任的市场经济下,现代工业化和公司规模扩张带来了诸多社会问题。为了免受失业和恶劣工作环境的影响,美国工人和农民经常向政府寻求保护。19 世纪到 20 世纪,民众运动和政党兴起,为美国社会政策创新的第一波浪潮奠定了基础。在公众的广泛支持下,美国政府中的进步主义者(progressives)④开始推行住房保障、就业保障等领域的公共福利项目。例如,进步主义者在 1906 年组建的美国劳工立法协会(American Association for Labor Legislation,AALL)呼吁美国政府将贫困救济制度(the Poor Law System)转变为欧洲式的社会保险制度,该协会成功推动了美国工伤法案、失业法案的形成。进步主义者的另一部分群体由中上阶层的女性组成,她们致力于推动妇女和儿童相关的公共政策的制定与实施,强调女性作为公民而非男性附属品的合法权利。在她们的呼吁下,美国实施了"母亲养老金项目"(Mothers' Pensions),这是美国建立社会保险制度的关键一步。1929—1933 年,美国陷入经济危机的泥沼,大萧条导致工人运动

---

① 进步时代是美国政府大幅进行政治改革的时期。通过激烈的社会政治改革重点打击腐败、垄断、浪费和低效,建立一个更加美好的社会。

② 罗斯福新政是美国总统富兰克林·罗斯福在大萧条期间制定的一系列社会政策,旨在恢复美国的繁荣。

③ "伟大社会"是 20 世纪 60 年代由美国总统林登·贝恩斯·约翰逊实施的一系列政策,旨在实现经济的繁荣、消除贫困和种族不平等。

④ 进步主义者通过寻求改革来改善人类社会。

规模达到前所未有的水平。随着农产品价格和土地价值的暴跌,农民纷纷加入罢工的行列,成为政治运动的重要力量。此外,经济萧条还改变了商业精英对待福利制度的态度,一些商业领袖甚至呼吁政府进行经济干预、开展社会救助。在此背景下,罗斯福总统从 1933 年开始推行新政,其中的一项重要措施就是在 1935 年签署了《社会保障法案》(Social Security Act),该法案是美国社会保障制度的基石,旨在为老年人、失业者、儿童、残疾人等群体提供最低限度的安全保障。《社会保障法案》提出的养老金计划,通过雇主和雇员共同缴纳的工资税为退休人员提供养老金,显著降低了老年人的贫困发生率。该法案还建立了失业保险计划和公共援助计划,规定由雇主向失业工人提供现金福利,由联邦政府向各州的贫困老人、儿童、残疾人提供现金补助。与罗斯福新政时期经济危机促成改革不同,20 世纪 60 年代,美国民众生活水平的提高为约翰逊政府的"伟大社会"改革创造了条件。经济上的成功缓和了企业对政府干预市场的抵触情绪,社会精英群体对建立福利国家持开放态度。1964 年开始,约翰逊政府多次修订《社会保障法案》,并正式实施医疗保险计划(Medicare)、联邦医疗补助计划(Medicaid)、食品券计划(The Food Stamp Program)、住房与城市发展法(The Housing and Urban Development Act)等,为美国福利体系的形成夯实了基础。

四、再分配和三次分配领域:美国福利制度的发展

美国的福利制度从兴起至今已有上百年的历史,目前已经形成一套较为完整的福利体系。有别于欧洲的福利国家制度,美国的福利项目由联邦政府、地方政府、私人企业、社会团体、慈善组织等共同提供。因此,可以将美国的福利项目划分为公共福利和私人福利两个部分。公共福利包括社会救助(public assistance)、社会保险(social insurance)和税收抵免(taxation),而私人福利由雇员福利(employee benefits)、慈善和社会服务(charities and social services)组成（见图 6-8）。①

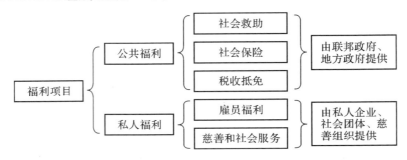

图 6-8　美国现行的福利项目分类

从服务内容来看，美国的福利项目覆盖弱势群体援助、养老保障、就业保障、住房保障、健康保障、儿童保育六大方面。表 6-2 对美国具有代表性的公共福利项目进行了总结。例如，在弱势群体援助方面，补充保障收入项目（Supplemental Security Income）每月向收入有限的老年人、残疾人等弱势群体发放现金，以满足其衣食住行等基本生活需要。在养老保障方面，美国养老体系的第一大支柱为社会保障项目（Social Security），又名老年、遗属和残疾人保险（Old-Age，Survivors，and Disability Insurance）。该保险采取现收现付制，由雇主和雇员每年分别向国家养老基金缴纳雇员工资总额的6.2％。在就业保障方面，为减轻进口冲击的影响，贸易调整援助（Trade Adjustment Assistance）为失业工人提供就业津贴和工作培训。在住房保障方面，住房选择券计划（Housing Choice Voucher Program）为低收入群体提供租金补助，使其获得体面、安全、卫生的住房。在健康保障方面，联邦医疗补助计划（Medicaid）为低收入人群支付医疗费用，联邦医疗保险计划（Medicare）为老年人提供医疗保险。在儿童保育方面，"开端计划"（Head Start）项目旨在保护学龄前儿童的认知技能和身体健康免受贫困的影响。美国代表性福利项目如表 6-2 所示。

---

① Katz M B. The American Welfare State［EB/OL］.（2008-10-01）［2023-02-28］. https://archives. history. ac. uk/history-in-focus/welfare/articles/katzm. html.

表 6-2　美国代表性福利项目

项目	公共福利项目名称	项目类型
弱势群体援助	补充保障收入项目	社会救助
	贫困家庭临时救助	社会救助
养老保障	社会保障项目，又名老年、遗属和残疾人保险	社会保险 雇员福利
就业保障	贸易调整援助	社会救助
	失业保险	社会保险
住房保障	住房选择券计划	社会救助
	低收入家庭能源救助	社会救助
健康保障	联邦医疗保险计划	社会保险
	联邦医疗补助计划	社会救助
	补充营养补助计划	社会救助
儿童保育	"开端计划"等儿童早期教育项目	社会救助
	儿童健康保险项目	社会保险

除了公共服务项目和雇员福利，慈善和社会服务也是美国福利体系的重要组成部分。从 19 世纪开始，美国的慈善事业就为其全社会的教育、艺术表演、医疗卫生等领域的发展提供了大量的资金支持。如今，美国拥有较为发达的慈善事业。根据《美国慈善事业年度报告》（Giving USA：The Annual Report on Philanthropy），2021 年，美国慈善捐赠总额达到 4848.5 亿美元，约占其 GDP 的 2％。个人捐赠是美国最大的慈善捐赠来源，约有 60％的家庭参与过某种形式的慈善捐赠。2021 年，美国个人捐赠数额达 3268.7 亿美元，占捐赠总额的 67％。其他捐赠来源还包括基金会捐赠和企业捐赠，2021 年的捐赠数额分别为 908.8 亿美元和 210.8 亿美元。从捐赠去向来看，慈善资金最多流向了宗教团体（27％），其次是教育组织（14％）、人类服务组织（13％）和资助型基金会（13％）。目前，美国有超过 154 万个慈善组织，这在一定程度上弥补了美国政府在公共服务项目上的不足。

五、反贫困项目:劳动所得税抵免计划

美国的劳动所得税抵免计划(the Earned Income Tax Credit,EITC)起源于 1975 年,旨在向中低收入工薪家庭提供财政援助。经过 40 多年的不断调整,该项目已经成为美国政府最大的反贫困项目之一。2013 年,EITC 项目总共耗资 560 亿美元,是仅次于医疗补助计划和食品券计划的美国第三大社会福利计划。2021 年,EITC 项目税收抵免额度从 1502 美元到 6728 美元不等(见表 6-3),具体取决于申请人的纳税申报状态、收入和子女数量。总的来说,税收抵免申请人的收入不得高于特定限额,收入越低、未成年子女越多的人群,获得的税收抵免力度越大。根据美国国内收入署(IRS)发布的数据,2020 年共有 2500 万个人或家庭享受到了 EITC 项目的税收抵免,总金额达 620 亿美元,平均每位申请人获得 2461 美元。

表 6-3　美国 2021 年 EITC 项目税收抵免标准

单位:美元

孩子个数	税收抵免最大额度	享受政策的最高收入(单亲或单独申请)	享受政策的最高收入(联合申请)
没有孩子	1502	21430	27830
1 个	3618	42158	48108
2 个	5980	47915	53865
3 个及以上	6728	51464	57414

数据来源:美国国内收入署,https://www.irs.gov/credits-deductions/individuals/earned-income-tax-credit-eitc。

劳动所得税抵免一直是美国政治辩论的重要议题。在 2011 年对美国经济学会 568 名成员的随机调查中,约有 60% 的经济学家赞成扩大劳动所得税的抵免范围(Dan and Geide-Stevenson,2014)。近年来,美国劳动所得税抵免计划每年约使 470 万名儿童脱离贫困线。众多学者的研究表明,税收抵免项目可以带来许多社会福利,包括增加家庭收入、提升产妇和新生儿健康水平、提高劳动参与率等。例如,2016 年,Nichols 和 Rothstein(2015)

利用 EITC 项目的匹配数据研究发现,税收抵免对孕产妇心理健康、新生儿体重和其他健康指标有显著的正向影响。由于税收抵免的申请人在当年必须获得劳动收入,因此该项目还有助于提高就业率。Bastian(2020)研究发现,EITC 项目的引入可以使孕产妇就业率提高 6%,这也解释了为何在没有育儿补贴或育儿假的情况下,美国孕产妇就业水平仍然较高。此外,Eissa 和 Hoynes(2006)发现,EITC 项目与单亲女性的就业率有很强的相关性,这意味着收入税收抵免政策可以为进入劳动力市场的低收入家庭提供重要的经济支持。

第三节　美国不平等加剧的原因

一、预分配领域:市场要素分布不均

根据索罗的经济增长理论(Solow,1956),社会生产依赖于资本与劳动投入。经济增长的成果一部分划分给劳动者,另一部分由资本所有者享有。因此,在收入分配的研究中,市场要素收入包括财产性收入和劳动性收入两个部分。马克思(2010)将通过脑力劳动和体力劳动换取劳动性收入的阶层划为工人阶级,将通过投入生产资料和生产工具获取财产性收入的阶层划为资本家。在传统的资本主义社会(classical capitalism),资本家与工人阶级是两个完全对立的群体,其在生产活动中发挥着不同的作用(Berman and Milanovic,2020)。由于资本掌握在少数人手中,而劳动力在市场上往往又趋于无限供给,资本家总是处于收入分配的顶层,工人阶级总是处于收入分配的中低层。从 20 世纪 70 年代开始,美国居民财富快速积累,居民的财产性收入占比显著上升(Dao et al.,2017)。由于财产性收入的不平等程度往往比劳动收入更高,随着财产性收入占比的提升,美国收入差距不断扩大。

近年来,随着经济结构和生产方式的转变,资本家和工人阶级不再是两个完全分离的群体。相比于传统的资本主义社会,Ranaldi 和 Milanovic

(2022)提出了一种全新的社会形态——自由资本主义(Liberal Capitalism)。在自由资本主义社会中,个人既可以获得财产性收入,又可以获得劳动性收入。更为重要的是,Ranaldi 和 Milanovic(2022)发现,美国有一部分处于收入分配顶层的人群,既是富有的资本家,又是薪酬极高的工人。他们将这种现象称为"同富"(homoploutia)。"同富"现象对缩小贫富差距提出了挑战。首先,同时拥有巨额财富和稀缺人力资本的人群会成为精英阶层。精英阶层可以通过财产继承、优质教育等方式轻易地将优势传递给后代。其次,精英阶层可以同时从资本和劳动两个要素中获利,对其征税会变得更加困难。毫无疑问,税收减少将削弱政府对中低收入群体的再分配力度。值得注意的是,除了市场要素分布不均会导致收入差距,同质的生产要素在市场中未必可以获得相同的回报率。就财产性收入而言,美国居民的财产收益率与居民财产规模呈现出显著的正相关关系。与普通投资者相比,美国富人可以直接对风险资本或私募基金进行投资,并享受利润更高的金融服务。就劳动性收入而言,即使劳动者拥有相似的受教育水平、工作经验和个人能力,由于所在城市、所处行业的不同,他们也可能获得截然不同的薪资。

二、初次分配领域:技术与教育的竞赛、技能替代

经济不平等的一个重要维度是工资分配的不平等。20 世纪 80 年代开始,美国工人的工资差距持续扩大。一个具体的表现就是"大学教育溢价"的不断上升。根据 Autor(2019)的计算,1980—2016 年,美国本科毕业生的真实工资增长了 17.57%,硕士及以上毕业生的真实工资增长了 34.59%,然而美国高中毕业生的真实工资下降了 2.88%,高中以下学历的工人真实工资下降了 10.68%。在劳动力市场中,工人的相对工资取决于两个因素:一是工人的生产力,二是具有相似生产力的工人在劳动力市场中的稀缺性(Autor,2014)。为了解释美国工资差距不断扩大的现象,经济学家们(Bound and Johnson,1992;Katz and Murphy,1992;Krueger,1993;Autor et al.,1998;Card and Lemieux,2001)提出了技能偏向型理论(skill-biased technical change，SBTC）。该理论根据受教育水平将劳动者划分为高技能者和低技能者两类。在生产过程中，以计算机为代表的生产设备与高技能劳动者是互补品，与低技能劳动者是替代品。随着计算机和通信技术的普及，生产流程不断优化，高技能劳动者的生产率大幅提升，企业对高技能劳动者的需求不断增加。随着体力劳动让位于脑力劳动，美国的高等教育资源变得越来越稀缺，导致"大学教育溢价"急剧上升。

除了"大学教育溢价"的不断上升，美国在全球化进程中还出现了中产阶级萎缩的现象。一个多世纪以前，美国有 40％的工作岗位在农业部门。随着农业生产率的提高，制造业逐步从农业部门吸引剩余劳动力。从农业流向制造业的工人，由于获得了更高的工资，成功进入中等收入群体，从而促进了美国的包容性增长。然而，在技术冲击下，美国制造业的一部分工人失去了工作岗位，被迫流向了工资更低的服务业，造成美国工资分布的去中心化，Goos 和 Manning（2007）将这一现象称为"就业极化"（job polarization）。对此，学者们提出了常规任务偏向型技术进步（routine-biased technical change，RBTC）理论。常规任务偏向型技术进步理论将工人的工作任务划分为：常规劳动（routine task）、非常规体力劳动（non-routine manual task）和非常规脑力劳动（non-routine cognitive task）三类。毫无疑问，以自动化为代表的技术进步将减少企业对常规任务的需求。例如，机器人将取代流水线上工作的工人，自动取款机将取代银行职员等。由于美国的中产阶级大部分从事的是常规型劳动，因此常规型岗位的消失往往意味着收入差距的扩大。Acemoglu 和 Restrepo（2022）的研究发现，自动化取代常规型劳动，可以解释 1980—2016 年美国工资不平等程度上升幅度的 50％—70％。

三、初次分配领域：全球化浪潮下的市场制度

经济全球化有三个维度：商品的自由流动、资本的自由流动和劳动力的自由流动。

首先,贸易市场的全球化削弱了经济交易的边界,促进了商品和服务更加频繁地跨境流动。尽管各国都可以从全球贸易中受益,但在一个国家内部,贸易全球化既有"赢家",也有"输家"。根据比较优势理论,各国生产资源的稀缺程度决定了该国的贸易模式。对于美国来说,其资本和高技能劳动力相对富足,倾向于出口技术密集型产品,进口劳动密集型产品。由于劳动密集型产品主要集中在制造业,因此进口竞争将导致美国制造业就业岗位减少,使其成为全球贸易的"输家"。与制造业工人不同,贸易全球化对美国高管的薪酬具有显著的正向影响。随着出口贸易的增加,美国跨国公司的市场规模不断扩大,跨国公司高管的薪酬也会相应上升。根据 Keller 和 Olney(2021)的测算,1993—2013 年,美国的出口增长可以解释高管薪酬增长幅度的 35%。

其次,资本的自由流动加剧了全球市场竞争。为吸引外商投资,美国政府开启了一系列以新自由主义为特征的政策变革,例如主张私有化、关税竞争、放松监管、提倡自由放任的市场经济等。在这些政策的影响下,部分美国公司得以快速扩大规模,并从规模经济中受益。规模经济的一个典型例子是"赢者通吃"。"赢者通吃"主要存在于具有网络正外部性的行业(Noe and Parker,2005),比如,互联网搜索引擎、社交媒体、线上购物等。在这些行业中,现有的用户受益于更多用户的存在,使得某家公司在该市场中占据主导地位。在"赢者通吃"的行业,龙头企业的员工薪酬通常远高于同类型企业,从而导致收入差距的扩大。① 美国政策变革的另一项重要影响是金融化程度的加深。根据现有文献,金融化扩大美国的贫富差距至少存在三条路径。一是金融化改变了公司治理观念。公司管理者不再重视研发和创新,而是专注于短期内提升公司股价(Fligstein and Shin,2007)。为了达到这个目的,管理者们倾向于削减生产成本和回购股票。这样一来,受益最多的是企业的所有者和服务于企业的金融精英。二是金融化改变了企业组织

---

① 关于企业间工资差距的讨论,参考 Song 等(2019)。

模式,推动了职场的裂变(Weil,2014)。二战后,美国各大企业雇佣了多层次的劳动力,既有高技能劳动者、中层管理者,又有体力劳动者。此时,企业员工的生产率与员工工资同步提高。然而,从20世纪80年代开始,所有劳动者共享经济成果的模式发生剧烈改变,越来越多的企业将非核心的工作岗位外包出去,例如大企业中的保洁员、保安。其结果是,这些劳动者面临残酷的市场竞争,导致其工资水平向边际生产率贴近。三是金融化和全球化交织在一起,为美国富人离岸注册公司提供了便利。根据Alstadsæter等(2019)的估计,美国最富有的0.01%家庭通过隐瞒海外资产和境外投资,逃避了约25%的税收。如果将美国富人在"避税天堂"中的财富计算在内,美国的财富不平等程度将进一步上升(Zucman,2014)。

最后,劳动力的自由流动(移民),也会对美国的收入、财富分配产生影响。作为全球最主要的移民国家之一,2019年,有超过4490万名的移民生活在美国,移民人口占美国总人口的比例从1970年的4.7%上升到2019年的13.7%。[1] 当移民与本地人的收入分布存在差异时,大量移民流入将会改变整体的收入分配状况。此外,如果移民改变了现有劳动力市场的供求关系,也会进一步影响工资分配。根据Xu等(2016)的研究结果,移民尤其是低技能劳动力移民,整体上扩大了美国的收入差距。

四、再分配领域:20世纪80年代后对富人慷慨的税收制度

与大部分发达国家类似,美国的税收可以分为四类(赛斯和祖克曼,2021):个人所得税(individual income taxes)、工资税(payroll taxes)[2]、消费税(consumption taxes)和资本税(capital taxes)。

美国的第一大税收来源是个人所得税。2021年,个人所得税收入约占

---

① 数据来源:Batalova J. Frequently Requested Statistics on Immigrants and Immigration in the United States [EB/OL]. (2024-03-13) [2024-03-23]. https://www.migrationpolicy.org/article/frequently-requested-statistics-immigrants-and-immigration-united-states。

② 美国的工资税包括社会保障税(social security taxes)和医疗保险税(medicare taxes)。

美国总税收收入的 42.1%。[①] 个人所得税起源于 1913 年，征收内容既包括个人的工资性收入，也包括个人获得的财产性收入（如利息、股息等）。但是，美国个人的应纳税所得额小于国民收入总额。这是因为，很多形式的收入，尤其是财产性收入（比如，养老账户获得的利息、自有住房估算租金、公司未分配利润），在法律上是免税的。

美国的第二大税收来源是社会保障税。2021 年，社会保障税收入约占美国总税收收入的 23.8%。[②] 社会保障税主要针对工薪阶层，征收内容为劳动收入。社会保障税的税率为 12.4%，2023 年，美国政府规定的社会保障税征收上限为 160200 美元，即劳动收入超过 160200 美元的部分可以免税[③]，这导致美国的工资税具有严重的累退性，也就是说，劳动收入越低的人负担的税率越高。

美国的第三大税收来源是消费税。2021 年，消费税收入约占美国总税收收入的 16.6%。[④] 消费税通常是对购买的商品或服务征收，由消费者直接或间接地以零售税、增值税、关税等形式支付。美国的消费税具有两个特点。一是对大部分商品征税，而对大部分服务（如法律咨询、购买健身会员、听音乐会等）免税。二是针对烟酒、燃油的产品税以购买量计算，而不是以购买价格计算。这两个特点都使得美国的消费税具有严重的累退性。根据税收和经济政策研究所（The Institute on Taxation and Economic Policy）的估计[⑤]，美国征收的消费税占穷人收入的 7.1%，占中产阶级收入的 4.8%，

---

① 数据来源：Bunn D，Weigel C P. Sources of U. S. Tax Revenue by Tax Type，2023 Update[EB/OL]. (2023-02-27)[2024-03-23]. https://taxfoundation. org/publications/sources-government-revenue-united-states/。

② 数据来源：Bunn D，Weigel C P. Sources of U. S. Tax Revenue by Tax Type，2023 Update[EB/OL]. (2023-02-27)[2024-03-23]. https://taxfoundation. org/publications/sources-government-revenue-united-states/。

③ 数据来源：美国国内收入署，https://www. irs. gov/taxtopics/tc751。

④ 数据来源：Bunn D，Weigel C P. Sources of U. S. Tax Revenue by Tax Type，2023 Update[EB/OL]. (2023-02-27)[2024-03-23]. https://taxfoundation. org/publications/sources-government-revenue-united-states/。

⑤ Wiehe M，Davis A，Davis C，et al. ，2018. Who Pays：A Distributional Analysis of the Tax Systems in all 50 States[EB/OL]. (2018-10-01)[2023-03-29]. https://itep. org/whopays/.

而仅占富人收入的 0.9%。

　　美国的最后一种税收来源是资本税,包括公司税(corporate taxes)、财产税(property taxes)、遗产和赠与税(estate and gift taxes)。从 20 世纪中叶开始,美国政府就减少了对公司利润与遗产和赠与的税收。根据美国国会预算办公室公布的数据[①],公司税占美国 GDP 的比重从 1967 年的 4.1%下降到 2020 年的 1.0%,遗产和赠与税占美国 GDP 的比重从 1967 年的 0.4%下降到 2020 年的 0.1%。

　　对资本所有者慷慨的税收豁免、具有累退性的工资税和消费税、日益加剧的税收竞争、富人避税手段的增加,导致美国税收制度的累进性受到威胁。赛斯和祖克曼等学者计算了 1950—2018 年美国的有效税率在收入分配中的变化情况。[②] 1950 年,工薪阶层(收入低于底层 50%的人群)缴纳的税款约占其收入的 19%,收入前 1%人群缴纳的税款占其收入的 32%以上,收入前 0.01%人群缴纳的税款占其收入的 62%以上。而到 2018 年,工薪阶层的税收负担上升到了 25%,收入前 1%人群缴纳的税款不到其收入的 30%,收入前 0.01%人群缴纳的税款不到其收入的 33%。此外,2018 年最富有的 400 名美国人,缴纳的税款却只占其收入的 23%,低于工薪阶层的税收负担,对美国的税收公平提出了严峻挑战。

五、再分配领域:美国福利制度的重大漏洞

　　与欧洲的福利国家相比,美国现行的福利制度还存在着许多缺陷。

　　首先,美国的福利制度强调"就业导向"(work bias)。美国福利项目的重点在于帮助有工作的低收入人群,而对于没有工作的弱势群体扶持力度不大。在美国的文化中,提供社会保障与自力更生的价值取向存在矛盾。社会普遍认为公共服务应该留给努力工作的人。因此,美国大部分福利项目都对援助对象有着严格的工作要求。例如,贫困家庭临时救助项目

---

① 数据来源:美国国会预算办公室,https://www.cbo.gov/data/budget-economic-data#1。
② 详见美国税收模拟网站,https://taxjusticenow.org/。

(Temporary Assistance for Needy Families)要求接受援助的单亲家庭每周至少工作 30 小时，双亲家庭每周至少工作 35 小时。[①] 由于福利项目的受众有限，美国福利制度的减贫效果不佳。在过去的 50 多年间，尽管福利支出不断提高，但美国的贫困发生率居高不下。据统计，美国针对贫困人口的人均福利开支从 1966 年的 1363 美元上升到 2021 年的 27823 美元，但 2021 年美国的贫困发生率仍有 12％，仅略低于 1966 年的 15％。[②]

其次，美国的福利供给存在明显的地区差异。福利项目可以划分为两种类型：一种是针对所有民众的社保项目，这些项目通常由美国联邦政府统一资助和管理。另一种是针对脆弱人群的援助项目，这些项目通常由地方政府、州政府和联邦政府共同资助，并且由各州政府直接管理。也就是说，各州政府对这些福利项目的执行拥有自主裁量权，可以自行决定福利项目的融资渠道、覆盖范围、受益群体和慷慨程度。有学者对比了 10 个最常见的福利项目在美国 50 个州的执行情况，发现具有相似背景的个人或家庭，在不同的司法辖区内的福利待遇截然不同（Martin，2022）。并且，州政府自主裁量权越大的福利项目，福利供给的地区不平等程度越高。以贫困家庭临时救助项目为例，在援助力度最弱的州，2013 年贫困家庭平均收到的资助仅有 1873 美元；而在援助力度最大的州，2013 年贫困家庭平均获得的资助高达 7382 美元。[③]

最后，作为美国福利制度的重要补充，慈善捐赠缓解不平等问题的作用有限。Mayer（2016）的研究表明，部分富人进行慈善捐赠的目的不在于救济穷人，而在于政治游说。他们将慈善事业作为他们反对政府征税和监管的"政治武器"。此外，还有一些知名的慈善家被指控通过慈善事业来掩盖他

---

① 资料来源：Scholars Strategy Network. Inequalities in U. S. "Safety net" programs for the poor [EB/OL]. （2015-11-13）［2024-03-23］. https://journalistsresource. org/economics/inequalities-safety-net-programs-poor/。

② 数据来源：https://federalsafetynet. com/poverty-and-spending-over-the-years-2/。

③ 资料来源：Scholars Strategy Network. Inequalities in U. S. "Safety net" programs for the poor [EB/OL]. （2015-11-13）［2024-03-23］. https://journalistsresource. org/economics/inequalities-safety-net-programs-poor/。

们过去非法掠夺财富的行为。

第四节　美国高度不平等的后果

一、阻碍代际流动

在贫富悬殊的社会中,一部分人可能由于出身贫寒而注定陷入贫困,另一部分人可能一出生就可以继承巨额财富。而在一个流动性较高的社会中,个人无论家庭背景如何,都可以通过自身努力改善生活质量和社会地位。经济学界将这种经济优势在两代人之间的变化称为代际流动。代际流动分为绝对代际流动和相对代际流动。绝对代际流动指的是,子女成年后的收入水平是否高于父辈的收入水平。Chetty 等(2017)利用美国税收数据对美国 20 世纪 40 年代以来的绝对代际流动进行了估计。他们发现,1940年出生的人,成年后收入超过父辈的概率为 92%[①];1984 年出生的人,成年后收入超过父辈的概率下降到 50%。相对代际流动衡量的是子女成年后在社会中的经济地位多大程度上不依赖父辈的经济地位(Narayan et al.,2018)。Chetty 等(2014)对比了美国不同通勤区(commuting zones)的相对代际流动,他们发现,收入不平等程度越高的地区,相对代际流动性越低。Corak(2013)将这种阶级固化与高度不平等之间的关系称为"了不起的盖茨比曲线"[②](The great Gatsby curve)。

经济优势的代际传递既可以通过遗产继承实现,也可以通过父母对子女开展有意识的亲代投资(parental investments)实现(布西、德龙和斯坦鲍姆,2022)。一方面,财富的代际转移在美国普遍存在。根据美联储公布的

[①]　指在研究对象 30 岁时通过物价调整的真实收入。
[②]　"了不起的盖茨比曲线"指收入不平等与代际收入持续性之间存在正相关关系,即收入不平等程度越高的国家,下一代的收入水平越依赖父辈的收入,收入的代际流动性越低。

数据①,平均每年约有 200 万个美国家庭获得遗产继承或财富赠与。代际的财富转移对于财富积累有着重要贡献。假设资本的收益率为 5%,那么最富有的 10% 人群有 53% 的财富来自财产遗赠。② 由于财富转移在人群中的分布极不均等,财产遗赠将导致财富分配差距进一步扩大,进而阻碍社会流动。例如,美国生来就继承巨额财富的人(born to wealth)③,其获得学士学位的概率是其他人的两倍,在家族企业工作的概率是其他人的 22 倍。另一方面,除了遗产继承,父母对子女的人力资本投资也会影响代际传递。人力资本投资,既包括父母花时间陪伴子女成长,又包括父母花费金钱让子女接受优质的教育。诸多关于儿童早期发展的研究(Cunha et al.,2010;Knudsen et al.,2006)表明,父母的健康状况、儿童的成长环境对儿童的认知能力和身心健康有重要影响。认知和社交等技能的培养存在关键期,儿童的早期发展对人力资本积累至关重要。而人力资本存量的高低,又是个人在劳动力市场上获得多少报酬的重要依据。在美国,富人获取优质教育的一个重要途径是购买昂贵的住房,与穷人产生居住隔离。美国大部分公立学校的教育经费来自当地的税收。因此,房价越高的地区,聚集的富人越多,公共教育的质量越好。早期获得优质的教育资源是未来能够接受高等教育的关键。现有的经验证据表明,美国中低收入家庭子女的大学入学率和大学毕业率都要显著低于高收入人群。Zimmerman(2019)发现,在美国常青藤盟校中,有 14.5% 的学生来自收入前 1% 的家庭,而仅有 3.8% 的学

---

① 数据来源:Feiveson L, Sabelhaus J. How Does Intergenerational Wealth Transmission Affect Wealth Concentration? [EB/OL]. (2018-06-01)[2024-03-23]. https://www. federalreserve. gov/econres/notes/feds-notes/how-does-intergenerational-wealth-transmission-affect-wealth-concentration-20180601. html.

② 数据来源:Feiveson L, Sabelhaus J. How Does Intergenerational Wealth Transmission Affect Wealth Concentration? [EB/OL]. (2018-06-01)[2024-03-23]. https://www. federalreserve. gov/econres/notes/feds-notes/how-does-intergenerational-wealth-transmission-affect-wealth-concentration-20180601. html.

③ 指获得财产遗赠超过 100 万美元(2016 年价格)的家庭。数据来源:Feiveson L, Sabelhaus J. How Does Intergenerational Wealth Transmission Affect Wealth Concentration? [EB/OL]. (2018-06-01)[2024-03-23]. https://www. federalreserve. gov/econres/notes/feds-notes/how-does-intergenerational-wealth-transmission-affect-wealth-concentration-20180601. html.

生来自底层收入家庭。Bailey 和 Dynarski(2011)发现，从 20 世纪 60 年代到 80 年代，美国低收入家庭子女的大学毕业率仅上升了 4 个百分点，而高收入家庭子女的大学毕业率上升了近 20 个百分点。

二、损害经济效率

适度的收入差距可以通过激励创新、鼓励投资来促进经济增长。然而，在金融危机和全球范围内的经济衰退发生后，人们开始关注过度的不平等对宏观经济造成的负面影响。

首先，不平等会带来经济不稳定。美国始于 1929 年和 2007 年的两次经济大衰退都与其高度的不平等有关。Galbraith(2009)从总需求的角度论述了不平等对经济波动的影响，他认为美国过大的贫富差距导致总需求强烈依赖富人的投资和消费水平。根据国际货币经济组织的测算，2003—2013 年，美国约有 71% 的消费增长来自富人(Bakker and Felman，2015)。富人消费行为的高波动性导致了美国经济的不稳定。除了总需求，不平等影响经济稳定性的另一条路径是信贷扩张。一方面，从 20 世纪 80 年代开始，富人收入的飞速增长促使他们把增加的储蓄借给手头拮据的中产阶级，中产阶级则用这些资金来维持消费、投资房地产。另一方面，在贫富差距扩大的背景下，美国政府倾向于使用信贷宽松政策缓解社会矛盾。与税收等再分配政策相比，信贷宽松政策不仅受到的阻力较小，还可以在短期内推高房价、创造就业岗位，造成虚假繁荣的景象。然而，当大部分中产阶级由于开支过大而停止买房时，美国房价在 2007 年急剧下跌，导致许多房主资不抵债——也就是说，其住房抵押贷款超过了住房价值。一部分低收入人群由于无法偿还债务而变得无家可归。另一部分中产阶级由于负债累累被迫增加储蓄、减少消费，进一步阻碍了经济复苏。金融业和房地产业的从业者在次贷危机中攫取了大量财富，而普通民众却要为金融机构的损失买单。拉詹(2011)将美国贫富悬殊背景下的信贷宽松政策视为隐藏在 2008 年全球金融地震背后的第一道"断层线"。

其次,高度不平等的社会可能会滋生更多的违法犯罪行为,阻碍经济增长。对于低收入人群来说,高度不平等意味着更多的人陷入贫困,被排除在美好生活之外。这可能会助长仇富情绪,导致偷窃、抢劫等犯罪行为。对于高收入人群来说,阶级固化使其形成了稳定的利益集团。他们通过逃避监管、违反法律、破坏制度等寻租行为来为自己的利益服务。经济租金可以定义为,市场要素的实际报酬超过完全竞争状况下的部分(布西、德龙和斯坦鲍姆,2022)。寻租可以定义为,通过掠夺财富而非创造财富来获得收入的行为(斯蒂格利茨,2020)。利益集团对政府寻租的方式多种多样,包括资助竞选活动干预政策制定、低价收购国有资产、说服政府放松监管维持垄断地位、非法获得高额补贴等(斯蒂格利茨,2020)。当财富不平等加剧时,寻租行为也会加剧。一项关于福布斯富豪榜的研究表明,美国富豪的财富每增加 100 万美元,平均而言其就会在竞选活动中多捐赠 1 万美元。

三、经济不平等转为政治不平等

高度的经济不平等不仅会阻碍经济发展,还会削弱民主、加剧政治不平等。根据《经济学人》杂志发布的民主指数(democracy index),美国在 167 个国家或地区中的排名从 2006 年的第 17 位下降到了 2021 年的第 26 位,远落后于北欧国家、澳大利亚和加拿大。民主选举是美国民主进程的重要一环。"中间选民理论"(median voter theorem)(Meltzer and Richard,1983)认为,民主选举的结果应当反映"中间派"选民的政治诉求。当全民都参与选举时,执政者应当倾向于支持对中产阶级有利的社会政策。然而,从美国的政治选举来看,事实并非如此。随着中产阶级的衰落,美国社会存在着大量"失望的选民"(斯蒂格利茨,2020),他们不仅放弃参与政治活动,而且放弃参与投票。一方面,贫富悬殊会限制底层人群向上流动的机会,从而降低民众对政治体制与社会契约的信任。在极端的情况下,低流动性与低社会信任的恶性循环,会迫使一部分人退出社会经济活动,放弃参与政治活动。另一方面,不平等加剧了美国不同阶层之间的居住隔离。生活在极端贫困社区的人，由于缺乏社会联系，不太可能成为政党和候选人政治活动的目标。与低收入人群相反，富人将选举视为一种投资，他们通过影响社会政策执行的方向来为自己谋利。在美国这样的两党制社会中，政治人物需要私人的资金支持才能有效开展竞选活动。以 2020 年的竞选周期为例，总统选举至少花费了 57 亿美元，国会选举的花费超过 87 亿美元。① 美国富人不仅可以通过捐款扩大政治影响力，甚至可以参与政治会议，同政府官员面对面沟通。

除了投票意愿不同，美国过时的投票登记制度也是民主选举最主要的障碍之一。有限的投票地点、长达数小时的投票等候时间、要求投票时携带身份证等规定，导致美国数千万人被迫放弃了选举权。这数千万人中，有不少比例的低收入群体、少数族裔、贫困老人和学生。从 2020 年美国大选的投票参与率来看②，高收入人群比低收入人群更有可能参与投票，家庭年收入在 1 万美元以下的选民投票率仅有 39%，而家庭年收入超过 15 万美元的选民投票率达到 80%；美国 65 周岁以上老年人的投票率（72%）要比 18—24 周岁年轻人的投票率（48%）高。美国开始实行民主选举以来，选举过程中还充斥着"肮脏的伎俩"（dirty tricks）（Scher，2010）。参选者们通常会采取一些不正当的手段来阻止与其意见相左的民众投票。19 世纪中叶，这些伎俩包括"拘禁"（cooping）（Bensel，2004），即在大选当日将选民关在粮食、饮料充足的房间中，有些甚至会没收选民的钱包，直到选举结束才允许选民离开。21 世纪，最常见的伎俩是散播谣言，包括伪造官方文件告知选民错误的投票时间，虚假声称将在投票现场对选民的个人信用进行审查，等等。不言而喻，这些"肮脏的伎俩"主要针对的是收入水平和文化水平较低的弱势群体。近年来，还有越来越多的雇主开始利用自身的权力和地位，左右蓝领工人和白领工人的选票（Formisano，2015）。最终，"一人一票"制演变为"一美

---

① 　数据来源：Evers-Hillstrom K. Most expensive ever：2020 election cost $ 14.4 billion［EB/OL］.（2021-02-11）［2024-03-23］. https://www.opensecrets.org/news/2021/02/2020-cycle-cost-14p4-billion-doubling-16/.

② 　数据来源：美国人口普查局官方网站。

元一票"制，民主制度逐步被财阀制替代。

第五节　美国不平等问题对中国的启示

过去的 100 多年来，美国的贫富差距经历了先缩小后扩大的过程。目前，美国的不平等程度已经超过了大部分发达国家，重新回到一战前"镀金时代"的水平。20 世纪 80 年代以前，美国大幅提升了税收累进性，对高收入者征收高达 90% 的税率，为大众教育、反贫困等公共政策的实施奠定了经济基础。随着经济规模的扩大，美国大型企业同时雇佣了多层次的劳动力，既有高技能劳动者、中层管理者，又有体力劳动者。此时，企业员工的劳动生产率与员工工资同步增长，社会中的所有人群共享经济发展的成果。20 世纪 80 年代以后，全球竞争不断加剧，美国政府开启了一系列以新自由主义为特征的政策改革，包括对富人慷慨的税收政策、放松资本市场的监管、鼓励跨国公司离岸注册等。在这一过程中，美国的经济增长速度与普通民众的收入增长速度发生了偏离。虽然社会劳动生产率大幅提升，但美国中低收入群体的收入停滞不前，劳动者的剩余价值更多地流向了资本所有者和企业高管。长此以往，结果不平等导致机会不平等，经济不平等转为政治不平等。为应对日益扩大的贫富差距，美国政府被迫实施信贷宽松政策。在虚假繁荣的景象下，美国中低收入人群通过借贷购置了大量房产。当房地产泡沫破灭时，金融危机重创了美国经济，数百万美国人失去了工作和住房，陷入艰难度日的深渊。当一部分人富可敌国，而另一部分人无论如何努力也难以摆脱贫困时，社会就会陷入易发冲突的状态。

改革开放 40 余年，中国经济迅速腾飞，成功从一个一穷二白的低收入国家跻身中等收入国家行列，并向高收入国家迈进。然而，从发展程度来看，我国与美国等发达国家相比还有较大差距。根据世界银行的数据，2022 年，美国的人均 GDP 为 7.6 万美元，而中国的人均 GDP 不到美国的五分之一。因此，在中国推进共同富裕的过程中，第一要义仍然是发展经济。此外,从共享程度来看,在改革开放的前 30 年,中国的收入和财富差距也经历了持续扩大的过程。近几年,中国的收入和财富不平等程度仍处于历史高位(李实和朱梦冰,2018)。从预分配到第三次分配,美国既有值得中国借鉴的宝贵经验,也有需要中国引起重视的惨痛教训。

在预分配领域,中国的九年制义务教育、大学扩招等政策,通过为民众提供受教育机会,极大地促进了人群间的机会平等。但是,从美国的经验来看,在科技日新月异和全球竞争加速的背景下,中国既会面对技术与教育的竞赛,也会面临来自越南等新兴经济体的贸易竞争。如何让教育资源与劳动力市场需求相匹配,如何使优质教育资源惠及社会的弱势群体,将是学术界和政策制定者关心的重要议题。

在初次分配领域,既有合理的收入差距,又存在不合理的收入差距,而不合理的收入差距不仅有违社会的公平正义,还会损害经济运行效率。美国的经验表明,不合理的收入差距主要来自市场扭曲带来的经济租金,包括企业低价收购国有资产、非法获得政府高额补贴、长久维持行业的垄断地位等。因此,中国在初次分配领域应进一步推动市场化改革,打击违法寻租行为,破除资本、劳动力等要素的流动障碍,重点解决由市场不完善和扭曲带来的分配不公问题。

在再分配领域,中国和美国的税收制度至少存在两个共性问题。一是税收累进性不强,尤其是个人所得税调节收入分配的力度有限(徐建炜、马光荣和李实,2013)。"五险一金"总体上对于收入分配具有"逆向调节"作用,但从时间趋势来看,"五险一金"扩大收入不平等的作用在减弱(李实、吴珊珊和孟凡强,2019)。二是高收入人群的避税手段层出不穷,包括设计阴阳合同、将个人税款转为公司税款、离岸注册空壳公司等。在"资本流动无国界"的背景下,政府的税收监管变得更加困难。一方面,中国需要继续完善税制改革,提高税收累进性,减轻中低收入群体的税收负担。另一方面,中国需要积极开展跨境合作,打击纳税人在海外藏匿资产、逃避本国税收的行为。在基本公共服务领域,中国福利项目的执行力度也存在严重的地区差异。例如,发达地区的教育经费支出和养老待遇水平明显高于欠发达地区(李实和杨一心,2022)。因此,在中国完善基本公共服务体系的进程中,还需要处理好中央政府与地方政府的关系,协调基本公共服务资源在发达地区和欠发达地区之间的配置,努力实现基本公共服务均等化。在三次分配领域,与美国相比,中国的慈善事业还在起步阶段,未来慈善事业还将在中国共同富裕的道路上发挥更加重要和积极的作用。

第七章　欧盟一体化经验与治理体系

第一节　欧盟一体化经验与我国共同富裕
实现路径间的基准化逻辑

一、欧盟的基本情况

欧盟（European Union）是欧洲多国共同建立的政治与经济联盟，作为一个经济与社会发展水平都较高且二者水平相对均衡的国家联盟，欧盟具有以下特征：一是具有较强的经济发展实力。2020年，欧盟的GDP总量估计达到14.926万亿美元，人均GDP估计达到33338美元。[①] 二是具有较小的经济发展差距。2020年估计的总体基尼系数为处于中等水平的0.307，且欧盟近十年来的基尼系数一直在0.3—0.31徘徊（如图7-1所示，2018年欧盟成员国及欧盟总体情况如图7-2所示）。[②] 三是具有较高的人类发展水平，其中2018年测算的人类发展指数高达0.9。[③] 从这些指标来看，欧盟的相关指数水平要普遍高于我国，而这些指标恰是我国共同富裕发展程度的重要衡量标准，因而欧盟的治理经验对于我国而言具有一定的借鉴意义。

---

① 数据来源：CEIC全球宏观经济数据平台。
② 数据来源："欧盟收入和生活条件统计"（EU-SILC）调查。
③ 数据来源：联合国开发计划署《2019年人类发展报告》。

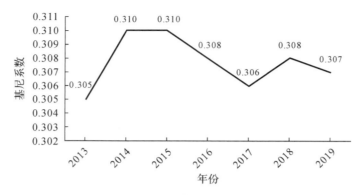

图 7-1 欧盟总体基尼系数发展

数据来源:欧盟统计局(Eurostat)。

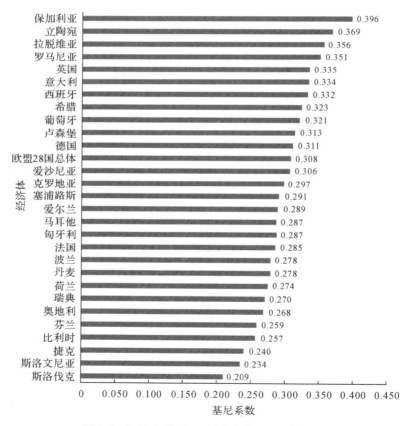

图 7-2 2018 年欧盟 28 国及总体基尼系数一览

数据来源:欧盟统计局(Eurostat)。

二、我国实现共同富裕的路径

我国追求共同富裕是为了更好地解决新发展阶段的主要矛盾,解决好发展不平衡不充分的问题,让发展成果由人民共享。总体而言,我国发展的不平衡与不充分体现为:发展成果尚未由人民充分共享,中等收入群体的比重不够高,城乡区域发展存在差异,人群间收入分配差距较大,以及在民生保障方面尚存短板。为了解决这些问题,我国学者提出实现共同富裕的路径在于:以壮大中等收入群体为主要突破口推动人民共同富裕并缩小生活水平差距;推动高质量城镇化与乡村振兴以缩小城乡差距;促进人口充分流动,从而实现各地区域协调发展,缩小区域差距(刘培林等,2021);以发展经济双循环为战略发展规划,并在动荡的国际关系环境中摆脱对特定国家的经济依赖,从而为共同富裕打造良好的国内外发展环境(樊纲、郑宇劼和曹钟雄,2021)。

三、欧洲一体化的目标和要求

欧洲联盟建立的初衷是实现政治领域的高度一体化,然而政治主权的让渡存在较大的阻碍,经济一体化便成了欧洲加强区域凝聚力与实现政治一体化的载体与工具(科勒-科赫、康策尔曼和克诺特,2004)。欧盟的经济一体化主要通过打造与完善内部市场来形成与推动,内部市场的形成倚靠相关的管制型政策,因而需尽可能消除有形的与无形的贸易壁垒。欧盟已通过统一的管制型政策消除大部分有形的壁垒,无形的壁垒在于欧盟内部各国间的发展不够均衡及与统一市场开发相配套的社会协调机制还有待完善。自欧盟2004—2007年经历第五次扩张,将12个国家纳为成员国之后,欧盟的地区发展差异便因统计调节而变大,直观体现为新加入的国家的人均GDP绝大多数低于欧盟层面平均水平的60%。市场的发展与完善需要良好的竞争秩序,为了优化内部市场的发育环境,缩小内部差距是优化竞争秩序的必选项。对此,欧盟致力于通过提供区域发展政策制定指导、制定区域政策与区域投资，来缩小东欧与西欧、南欧与北欧之间的发展差距。

与此同时，各成员国现有的税收制度与福利制度都较为完备，且联盟内部没有出现"探底竞争"的社会倾销现象（吉登斯、戴蒙德和里德，2011），这使得促进人口的充分流动成为欧盟各成员国缓解劳动力短缺状况与完善劳动力技术结构的重要方式之一。欧盟境内的人口自由流动得益于欧盟采取了有效的措施，成功消除了大部分社会障碍。由于经济一体化的深化还不足以打造联盟内高度的地区凝聚力，因此欧盟也通过建构一个共同的欧洲社会来为经济一体化和政治一体化的深化奠定深刻的基础。

四、我国共同富裕实践与欧洲一体化经验间的基准化逻辑

欧盟作为一个超国家体，目前的税收汲取与财政支出的能力还较弱，从而还不具备足够强的国家行动能力，因此欧盟的实践可能较难为我国共同富裕实践提供较为直接的参考经验。但由于我国实现共同富裕与欧洲实现一体化二者之间所需应对的问题存在一些共性，因而我国也能从欧盟的应对措施与思路中得到一些启示。同时，对比历史实践可以发现，"一体化"一词可用于描述一种实际现象，也可用于表达一种规范的目标值，它既是一个过程，也是一种状态（周弘和科勒-科赫，2008）。从过程的角度看，一体化涉及联合体的方方面面，如经济、政治、法律与社会等（朱贵昌，2009）。从状态的角度看，"一体化"就是不同的社会、国家及经济体跨越了现存的国家、宪政和经济边界，以和平、自愿的方式所形成的联合（科勒-科赫、康策尔曼和克诺特，2004）。欧洲联盟在一套多层级治理的共同治理体系下追求着共同的目标与共同的利益，与我国所追求的共同富裕目标相比，虽表述的语义和语境不尽相同，但是基本的目标和方向较为相似。因而鉴于这些发展背景的相似性，欧盟的一体化治理经验于我国的共同富裕治理而言具有较大的参考价值与意义。

我国推动实现共同富裕的路径之一是缩小地区间的发展差异与推动各地区间的协调发展；欧盟为了优化内部市场发育的竞争环境及缓解竞争秩

序下产生的马太效应,也致力于缩小东欧和西欧、南欧和北欧之间的发展差距。因此在这方面,我国可以学习欧盟相关的实践措施。为了实现区域间协调、均衡发展,在不倚靠大力度进行跨地区转移支付的情况下,缩小城乡间、地区间和人群间享受的基本公共服务水平和质量的差距(李实,2021),较为理想的方式是同时鼓励人口的充分流动,发挥市场对人力资源区域配置的决定性作用,并促进转移人口融入常住地。我国现阶段户籍人口的城镇化率要远低于常住人口的城镇化率,而基本公共服务大多与户籍制度挂钩(王一鸣,2020),因此其中的一个破题点便是如何打破城乡二元分割的体制,并将户口与公共服务享受的资格相剥离,一方面为人口充分流动创造条件,另一方面也为提高我国社会保险统筹层次创造条件(刘培林等,2021)。而如今欧盟最为卓著的成就之一便是充分实现了欧盟公民在联盟内部居住、就业与学习等方面的流动自由。与人口的自由流动相呼应,欧盟的社会政策也通过其独特的跨国协调与治理方式实现了一定程度的协调与趋同,维护了欧盟超国家层面的公平与正义,不断推动着欧洲"社会一体化"的进程。欧盟内部的区域政策[一般称为凝聚政策(cohesion policy)]已经历了多个政策循环周期,在能力与职责范围较为有限的情况下,欧盟不仅通过转移支付的形式来促进区域间协调发展,而且开发了社群的力量来提高区域协调治理机制的治理水平。同时为了辅助经济与市场的发展,以及更大限度地增进欧盟公民的福祉,在社会建构方面,欧盟不仅打造了多层级嵌合型的治理结构,而且打造了联盟内各国国民共有的公民身份,推动了共同社会价值理念的扩散。因此,欧盟虽然不以共同富裕为价值追求,但欧盟打造经济团结与社会团结的方式能给我国带来相应的启发。

第二节　欧盟的地区均衡发展

欧洲的一体化是一个经济融合、政治融合和社会融合的过程,并以经济一体化为实现政治一体化的手段。欧洲实现经济一体化的方式在于打造和完善欧洲统一市场。欧洲统一市场基于内部充分的自由竞争,而联盟内部地区间本来存在的地区发展差距使各地区未能处在相同的竞争起点之上。同时,市场竞争本身具有扩大贫富差距的倾向,因而需要欧盟治理层面不断地进行相关调节以矫正两极分化的趋向,在促进地区均衡发展的同时最大化激发统一大市场的发展活力。为了促进欧洲地区间的均衡发展,欧盟颁布了一系列区域政策。欧盟的区域政策通过对经济落后地区施加援助,促进这些地区的经济结构调整,使它们在经济发展上赶上共同体的一般水平,使它们在竞争中与其他地区处在大致相当的起点上,从而完善内部大市场的建设,实现成员国之间的公平发展,加强地区间的凝聚力和欧盟内部的团结。此外,欧盟如今也对城乡协调发展投入了更多的关注,除了实施保护农产品价格的共同农业政策,欧盟也激发了基于多主体合作的社群机制的活力来强化农村地区的政治"发声"能力,使欧盟与国家层面能多方面捕捉到农村发展的问题。

一、欧盟区域间均衡发展的思路

(一)欧盟地区均衡发展的投资思路

欧洲地区中,发展较为落后的东欧地区正在缩小与其他欧洲地区的发展差距。欧盟委员会地区与城市政策总司所公布的区域竞争力指数(RCI)[①]报告也显示,欠发达地区在 2016 年至 2022 年提高了竞争力。在 2012 年至 2020 年,欧盟内部已经逐步实施了较为成熟的地区投资政策,构建了超国家层面的综合治理结构。自 2007 年起,欧盟每六年便颁布一套凝聚政策,这套政策将确定六年期内的优先事项以及相应的具体目标,并划分好周期内的基金使用比例以及投资重点。凝聚政策是欧盟主要的地区投资政策,凝聚政策针对欧盟所有地区和城市,以支持创造就业机会、提高企业

---

① 该指数于 2010 年推出,每三年发布一次,用以衡量一个地区为企业和居民提供有吸引力的生活和工作环境的能力。

竞争力、促进经济增长、促进可持续发展并提高公民的生活质量。为了实现这些目标并满足欧盟地区多样化的发展需要,欧盟已为 2021—2027 年的凝聚政策执行预留了约 3920 亿欧元[①],致力于资助人均地区生产总值低于各成员国平均水平 75% 的地区、受工业衰退影响严重的地区、低收入的乡村地区、人口密度低于每平方公里 8 人的人烟稀少地区。

欧盟对地区均衡发展的重视还体现在成立专门的地区再开发署和经济开发署等开发机构,从而负责制定开发落后地区所应遵循的基本战略。包括综合战略(通过广泛的财政政策、货币政策等综合措施,使贫困地区的经济发展保持较高的增长速度)、减缓痛苦战略(通过失业津贴、医疗保健方案、公共援助等逐步消除落后贫困地区的贫困)、根治战略(通过地区开发计划、职业训练和教育,增强落后地区的自我发展能力,促进落后地区的发展)。

(二)欧盟地区均衡发展的投资工具

欧洲结构和投资基金(ESIF)正在直接为投资计划和委员会的优先事项做出贡献。具体而言,欧盟促进区域均衡发展的工具之一是通过欧洲结构和投资基金下设的欧洲区域发展基金和凝聚基金等进行直接的财政转移支付。欧洲结构和投资基金主要由欧洲区域发展基金(ERDF)、凝聚基金(CF)、欧洲社会基金(ESF)和青年就业计划(YEI)等组成。不同种类的基金具有不同的投资方向,欧洲区域发展基金旨在通过纠正地区之间的不平衡来加强欧盟的经济和社会凝聚力,其中的关键优先领域是:研究与创新,数字经济,中小企业竞争力,低碳经济。该基金还关注具体的地区特征,会从地理角度让自然条件不佳的地区、最外围地区受益于特殊待遇。凝聚基金主要面向人均国民收入低于欧盟平均水平 90% 的成员国,它旨在缩小经济和社会差距,促进可持续发展,目前的投资目的在于完善跨欧交通网等基础

―――――――――――

① 　数据来源:欧盟委员会 Inforegio 网站。

设施项目的建设与生态环境的保护(其余情况如表 7-1 所示)。

表 7-1　　2014—2020 年区域政策主要基金项目及相关情况

基金项目	基金用途	重点资助对象
欧洲区域发展基金	投资于欧盟所有地区和城市的社会经济发展,重点关注研究与创新、数字经济、中小企业竞争力和低碳经济	欠发达地区、较发达地区与转型地区
凝聚基金	投资于较不繁荣的欧盟国家的生态环境优先事项和跨欧交通网建设	涉及较不发达的 15 个成员国,尤其是最外围地区和人口稀少地区
欧洲社会基金	以人为投资对象,重点用于支持就业创业、改善教育等,从而创造一个公平和包容的社会	欠发达地区、较发达地区与转型地区的弱势群体、就业与教育
青年就业计划	帮助应对成员国青年失业率居高不下的问题	未就业、未接受教育或培训的青年

资料来源:欧盟委员会网站。

注:欧洲区域发展基金、凝聚基金和欧洲社会基金较为稳定,青年就业计划是特殊时期的特殊产物,其他政策周期可能会出现不同的投资基金项目组合。凝聚基金重点资助对象中较不发达的 15 个成员国分别为保加利亚、克罗地亚、塞浦路斯、捷克、爱沙尼亚、希腊、匈牙利、拉脱维亚、立陶宛、马耳他、波兰、葡萄牙、罗马尼亚、斯洛伐克和斯洛文尼亚。

欧盟根据既定的国家分配配额标准与投资领域重要性对结构和投资基金进行转移分配。欧盟将成员国区分为较发达地区、转型地区与欠发达地区。欧盟规定,对于处在不同发展阶段的成员国,应该按各自特定的比例与范围将欧盟投资基金投入相应的政策目标领域。[①] 在每个政策周期内,欧盟都会针对不同发展阶段的地区划定相应的共同融资上限,如在 2014—2020 年政策周期内,针对欠发达地区所划定的最高共同融资率为 80% 或 85%,转型地区的最高共同融资率为 60%,较发达地区的相应比例为 50%。对于每项投资基金,其也有重点的优先投资事项,这要求每个成员国要按照特定的比例将相应的资金投入相应重要程度的政策目标领域。在一个凝聚政策周期内,具体的基金分配情况可参考图 7-3。

---

① 具体的标准详情可参见欧盟第 1301/2013 号条例。

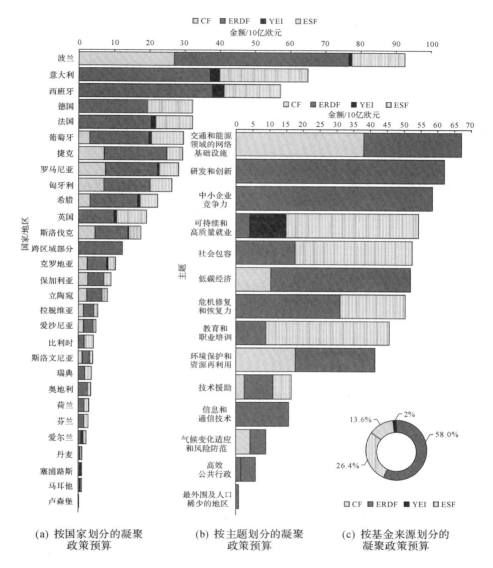

(a) 按国家划分的凝聚　　　(b) 按主题划分的凝聚　　　(c) 按基金来源划分的
　　政策预算　　　　　　　　政策预算　　　　　　　　凝聚政策预算

图 7-3　2014—2020 年欧洲结构和投资基金预算的国家、投资领域与数量结构分布

资料来源：三张图片均源自欧盟委员会凝聚开放数据平台，现合并为一张。

（三）促进欧盟区域均衡发展的金融手段

在推动欧盟地区均衡发展的过程中，欧盟所采取的金融手段主要是利用欧洲投资银行提供政策性贷款，支持相对落后地区的发展。欧洲投资银行是根据 1957 年《罗马条约》,由当时欧共体成员国合资兴办的金融机构,其宗旨是通过提供或担保中长期信贷来促进成员国的经济和社会协调发展,为欧洲经济一体化提供资金支持。自创立以来,其重点向相对落后的成员国、地区和欧盟候选国提供贷款。欧洲投资银行以服务欧盟政策目标为使命,提供政策性贷款。欧洲投资银行在运行的过程中与结构基金措施相配合,相关的贷款基金的投资方向需要与结构基金和聚合基金申请的条件相符,从而在履行任务时与结构基金和其他共同体融资工具援助相配合,以便于资助涉及落后地区和衰落工业区的投资计划。

(四)成员国区域均衡发展的政策指导

欧盟成员国众多,投资基金的汲取能力较为有限,直接转移支付力度也相对有限。但是欧盟有较强的促进区域均衡发展的动机,因而欧盟将尽可能地在职能范围内提供辅助行动。如欧盟委员会内部还成立了地区与城市政策总司,内部有来自各成员国的约 700 名了解欧盟与成员国各方面挑战的专业人士。这一团队致力于成为欧盟委员会内部的知识库,通过区域数据和相关情报为各方提供决策信息。

二、农村地区"发声"能力的强化

欧盟农村地区占欧盟领土的比例为 83%,欧盟农村地区拥有 1.37 亿人口,占欧盟总人口的比例为 30.6%,老龄化较为严重,农村和偏远地区 50 岁以下年龄组在欧盟人口中所占比例最低;农村地区比城市地区面临更高的贫困和社会排斥风险,所能获取的基础设施服务水平也远低于城市地区。从 2018 年的数据来看,农村地区的人均 GDP 仅为欧盟平均水平的四分之三。从所能获取的部分数据可知,欧盟的城市地区与农村地区也存在较大的发展差距。为确保农村地区继续发挥相应的重要作用,欧盟委员会为欧盟农村地区制定了 2040 年长期发展愿景。它确定了建成更强大、互联、有弹性和繁荣的农村地区和社区的行动领域,并推出了欧盟农村行动计划和农村契约两项致力于实现目标愿景的新工具。同时欧盟委员会设立的农村观察站将支持知识生产，以最适当的区域颗粒度提供与农村地区经济、社会和环境相关的统计数据和分析指标，从而为社群机制的运行提供重要的信息互动渠道。

（一）共同的欧盟农村愿景（rural vision）与农村行动计划（rural action plan）

农村社区、农民和企业的观点对于塑造农村地区未来的全面愿景至关重要。从一开始，欧盟委员会就与欧洲农村发展网络（ENRD）、国家农村网络和支持单位以及利益相关者组织合作，为与农村利益相关者分享观点和信息提供机会，并为欧盟农村地区的未来绘制愿景。为此，委员会还进行了公开的群众咨询，让公民社会和利益攸关方分享他们对欧盟农村地区长期愿景的看法、经验和期望。在绘制长期农村愿景时，委员会通过公众协商和利益攸关方主导的活动收集了农村社区和企业的意见。通过这一合作进程，委员会绘制了一个广泛的愿景，制订了一个全面的农村行动计划，以帮助农村社区和企业在未来几十年充分发挥其潜力。目标共由四个互补的行动领域构成：一是做强农村，赋权社区、优化服务获取与促进社会创新；使女性和男性都能够积极参与政策决策过程，并充分利用数字化工具。二是连接农村，进一步密切农村与城市及城郊的良好联系，维护与改善公共交通服务，深化数字基础设施建设。三是打造弹性农村，关注环境弹性、气候行动与社会凝聚，自然资源的保护、景观（包括文化景观）的恢复、农业活动和供应链的绿化等使农村地区更具复原力的领域。四是繁荣农村，通过促进经济活动多样化并提高农业、农业食品、林业和其他生物经济活动的附加值来促进农村地区经济繁荣发展。

欧盟的农村行动计划将把不同的欧盟政策领域结合起来，将愿景变成现实。具体而言，拟通过以下四个行动领域开展计划：一是创建创新生态系统。搭建乡村振兴平台，促进农村社区的研究和创新。二是促进可持续的交通联系和数字化。打造可持续、多样化的出行模式，为农村地区确立最佳实践，促进农村地区的数字化。三是提高环境、气候和社会复原力。支持农村进行能源转型以应对气候变化，通过碳素栽植在泥炭地开展气候行动，拟议关于土壤健康和食品的欧盟任务，提高农村地区的社会复原力，促进妇女发展。四是支持经济多样化。培育农村地区的企业家精神。

（二）声量的强化方式——农村契约（rural pact）

农村契约是欧盟、国家、区域、地方各级当局和利益相关者之间合作的框架。它通过促进公共当局、社会、企业、学术界和公民之间在农村事务上的互动，助力实现欧盟农村地区长期愿景的共同目标。该契约于 2021 年 12 月启动，由地区委员会、欧洲经济和社会委员会、欧洲农村议会以及共同农业政策和凝聚政策下的相关网络共同制定农村契约提案，最终提案在 2022 年 6 月 15 日至 16 日的农村契约会议上获得通过，于 2023 年初制定并推出实施要素。

农村契约的参与者由公共当局、民间社会组织、企业、公民、学术研究机构与创新组织等组成，致力于放大农村的"声音"并将其提上政治议程，构建社会网络，促进协作和相互学习，鼓励和监督为实现愿景而采取行动的自愿承诺。2023 年起，欧盟委员会资助的农村契约支持办公室致力于：（1）协调和促进社区成员之间的交流，并激励成员做出行动的承诺；（2）确定并推广可以激励农村地区行动的良好做法；（3）组织能力建设和同行学习的网络研讨会，以及高级别政策活动；（4）支持农村契约协调小组的会议；（5）通过网站、社交媒体、每月通讯和年度杂志在社区内传播情况信息。

（三）农村数据门户——农村观察站（rural observatory）

欧盟的农村社群治理机制涉及的行动者领域众多，这需要确保各数据源之间有完善的连接桥梁，农村观察站便是一个供各参与主体交流与学习的虚拟空间。观察站提供了决策所需的关键数据与信息，在关键数据指标方面,观察站围绕人口、经济发展、就业状况、旅游发展、教育、基础设施和可及性、居住条件与社会包容、环境与气候、医疗卫生等九项指标比较农村地区与城市地区之间的情况差异。为了便于整体掌握相关指标的地理分布,观察站也提供所有欧盟国家的自然与社会地理信息概况与统计数据,并能够实现和其他地域就前述的部分指标进行可视化比较。[①] 不仅如此,还可以选择特定的指标,再以特定的区域颗粒度呈现该指标的地区差异。如选择医疗卫生这一指标,观察站将以地图信息的形式呈现医疗机构平均距离的分布差异,并附上关键的解读信息,例如,欧盟整体到达医疗服务机构的平均出行距离为 7.7 公里,在农村地区则增加到 14.4 公里[②],而这一平均距离在城市为 2.4 公里,在城郊为 6.8 公里。

第三节　欧盟公民的充分自由流动

欧洲主要通过相对易于制定与执行的规制性政策促进统一市场内部的商品、服务与资本三大要素的自由流动,现如今已经消除了大部分的流通障碍,人员的自由流动则需在某些情境下辅以非规制类型的社会政策来促进。在欧盟初步建成内部统一大市场之后,打造经济货币联盟被提上了日程。容克委员会[③]注重经济货币联盟的社会维度,自 2015 年紧缩政策日渐宽松之后,欧盟委员会便突出了就业和社会维度在欧盟政策中的地位,并视劳动力自由流动为解决就业危机的一种方式。如今,欧盟公民的流动性日趋上升,居住在另一个欧盟成员国的欧盟公民数量呈上升趋势,且在 2019 年时已经达到 1301 万人。其中,居住在其他成员国的罗马尼亚公民已经多达300 多万人,居住在其他成员国的波兰公民已经多达 150 多万人。这些数据为欧盟所取得的重大成就——实现欧盟公民自由地在其他成员国就业、学

[①] 欧盟有专门的地理信息部门 EC-GISCO,相关的地理信息图片均源自该部门。

[②] 其中,观察站所提供的社会地理信息显示出农村地区内部的差异也很显著:靠近城市的农村地区的居民平均要出行 13.1 公里才能到达医疗机构,而偏远农村地区的居民平均要出行 22.1 公里。

[③] 容克为欧盟委员会前主席让-克洛德·容克。

习与定居——提供了佐证。由于阻碍人员自由流动的有形地理国界线可以明确随《申根协定》的签署而消除，因此接下来将详细探讨欧盟公民流动的无形障碍的消除或模糊方式。

一、国籍身份与社会权利脱钩

在欧盟公民身份推出之前，欧盟各成员国公民只拥有"共同市场公民"身份，是否实际拥有跨境流动权利取决于相应公民是否具备良好的劳动力商品化能力。因此此时的欧盟各国公民虽拥有了跨越各国边境的自由，但并未被授予无条件的居留权，合法的居留权本质上取决于经济上的自给自足（Seubert，2020）。因此，初期的自由流动权利主要表现为在整个联盟内从事经济活动、寻找工作或经营企业的权利。自1992年《马斯特里赫特条约》引入欧盟公民身份后，欧洲法院（ECJ）的司法行动使联盟公民的概念不断扩展，使联盟的共同身份从最初与市场相关演变为与市场活动没有直接联系的权利的理解。欧洲法院的判例逐渐增加了欧盟公民在国外申请社会福利的机会，同时缩小了成员国监管和限制获得国家福利的范围（Blauberger and Schmidt，2014）。因而，与欧盟公民身份相关的权利已经逐渐扩展到了非经济活动人士，如求职者、学生与养老金领取者身上。此时，欧盟各成员国调和了福利国家边界的"开放"和"关闭"的逻辑，实现了所有成员国公民自由流动和排他性福利国家之间的共存。这样的共存状态意味着民族国家成员资格身份已经不足以构成一个严格限制"进入"与"退出"的福利边界。

欧盟公民权在《欧洲联盟运作条约》（第18条）和《基本权利宪章》（第五章）中都有明确规定，欧盟公民有权在欧盟成员国生活和流动，且不因国籍受到歧视。任何欧盟公民都可以自由流入任何成员国，如果在一个成员国定居五年以上，则可自动获得永久居留权。拥有永久居留权意味着本质上拥有了居住成员国的国民身份，并且可在该成员国拥有范围不受限的社会权利，比如非缴费型的现金福利。在获得永久居留权之前，虽然所能平等共享的社会权利的范畴存在一定的限制，但最为主要的一些社会保障项目的协调充分调动了欧盟公民的自由流动。欧盟公民前往他国就业的权利和自由主要由欧洲议会和理事会所颁布的关于社会保障体系协调的 Regulation(EC) No 883/2004[以下简称 Regulation(EC) No 883/2004]来保障，这部条例确立了欧盟公民身份和福利国家社会权利的伴随方式。流动的欧盟公民的社会保障覆盖国家将取决于其工作情况[①]与居住情况（与国籍无关）。由于不同的工作情况需要做出不同的居住安排，因而当欧盟公民在其他成员国工作或生活时，提供社会保障的责任将视情况由母国或居住国承担。

在前往他国就业与自营职业、临时派驻国外与跨境通勤等工作情况中，作为欧盟的移民工人，如就业或自营职业者应在工作国的社会保障系统中注册，工人本身及其受抚养人将受到该国社会保障制度的保护，相关福利的标准将由该地的法律规定。部分福利的享受可能存在一定的资格期，欧盟协调资格期的方式在于考虑流动公民的所有工作时间及在其他欧盟成员国的缴费情况，就像是该公民一直被该国覆盖一样。[②] 临时派驻前往他国的劳工及其家人，将仍受到本国也即劳动关系所在国的社会保护，为了将相应的社会保障权利携带至他国，将有相应的资格证明文件确保权利的延续性。跨境通勤的工作者将向工作所在国缴纳社会保险金，并由工作国提供部分社会保障，但在居住国获得医疗保障，在失业时也向居住地申请相关福利。

二、社会保障制度实现跨国合作与协调

促进欧盟境内人口充分流动的前提是能对一些民生事项给予充分的保障。在国际身份与社会权利脱钩的情况下，为了通过促进人口的自由流动以实现人力资源的最优化配置，从而完善欧洲的统一大市场，欧盟针对不同的移民类型与移民目的制定了相关的情况管理说明。欧盟具体针对长期与临时的移民类型，在国外生活和工作、派驻国外执行短期任务、公务员借调

---

①　比较常见的工作情况包括就业、自营职业、失业、派驻国外等。

②　如：来自波兰的某人在波兰工作了 6 年，后搬到德国，并已在德国工作 2 年，后遭遇车祸，无法行走，所以向波兰和德国都申请了残疾养老金（invalidity pension）。其实际上有权获得德国和波兰两个国家的残疾养老金，每个国家都需按其在国内工作的年份按比例支付一份抚恤金。

出国、跨境通勤、在多个国家工作与找工作等不同移民目的规定了一些主要的民生保障事项。本部分将在探讨共同协调工具的基础上再展开探讨一个关键民生领域的跨国协调与合作方式。

（一）社会保障制度的跨国协调工具

为了适应人口的流动性,欧盟社会保障体系的灵活性不断提高。欧盟层面的社会保障政策不同于民族福利国家体系内部的政策内容,欧盟所规定的社保政策多指明了不同的人口流动方式分别适用于相应的福利获取方式,规定延续与携带福利所必需的标准化工具[①],并为其中相关的信息流通搭建便利高效的数字化运行平台。现如今,欧盟已经为在国外生活和工作、派驻国外执行短期任务、公务员借调出国、跨境通勤、在多个国家工作等人口流动情况规定好了欧盟层面的福利获取方式。Regulation（EC）No 883/2004 规定了成员国间社会保障制度的协调方式,如社会保障福利的水平取决于缴纳保障费用的时间长短,其中缴纳的时间可以跨地区累计,在衡量是否有权利获得某国的社会保障福利时,应考虑各地区间累计得来的缴费年份等规则。

欧盟已开发或拟将开发出致力于促进各国社会保障制度进行跨国协调的数字化工具——社会保障信息电子交换系统（the Electronic Exchange of Social Security Information,EESSI）与欧洲社会保障通行证（the European Social Security Pass,ESSPASS)[②]。社会保障信息电子交换系统搭建了欧盟各成员国社会保障机构间安全且高效的信息交换系统,帮助欧盟各成员国间更快、更安全、更准确地互换实现各项社会保障项目协调所需的必要信息。2021 年 3 月,欧盟在《欧洲社会权利支柱行动计划》中宣布启动了与意

---

① 此处的标准化工具一般指社会保障权利的证明或转移文件材料,如证明医疗保障权利的欧洲医疗保险卡（EHIC)。

② EESSI 是由 IT 技术打造的欧盟层面的管理信息系统,主要用于成员国社会保障机构之间的信息交换;ESSPASS 是第一个支持跨境服务的欧盟区块链基础设施,公民可以通过这一平台管理自己的身份权利、教育证书和注册文书等。

大利社会保障和养老金机构（Istituto Nazionale della Previdenza Sociale，INPS）合作试点的项目——欧洲社会保障通行证。欧洲社会保障通行证将通过主管行为者和机构对公民的社会保障覆盖情况和权利进行数字化验证，以改进社会保障覆盖范围的跨境验证和帮助解决流动公民的身份识别问题，减少错误，降低欺诈风险，减轻公民和国家机关的行政负担，从而帮助提高社会保障权利的跨境流动性与可移植性。图 7-4 展示了欧盟实现数字化社会保障跨国协调的过程。

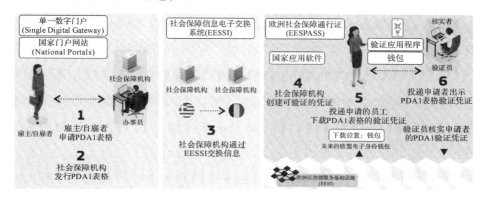

图 7-4　欧盟社会保障关系的数字化协调与运行程序

图片来源：欧盟委员会就业、社会事务和包容总司。

注：PDA1 的全称是 Portable Document A1，A1 是由各成员国签发的标准表格。

（二）随迁子女教育

关于欧盟公民及其家庭成员在成员国境内自由迁徙和居住的《EC2004/38 号指令》的第 24 条提出，居住在其他成员国境内的欧盟公民享有与该国国民平等的待遇。因此在欧盟其他国家工作的欧盟公民的随迁子女[①]，无论国籍，都有权在该国接受与本国国民相同的教育，同样获得学习补助金，以及获得成为学徒与参加职业培训的机会。此外，不熟悉新语言的随迁子女将有权被分到与其年龄组相同的班级，并有权在父母工作的国家接受免费

[①]　本书中所探讨的随迁子女是指流动的欧盟公民的家庭成员中 21 岁以下的直系后裔。

的语言教育以帮助适应新的学校教育系统,而无须被送往学费昂贵的国际学校接受教育。对于中等教育的申请,不同的国家或地区将对教育记录证明材料提出不同的要求,一般对所有成绩单或成绩单复印件、教师和校长的推荐信、当前教科书和课程大纲的列表等材料提出要求。

(三)医疗保障

欧盟的相关立法——Regulation(EC) No 883/2004 与欧洲议会和理事会颁布的关于患者权利在跨境医疗中的运用的指令 Directive 2011/24/EU——促进和实现了境内流动人口的医疗保障的可获得性,这涉及不同医疗体系之间的协调性问题。欧盟跨国家医疗保障关系如今实现了顺利的转移接续,不管是计划就医的情况还是非计划就医的情况,欧盟都畅通了寻求服务与获得费用报销的通道。在计划外医疗的情况下,任何欧盟公民在另一个国家临时逗留期间意外生病,都拥有与其所在国家投保人相同的医疗保障权利。欧洲医疗保险卡(EHIC)由成员国相关的医疗保险经办机构发放,用于证明持有者在欧盟国家拥有保险,并通过此卡直接支付相关的医疗费用(主要用于公立医疗服务机构的管理和报销,私人医疗保健无法通过欧洲医疗保险卡来直接报销)。关于费用的报销,要么获得全额治疗费用的报销,要么根据接受治疗的国家的支付规则进行支付,要么根据母国保险公司的相关规则进行支付。支撑这一体系运作的信息可通过国家联络点来进行传递。在计划医疗的情况下,根据欧盟法律,在某些情况下,欧盟公民有权在其他欧盟国家安排医疗,例如咨询专家、手术或特定疾病的治疗。但每个成员国的计划医疗都划定了相关的权利范围以及需要遵循的程序。如在出国就医之前需确定所需的医疗项目是否被保险覆盖、是否需要获得事先授权(prior authorization)以及寻找合适的医疗服务机构。这些规则在必要方面提高了自由流动原则的有效性,同时也保证了计划医疗行为不会给原成员国医疗卫生体系带来过重的额外负担。在这些目标体系内,在欧盟整体水平上,个人的医疗卫生支出仅占家庭总支出的 3.3%,这极大地趋近了个人财务可负担的目标,同时,水平适中的国家卫生总支出也显示如今欧盟成员国的整体支出尚处于国家财力可负担的水平。不仅如此,欧盟层面的医疗联盟正在形成,这将是培养欧洲认同感的重要手段(Vollaard et al.,2016)。

(四)养老保障

Regulation(EC) No 883/2004 规定了欧盟境内流动公民的养老权益的保障方式:欧盟养老保险国别转接关系的协调遵循单一国原则、国民待遇原则、累积原则、可输出原则和按比例分配原则。其中,单一国原则是指跨国转移就业的劳动力只适用于一个成员国的社会保障制度体系,国民待遇原则是指流动到东道国的移民群体可按规则享有形同本国国民标准的待遇,累积原则是指居住期、工作期与保险投保缴费年限可跨国累积,可输出原则指欧盟公民已经取得的社会福利或将来有权享受的社会福利可随其流出携带,按比例分配原则指保障待遇将根据保费成本按比例分配(牛航宇,2009)。因此任何境内流动劳工的养老保障福利水平并不因参保地的繁多而受损。前述是与欧盟境内移民养老保障福利相关的政策内容,政策执行中的工具则可参考前文所提及的社会保障通行证与社会保障信息电子交换系统。基于个人的相关电子参保信息,相关的经办管理部门将能据此计算出申请公民的养老金金额。

(五)失业保障

在欧盟内部,失业保障的提供者视失业者的居住情况而定。当居住地与工作地一致时,失业者可直接前往工作所在地国家的就业服务处注册并申请领取失业救济金。对于欧盟内部大量居住国和工作国不一致的"边境工人"(frontier workers),若每天或每周一次往返于工作地与居住地,则失业者的相关失业福利由居住国来支付,即使这些工人已经在工作国的就业服务处注册。对于季节性工人(seasonal workers)来说,由于往返于居住地与工作地的频率低于每周一次，因此相关的失业福利由工作所在地国家提供。

（六）社会救助

不同于前述部分的社会保障项目，流动的非国民获得非缴费型现金福利的难度要远远大于获得缴费型实物福利或现金福利的难度，让他国公民领取非缴费型现金福利一直存在争议（Miles and Thränhardt，1995）。欧盟目前没有能力直接为困难群体提供社会救助，但如今正在动员建立各种资助工具（如欧洲社会基金、欧洲援助最贫困者基金）。[①] 欧盟委员会很早便将预防贫困和社会排斥列为优先的行动事项，并与成员国密切合作监测这一领域的情况。如 2017 年欧盟所启动的《欧洲社会权利支柱》便将无家可归者的住房权与援助权纳入 20 项关键原则之中。具体而言，第 14 项原则规定每个缺乏足够资源和服务的人都有权获得适当的最低收入，第 19 项原则具体提到向无家可归者提供服务以促进对这部分群体的社会包容。欧洲社会政策网络（ESPN）最近发布的报告《与欧洲的无家可归者和住房排斥做斗争》也发出了建议各国确保为解决无家可归问题提供足够的资金并为无家可归者提供可持续的住房解决方案的号召，并在 2021 年第二季度启动了一个解决无家可归问题的欧洲平台，以支持成员国、城市和服务提供商分享最佳实践并确定有效和创新的方法。

三、共同完善与维护劳动力市场与工作条件

欧盟致力于打造世界上最好的工作条件。欧盟法律对工作条件、工作时间、工作中的健康和安全，以及无论性别、民族或种族出身、身体状况、年龄和性取向的人的平等待遇设定了最低要求。同时也保证流动工人与国民在就业、工作条件、所有其他社会和税收优惠方面享有同等待遇。人员自由

---

① 源自欧盟委员会关于"无家可归者获得社会援助和权利"的同行评议综合报告（Peer Review on "Access to social assistance and rights for homeless people" Synthesis report）。

流动是欧盟的一项基本原则,如今已有1700万名欧盟公民在国外生活与工作。欧盟公民被赋予了相关的就业权利:可自由在另一个成员国寻找工作,前往他国工作无需工作许可证、可以以定居为目的,以及在获得就业、工作条件、所有其他社会和税收优惠方面享有与公民平等的待遇。在寻找就业机会方面,欧盟的欧洲就业服务部门(EURES)为欧盟公民提供了就业机会、生活和工作条件等方面的信息服务。[①] 同时,欧盟公民被赋予权利,从国家就业办公室获得与东道国国民相同的援助,并有权在东道国停留足够长的择业时间,同时与客居国公民享有相同的工作要求与招聘标准。在就业的过程中,有权享受与本国国民相同的社会与税收优惠以及社会保障待遇或是社会保障权利的跨境保障。

欧盟内部流动的居民不仅有成员国公民,也包括一定比例的第三国公民。对于欧盟外的劳工移民的就业问题,欧盟正在制定一系列相互关联的措施,旨在制定灵活的准入制度以响应每个欧盟成员国家的优先事项,同时使移民工人能够充分利用他们的技能。这些措施涵盖某些类别移民的入境和居留条件,例如高素质工人(欧盟"蓝卡")[②]、季节性工人(季节性工人指令)和企业内部调动人员(公司内部转移指令),以及将居留和工作许可合并为"单一许可证"(单一许可证指令)。"蓝卡"计划给予了技术移民许多优惠条件,如可以优先获得家庭团聚签证;在工作满一定期限之后,可选择到另外一个欧盟国家工作;能够享受与"蓝卡"签发国公民同等的社会保障和劳动条件等。这项制度将帮助成员国留住那些选择欧洲作为就业目的地的人才,使欧洲劳动力市场更具弹性,在需要时填补劳动力缺口,刺激经济增长,提高生产率。[③] 对于失业的情况,如果符合主管成员国立法规定的领取福利

---

① EURES网络由每个欧盟国家的协调办公室和指定的公共就业服务组成,目前由欧洲劳工局管理,主要的目标在于:(1)提高与工作机会、跨境生活和工作条件相关信息的透明度;(2)为跨境工作安置与招聘提供帮助;(3)促进成员组织与利益相关者之间的合作。

② 欧盟于2007年出台了一种签证与居留许可制度——欧盟"蓝卡"。"蓝卡"是欧盟为了和美国、澳大利亚等国竞争全世界海外人才而推进的技术移民政策,旨在吸引全球范围的技术移民来欧盟工作,以弥补较大的高技术人才缺口。

③ 资料来源:"欧盟观察"网站(EU observer)。

的资格条件，则无论是继续在本国寻找工作还是前往另一个成员国寻找工作，其领取现金失业救济金的权利都将被保留。

第四节　"社会欧洲"身份共识的凝聚

一、打造多层级与共建共治的社会治理模式

欧盟如今的经济与社会发展成就不仅得益于部分成员国的发展底蕴，也得益于欧盟所采用的有效的跨国协调与治理方式。透过不同的视角可以从欧盟的治理举措中总结出不同的治理模式，其中一种代表了基本特征的模式是"多层级治理"（Hooghe and Marks，2001；Liesbet and Gary，2003）。多层级治理是一种政府权威同时向超国家层面、次国家层面以及公共私人网络分散、转移与共享的治理形式，强调不同层级之间的权力分散与共享而不是权力集中，同时不同行为体之间没有严格的官僚等级之分，超国家机构并不凌驾于成员国之上，成员国与次国家政府对超国家机构也不存在隶属关系，总结而言是一种层级之间相互依赖与共生的关系，如欧盟的区域政策便充分应用了这一治理模式（臧术美，2020）。

另一种特征较为鲜明的治理模式是"开放协调机制"（open method of coordination，OMC）（Radaelli，2003）。这一模式与我国所追求和打造的共建共治共享的社会治理格局存在相似性。其自 2000 年作为新型治理模式被引入欧盟社会政策领域后，便为欧盟社会政策的跨国协调注入了新的活力。这一治理模式是将各级主体皆囊括进一系列的行动过程之中，其中包含共同参与制定指导方针、设置比较基准、确立具体目标、制定行动方案、进行定期评估和同行评审、确立最佳实践以及传播最佳实践这些步骤（Barcevicius et al.，2014）。欧盟的运作涉及纷繁复杂的利益群体，因而要实现共同利益的最大化以及就某一议题达成一致意见非常困难。开放协调机制的特别之处在于将相关的行为者都纳入决策程序之中，包括欧盟层面

的理事会与委员会等、成员国不同级别政府的参与者、成员国的社会力量，甚至包括社会伙伴在内的相关行动者。基于这些异曲同工的社会治理模式，欧盟团结了各方行为主体，同时也更大限度地激活了社会各界的治理能力。这种工具通过规范议事规则，平衡社会利益，增进社会认同，提高决策水平，特别适用于分歧巨大且缺乏治理资源的情况（周弘，2015）。这两种超国家场域内的政治构架，综合学术界各方的观点，具有四个较为明显的特征：一是在多层治理这一政治构架下，政治活动在几个层面上进行，即国家层面、超国家层面、次国家层面；二是在多层治理这一政治构架下，有多种行为体共同参与；三是多种行为体之间的关系是非等级的；四是人们对共同目标的向往和对共同利益的追求，使各层级的治理活动有机连接起来，使各行为体的活动转变为协调的行动，并推动政治治理的构架不断走向完善，而这正是治理的本质之一（朱贵昌，2009）。这些特征也折射出了较为浓重的"共同"的色彩。

二、建构多元化公民身份体系

1991 年，《马斯特里赫特条约》提出了欧盟公民身份的概念，《欧洲联盟运作条约》第 20 条第一款提出："欧盟的公民身份以此确认。每一个欧盟成员国的公民即为欧盟公民。欧盟公民身份不取代原来公民身份而作为独立补充存在。"创建欧盟公民身份是欧洲各方面建设项目的重要因素，服务于欧盟内部市场的建立是欧盟公民身份的起点，发展的总体趋势体现为从规范成员国的经济行为扩展到规范拥有各自福利国家公民身份的公民的权利的范畴，也即从关注跨境经济流动升级到保护公民个体的重要权益。欧盟由此出现了"个体—州—国家—欧盟—世界"的公民身份层级划分（希特，2007）。

Marshall（1950）提出的公民身份是一个定义在福利国家边界内的身份概念，福利国家边界内的社会成员因公民身份而被赋予了公民、政治和社会三个维度内的权利束，而国家公民身份是欧盟公民身份的构成要素，欧盟公民身份是对国家公民身份的附加和补充。因此欧盟公民身份和基本权利之间存在着密切的联系，然而欧盟公民身份毕竟不同于国家范畴内与生俱来的公民身份，它是一种衍生而来的身份特征。基于这些身份属性的区分，欧盟公民身份不应被理解为要求所有欧盟公民通过欧盟享有一套详细的平等权利，而应理解为这一身份可以让身份持有者在他们未拥有国籍的成员国享受正式成员的资格，欧盟公民自由迁徙和不受歧视地以非本国国民的身份享受民族国家国界内的公民身份及其对应的权利体系。欧盟公民身份虽未直接给欧盟公民带来额外的实质性权利，但给欧盟公民带来了自由迁徙与不受歧视的权利。这种自由迁徙与不受歧视具体表现为欧盟公民均可在申根区内自由通行，在进入非申根欧盟成员国时只需出示护照或身份证以示身份；同时随身携带自己由履行义务所换取的各项权益。

因而公民身份的这一层外延给公民参与和从属意识带来了正向牵引，而从属意识是一个与归属感及社会凝聚力相关的概念。欧盟公民身份的引入直接或间接地增强了整个欧盟的集体认同感，培育了欧盟公民对欧盟身份的认同感。同时，这一身份体系允许成员国国民在另一个成员国居住并主张权利，有时候用来保护弱者和不太富裕的人，以及通过附属层面来加强社会的凝聚力和促进社会团结，也促进了欧洲社会的社会包容。

三、渐进统一社会政策标准

欧盟各项社会政策的内容与标准都直接或间接地影响了欧盟内部各企业的用工成本，各企业的市场竞争力也因此受到社会成本的约束。为了最大化消除社会倾销给市场竞争带来的威胁，促进欧盟各成员国国内社会政策标准的趋同成为优化欧盟内部统一市场竞争环境的刚需。此外，社会政策的直接政策目的是保障欧盟公民的各项社会权益，从而使欧盟公民身份的背后尽可能承载着趋近的福利保障体系，以缩小"福利洼地"与"福利高地"之间的权利差距，打造对欧盟公民身份的认同，从而促进欧盟的社会整合。为此，欧盟在社会政策领域展开了一系列的标准化工程。

欧盟的社会保护委员会以社会整合领域的开放协调法作为主要的政策行动框架，旨在满足欧盟在社会政策领域的建设目标。现如今，其涵盖社会保护和社会包容、养老保障、医疗保障与长期护理等社会政策领域，确立了社会保护绩效、健康评估框架、工作与生活平衡指标框架、最低收入基准、养老金充足率基准、儿童保育和支持基准等领域的开放协调路径。在这些领域确立标准将使国与国之间的差别更易于捕捉。开放式协调这类方式的效果虽难以立竿见影，且难以评估绩效，但是往往因为不挑战成员国原有的政治和行政基础而容易被接受，为共同价值取向和行为方式的认同创造了条件。久而久之，成员国的社会目标和社会指标规划权以及社会标准制定权就开始了向欧盟转移的过程（周弘，2015）。我国目前社会保障的行政与财务都没有统一，各个社会保障行政体之间存在着较大的差异，这些差异难以通过一道行政命令或一项社会立法来消除。对此，共同社会目标，尤其是软性规则的建立将有助于推动不同地区之间的经验学习，减少地区间的差异，从而逐步在全国范围内产生趋同的观念、标准和实践（周弘，2003）。

四、扩散先进社会建设理念

（一）性别平等与性别政策主流化①

实现性别平等是欧盟极其重要且主流化的政策议程，欧盟主要致力于促进男女经济独立地位的平等，缩小性别收入差距，促进决策中的性别平衡以及消除基于性别的暴力行为等。欧盟所采取的主要政策抓手是制定以五年为周期的性别平等战略，这一战略提供了相应战略周期内的工作框架，并在工作开展的过程中采用追求性别视角主流化与有针对性的行动相结合的双重方法。如 2020 年 3 月欧盟委员会公布的《性别平等战略 2020—2025》所追求的关键目标在于：消除性别暴力；挑战性别陈规定型观念；缩小劳动

---

① 性别政策主流化是指将性别平等观念纳入所有欧盟政策以及欧盟的资助计划。

力市场的性别差距;缩小性别间的薪酬与养老金差距;实现决策制定与政治活动中的性别平衡;实现不同经济部门的平等参与以及减少照护责任的性别承担差异。基于欧盟委员会所做出的性别政策主流化的承诺,欧盟并没有设定专门的致力于消除性别歧视的欧盟组织机构,而是将其搬上了所有可能相关的部门的政策议程。此外,许多组织和专家组也在整个欧盟层面做出共同的努力,通过提出倡议和交流想法与做法来消除性别歧视。[①]

在女性的工作与生活平衡目标模块,欧盟采取了立法行动和非立法行动。其中的立法行动在于欧盟在超国家层面设定了产假、陪产假、育儿假、看护假与灵活工作安排方面的最低要求。(1)产假:妇女有权享受至少 14 周的产假,产假至少需要得到相当于国家病假工资水平的补偿;(2)陪产假:在职父亲有权在孩子出生前后享受至少 10 个工作日的陪产假,陪产假的补偿需至少达到全国病假的水平;(3)育儿假:至少为期四个月,且四个月中至少有两个月不可在父母间进行转移;(4)看护假:所有为亲属或同住者提供个人护理或支持的员工每年有权享受至少五个工作日的看护假;(5)灵活的工作安排:所有有小于 8 岁子女的在职父母和照顾者有权要求减少工作时间、灵活的工作时间安排和灵活的工作地点安排。非立法的行动在于监测成员国的立法转换、开展"欧洲学期"以及进行数据收集工作等。如今,虽然有更多的女性参与劳动力市场,但女性工作时间的增加实际上并没有使男女之间更平衡地分担家务和护理工作。对此,欧盟通过了调和护理责任的欧洲护理战略,提出了幼儿教育与看护领域的 2030 年"巴塞罗那目标",致力于呼吁成员国为 45% 的 3 岁以下的儿童及 96% 的 3 岁至入学年龄的儿童提供幼托服务。[②]

在推动实现同工同酬方面,欧盟采取的措施包括宣传成员国的最佳实践,立法并促进其有效实施。在大多数成员国内部,社会对话和集体协议是

---

① 相关的组织有欧洲性别平等研究所、欧洲性别平等专家网络等。
② 其中还涵盖了其他方面的指标:在质量方面,如工作人员与儿童的比例,看护设施的地域分布;在可负担性和可及性方面,注重控制父母的自付费用等。

最重要的工资确定机制,测量工具则是揭示薪酬歧视的重要机制,因此欧盟致力于宣传芬兰通过单独谈判调整薪资表、波兰政府推出用以检测和衡量公司内部薪酬差距的免费应用程序、德国联邦家庭事务部开发了用于识别公司薪酬结构中的性别薪酬差距的薪酬计算方式与审计系统 Logib-D 等类型的成员国最佳实践。欧盟在该领域的立法覆盖面也在逐渐拓宽,如监督关于同工同酬的指令 2006/54/EC 的正确转化和执行,通过关于提高薪酬透明度、加强男女同工同酬原则的建议,以及通过关于公司董事会性别平衡的指令(EU)2022/2381 等。

欧盟在实现决策过程男女平等方面首先采用了以身作则的方式,提出了到 2024 年底,在其各级管理层实现 50% 的性别平衡;同时也致力于鼓励和支持成员国和利益相关者提高相应的认识,多进行政治对话,相互学习和交流良好做法。欧盟在打击性别暴力领域也采取了实际的立法行动。

(二)覆盖全生命周期的教育理念

纵观欧盟在教育与培训领域的政策实践——从幼儿教育到成人教育、从教育培训到就业指导、从正规教育到非正规教育、从传统教育到信息技术教育、从课程建设到教师教育、从欧盟区域内教育改革到区域外交流经验,这些内容框架近乎触及与教育相关的各个领域。纵观所有的行动领域,欧盟的教育辅助政策覆盖了整个生命周期(见表 7-2)。

表 7-2 欧盟全生命周期的教育辅助政策(特殊职业除外)

阶段历程	角色扮演	欧盟的相关量化指标	欧盟的主要辅助措施
幼儿、儿童、青少年阶段(≤18 岁)	学前教育接受者	幼儿的教育参与率不低于 95%;应使在阅读、数学和科学方面技能不足的人数占比小于 15%	致力于使成员国完成欧盟的相关量化与价值目标
	初等与中等教育接受者		致力于使成员国完成相关量化目标且通过"Erasmus＋"等项目为其提供资助

续表

阶段历程	角色扮演	欧盟的相关量化指标	欧盟的主要辅助措施
青年阶段	学生	教育和培训的提前离开率应低于10%	致力于使成员国完成相关量化目标且通过"Erasmus＋"等项目为其提供资助
	从业者		鼓励成员国发展和完善职业教育且通过"Erasmus＋"项目提供教育与资助机会
中年及以后阶段	从业者	应有至少40%的人完成某种形式的高等教育；至少15%的成年人应该参与学习	持续提供职业培训且注重劳动力开发的可持续性
	退休者或其他		鼓励人力资本的继续开发

资料来源：据欧盟委员会网站内容制作。

欧盟既不通过强制性的法规政策来规范教育事业的发展，也不通过大量的直接财政投入来丰富地区的教育资源，但表7-3所展现的欧盟失业率的结构分布状况显示，教育与培训的紧密结合使不同受教育程度下的人口失业率都显著降低。其中失业率的降低可部分归功于欧盟的育人理念：教育不被禁锢在校园范围内，教育的对象不排除非学生群体，教育不局限于知识的灌输，而是注重个体各方面的全面发展：(1)重视不同生命历程阶段的群体的教育，并为其开展不同的学习项目和投资，在欧盟的教育发展理念中，幼儿、儿童、青少年、青年及以上的成人群体都是接受教育的重要群体，从而致力于打造终身学习的局面；(2)针对不同职业领域的劳动力群体开展具有针对性的职业培训，有组织地开展社会学习，以促进职业技能的巩固和更新；(3)注重通过国际化学习来提高个人的语言技能，增强自信心和独立性，以及提供新文化的体验机会。欧盟的社会投资思想最大限度地促进了人力资源的开发与利用。

表 7-3　欧盟 15—74 岁不同受教育程度人口的失业率

单位：%

等级	2011 年	2012 年	2013 年	2014 年	2015 年	2016 年	2017 年	2018 年	2019 年	2020 年
0—2	16.5	18.7	19.9	19.4	18.4	17.2	15.8	14.2	13.3	13.5
3—4	9.0	9.7	10.2	9.7	9.0	8.1	7.2	6.5	5.9	6.4
5—8	5.8	6.5	6.9	6.7	6.2	5.5	4.9	4.5	4.2	4.7

数据来源：Eurostat。ISCED 2011 为国际教育等级划分标准（international standard classification of education），其中等级 0—2 为低于小学、小学和初中教育；等级 3—4 为高中和中学后非高等教育；等级 5—8 为高等教育。

（三）对儿童的投资与发展理念

对于儿童的培育与发展，欧盟在《欧洲社会权利支柱》中提出，打破代际劣势循环始于对儿童的投资。早在 2013 年 2 月，欧盟委员会便通过了"投资于儿童：打破劣势循环"的建议（2013/112/EU），并随后将其纳入社会投资一揽子计划（Social Investment Package）[①]当中。这一建议旨在为成员国提供指导[②]，并由欧洲儿童投资平台（EPIC）[③]这一活动工具推动建议的贯彻执行，由这一平台分享儿童和家庭政策领域的最佳实践并促进该领域的合作与相互学习。

为了在决策过程中听见儿童的"声音"，欧盟通过与公民、利益相关者以及一万多名儿童的磋商，制定了《欧盟儿童权利战略》（EU Strategy on the Rights of the Child）和《欧洲儿童保障》（European Child Guarantee）[④]两项政策。《欧盟儿童权利战略》确立了六个领域的儿童权利，这些权利领域将成

---

①　社会投资一揽子计划呼吁成员国优先考虑社会投资，加快福利国家现代化，旨在为成员国提供指导，以制定更高效的社会政策，其中重点包括反对儿童贫困的建议。

②　目前所提出的应对策略主题在于提供家庭支持与福利、提供优质的儿童保育与幼儿教育，并指出成员国在制定综合战略时应围绕获得充足资源、获得负担得起的优质服务与确保儿童参与权利三大关键支柱来制定。

③　EPIC 政策备忘录和政策简报将为政策制定者和从业者提供关于儿童福祉关键指标的简短、方便的介绍。每年更新发布的 EPIC 国家概况将对每个欧盟成员国与儿童福利相关的一些趋势和政策进行简短的比较概述。

④　该项目是对欧盟儿童权利战略的补充，欧盟理事会于 2021 年 6 月 14 日通过该建议。

为儿童政策设计的新思路与信息来源。2019 年，欧盟委员会主席乌尔苏拉·冯德莱恩在《2019—2024 年政治指导方针》中正式宣布推出欧洲儿童保障项目，以确保欧洲每个面临贫困或社会排斥风险的儿童都能获得医疗保健和受教育等最基本的权利，其中具体包括免费的幼儿托育、免费的教育（包括学校活动参与和每天至少一顿健康餐）、免费的医疗保健以及适足的住房。[①] 项目由成员国提名的儿童保障协调员执行，同时欧盟的行动在于为儿童贫困程度高于欧盟平均水平的成员国分配至少 5％的欧洲社会基金，来帮助解决儿童贫困问题。基金重点用于增加儿童获得充足资源的机会、为儿童提供负担得起的优质服务并承认儿童的参与权；欧洲区域发展基金（ERDF）和欧洲战略投资基金（EFSI）则一起为成员国提供了改善其社会和儿童保育基础设施的机会，如支持提供可获得、负担得起和优质的正规幼托与医疗等服务。

（四）社会伙伴的欧洲社会对话

欧洲社会对话（social dialogue）是指由代表行业双方（雇主和雇员）的组织所进行的讨论、协商、谈判和联合行动。这一对话主要有两种形式，一种是由公共当局参与的三方对话，另一种是欧洲雇主和工会组织之间的双边对话，后者主要出现在跨行业社会对话（cross-industry social dialogue）和部门社会对话（sectoral social dialogue）的过程中。对于跨行业领域的社会对话，社会对话委员会是欧洲层面工会和雇主之间进行社会对话的主要动员与组织机构，其通过每年举行 3—4 次会议来供双方讨论就业和社会等方面的议题，并就双方的谈判结果规划未来的行动措施。欧洲的双边社会对话主要在欧洲工会联合会（European Trade Union Confederation）[②]、欧洲商业

---

① 此时欧盟有近 1800 万名儿童（占欧盟总儿童人口的 22.2％）生活在面临贫困或社会排斥风险的家庭中。

② 欧洲专业和管理人员理事会、欧洲行政人员和管理人员联合会作为欧洲工会联合会的一部分参加对话。该联合会代表欧洲工人整体，致力于用一个"声音"发声，以便在欧盟决策中拥有更强有力的发言权。

联合会（Confederation of European Business）①、SGI 欧洲（SGI Europe）和中小企业联合组织（SEM united）之间进行，每次由 66 名社会伙伴代表组成，其中包括数量相等的雇主和工人代表、欧盟秘书处人员以及双方国家成员组织的代表。部门社会对话则在 43 个模块的行业活动领域内进行，是欧洲一级各部门社会合作伙伴之间的对话。这一类社会对话的进行须由社会伙伴组织联合向欧盟委员会提出申请，代表雇主和工人的欧洲组织在提交此申请时，必须确保组织与特定行业或类别相关，且须由成员国社会伙伴结构中不可分割或公认的一部分所构成，须有谈判能力、成员国代表性和完善的内部组织结构。每次的部门社会对话委员会同样最多由 66 名社会伙伴代表组成，其中雇主代表和工人代表人数相等。这些类型的社会对话的进行得到了欧盟层面的资金支持，欧盟委员会就业、社会事务和包容总司管理的特权预算项目可为欧洲社会对话的开展提供财政支持②，为促进跨行业、部门和公司层面的欧洲社会对话，该总司基于《欧盟运作条约》的第 154—155条，于 2020 年提供了总计约 4390 万欧元的财政支持。

此外，欧盟也促进社会伙伴在欧盟决策层面的参与，在欧盟委员会的工作计划制订过程中收集跨行业社会伙伴的意见。如现阶段欧盟内部雇主和工人正通过社会对话和集体谈判的形式，在欧盟和成员国两个层面致力于改善生活和工作条件，如薪酬、工作小时数、年假、育婴假和培训等；欧盟委员会还将与国际劳工组织（ILO）、经济合作与发展组织及其他机构开展定期的合作，深化促进国际社会对话。

第五节　欧盟跨区域整合经验的提炼与总结

欧盟财富共享程度较高的格局已由其中的入盟规则所部分决定。就欧

---

①　该联合会由雇主组成，致力于改善投资条件与提高企业竞争力。
②　欧盟委员会就业、社会事务和包容总司管理的特权预算项目涉及社会对话、劳动力流动以及对社会状况、人口统计和家庭的分析。

盟的发展经验而言，欧盟在"做大蛋糕"方面能够为我们提供的借鉴在于：欧盟对内部统一大市场的打造实践是成功的，欧盟促进内部市场要素的自由流动，并在促进劳工自由跨境流动的同时打造欧盟层面的劳动保障标准；利用电子化与数字化手段促进经济交往与欧盟治理领域的信息流通；打造与完善灵活、理性且多方参与的治理模式；注重内部劳工移民和带有其他目的的流动人口的民生保障，在没有深度干预权限的社会保障领域搭建共同的协调规则，打造互联互通的社会保障信息交换平台，促使社会权利证明材料的标准化以及保留成员国控制福利支出的权能；促进地区均衡发展，维护内部市场与经济凝聚力，对落后地区、边远地区进行基金投资以及强化农村地区的发声能力；注重增强社会凝聚力，通过丰富治理层级、打造多重身份、趋同政策标准，传播性别平等、终身学习、儿童投资与社会对话的价值与理念，打造欧洲社会。综上，欧盟各项理性的政策与行动使经济、政治与社会都朝着一体化的方向深化。

欧盟如今已经较深入地打造了一个经济政治联盟，并因此初步形成了一个具有凝聚力和流动性的欧洲社会。在治理层面，欧盟不仅组织了传统的行政治理力量，同时也最大化地发动了其他领域的利益群体，如社会伙伴所进行的社会对话形式在决策过程中的参与，以及开放协调过程中的参与群体最大化，这在整个欧盟层面形成了一个共建共治的嵌套性治理局面。在民生保障方面，欧盟公民身份虽然在理论层面上并未被赋予实际的、额外的权利，但这一层身份体系使各福利国家国民的社会权利有了更充足灵活的保障，这一身份体系使社会权利的跨境转移接续和跨境携带成为现实，实现了社会权利与国籍身份的脱钩。与此同时，各国都有相应的措施保障本国的福利支出体系不因公民权利的流动而受到较大的负面冲击。我国也需要提高社会保障系统的灵活适应性，以此来与人口的频繁流动相配套。在打造公民身份体系方面，欧盟采用了渐进统一社会政策标准与促进制度间的跨国可协调的形式来缩小国与国之间的权利差距。这一缩小权利差距的过程将能在某种程度上为我国提高社会保障统筹层次的过程提供借鉴。

第八章 新加坡社会经济发展模式及其特征

第一节 为何是新加坡

在前几章中,我们主要对于德语文化圈国家、法国、日本、北欧、美国、欧盟的经验及教训进行了总结、反思,这些国家或超国家实体体量更大,更具有代表性。虽然相比来说,新加坡国土面积小,但其人均 GDP 高居世界前列,是目前全球最发达的经济体之一。一方面,新加坡与我国有相近的文化传统。另一方面,新加坡的许多好经验、好做法值得我们学习与借鉴。同属制造业发达的经济体,新加坡的制造业是中国曾经模仿和学习的对象,例如中国各地的工业园区模式,最早是借鉴新加坡的裕廊工业园建成,著名的苏州工业园就是裕廊工业园经验移植到国内后的成果;新加坡的公积金制度,也被我国引入并本土化改造为住房公积金制度,希望通过这种强制性缴纳的方法,集合政府、企业和职工三方的力量,解决公众的购房问题。因此,本章选择新加坡作为案例,具有历史和现实双重意义。

新加坡 2022 年全年 GDP 总量为 6435.46 亿新加坡元,按照 2022 年新加坡对美元平均汇率来计算,大约是 4667 亿美元,全年 GDP 同比增长率为 3.8%。[①] 从国土面积算,新加坡面积仅有 735.2 平方公里,约为我国北京市行政辖区总面积的 4.5%,与北京的中心城区面积相近(北京五环内面积约为 667 平方公里)。虽然国土面积小、人口少,但新加坡位于战略发展要地马六甲海峡出入口,得天独厚的区位条件使得新加坡能够高度发展国际贸易、旅游业等产业。经济的飞速发展给新加坡国民带来了良好的物质基础。截至 2022 年 6 月末,新加坡总人口约为 565 万人[②],以此数据计算,2022 年新加坡人均 GDP 约为 8.28 万美元,位居世界第 6 位。[③]

新加坡政府的社会保障政策也颇具特色,不同于福利国家"从摇篮到坟墓"的社会保障体系,新加坡政府在强调政府"兜底性"保障作用的同时,也强调国民的"自保性",即根据个人薪酬、个人贡献进行社会保障。"中央公积金制度"根据个人收入缴纳社会保险,收入高的国民拥有更高的公积金储蓄,能够享受到更全面的社会保障服务;"组屋计划"是新加坡社会保障体系中最有代表性的制度,在市场经济的环境下,新加坡的房屋交易权绝大部分掌握在政府手中,极大地保障了新加坡国民的住房权益,促进了新加坡政府提出的"居者有其屋"目标的实现。

从国家文化和人口构成看,新加坡的华裔居民占到全国总人口的 70% 以上(2022 年数据)[④],儒家文化等中国传统文化在新加坡广为流行。尽管工业化进程导致了家庭和社会结构的变迁,但是由于历史文化的深刻影响,新加坡政府仍然重视家庭在社会保障中的作用,强调以家庭为中心维护社会稳定和经济发展。新加坡政府倡导儒家价值观,李光耀先生将"家国同构"的儒家思想融入福利制度建构中。例如"保健储蓄计划""健保双全计划""最低存款填补计划"等政策,规定公积金会员在保障自己的同时,也惠及配偶、子女和父母,体现了新加坡以家庭为中心的社会福利理念,家庭成

---

① 数据来源:新加坡贸易与工业部。
② 数据来源:新加坡统计局。
③ 数据来源:国际货币基金组织。2022 年,中国人均 GDP 为 1.28 万美元,位居世界第 68 位。
④ 数据来源:新加坡统计局。

员之间的社会福利紧密相连,增强了家庭凝聚力,提高了社会稳定性。同属亚洲国家,人口构成的同源性和文化的相似性,使得新加坡的经验值得我国参考和借鉴。

一、宏观经济

新加坡的经济属于外贸驱动型经济,以电子、石油化工、金融、航运、服务业为主,高度依赖周边市场,外贸总额远高于 GDP。1965 年独立后,新加坡经济经历了高速增长期,经济实现快速发展,国民收入快速提高。2001年,受全球经济增长放缓影响,新加坡经济出现了 2％的负增长,为刺激经济发展,新加坡政府提出"打造新的新加坡",转型知识经济;2008 年,受国际金融危机影响,新加坡多个产业遭到冲击,政府采取积极应对措施,推出新一轮经济刺激政策,2010 年经济增长 14.5％。2011 年,受欧债危机影响,经济增长再度放缓。2012—2016 年,经济增长率介于 1％—2％。2016—2022 年GDP 及其增速如图 8-1 所示。

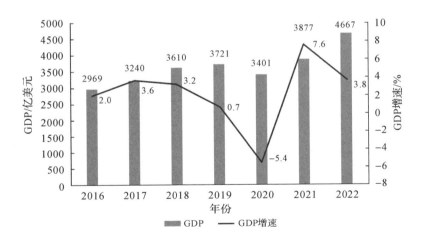

图 8-1　2016—2022 年新加坡 GDP 及其增速

数据来源:新加坡统计局。

从产业分布看，新加坡的制造业相当发达，制造业占 GDP 的比重较高。2020 年，新加坡制造业对 GDP 的贡献约为 1060 亿新加坡元，约占 21％[1]，是世界上为数不多的制造业占 GDP 比重超过 20％的国家。例如德国、日本等科技制造强国，其制造业占 GDP 的比重平均维持在 20％左右。[2] 而其他发达国家，如美国、法国，仅为 10％左右，老牌工业强国英国，2019 年只有 8.59％。2010—2020 年，新加坡各产业增加值如表 8-1 所示。

表 8-1　2010—2020 年新加坡各产业增加值

年份	农业增加值/亿美元	工业增加值/亿美元	制造业增加值/亿美元
2010	0.87	638.77	498.18
2011	0.97	705.65	547.04
2012	0.98	738.39	564.11
2013	1.06	721.12	542.52
2014	1.09	760.98	566.72
2015	1.00	748.09	557.16
2016	1.01	742.77	559.72
2017	1.06	808.38	639.18
2018	1.14	958.70	784.12
2019	1.21	906.33	728.34
2020	1.10	828.41	698.20

资料来源：世界银行年度报告。

此外，新加坡的制造业以高附加值产业为主。近些年来，新加坡积极投资"工业 4.0"，将自身的产业定位置于全球价值链的核心，在先进制造、芯片和电子业、能源化工、物流和供应链管理、精密工程等行业均拥有全球领先的公司，是全球第四大高科技产品出口国，在全球高科技跨国公司的亚洲总

---

[1]　数据来源：新加坡经济发展局（Economic Development Board，EDB）。
[2]　中华人民共和国国家发展和改革委员会. 新格局下我国制造业发展迎来新使命[EB/OL].（2021-12-17）[2023-09-26]. https://www.ndrc.gov.cn/wsdwhfz/202112/t20211217_1308310.html.

部中,新加坡就占了59%。[①] 统计数据显示,新加坡拥有超过2700家精密工程企业和300多家半导体企业,制造了全球大约70%的半导体引线焊接机,汇聚了很多工业领域龙头企业。新加坡也是知名医药企业的区域总部或重要研发中心,全球前十大收益最高的药物中,有四种在新加坡生产。[②] 高科技产业和公司的聚集也为新加坡带来了大量高收入的工作职位,为高学历国民的物质富足创造了良好的前提。

二、基尼系数与国民收入

(一)基尼系数

新加坡经济的高度发达为国民的生活富足创造了良好的基础。根据新加坡统计局的统计数据,其国内的基尼系数总体呈下降趋势,2020年达到2000年以来的最低值,为0.375,2022年基尼系数为0.378(见图8-2)。按照联合国开发计划署等组织的标准:基尼系数小于0.2表示居民收入绝对平均;在0.20—0.29表示比较平均;在0.30—0.39表示相对合理;在0.40—0.49表示差距较大;在0.6及以上表示差距很大。从这个标准看,新加坡的基尼系数处于相对合理的区间,但从发达国家总体对比来看,新加坡的国民收入差距处于发达国家中等偏大的水平,仍有可以进步的空间。

(二)国民收入

从人口分布来看,新加坡常住人口主要由100多年来从欧亚地区迁移而来的移民及其后裔组成(见表8-2),其中华人占70%以上。移民社会的特性和地理位置的影响,使得新加坡社会文化更加多元化。

---

① 数据来源:新加坡经济发展局。
② 数据来源:新加坡经济发展局。

图 8-2　新加坡基尼系数(每位家庭成员)

数据来源:新加坡统计局。

表 8-2　2020 年新加坡人口分布特征

人口分布类别	数量	
总人口/万人	568.58	
居民/万人	404.42	
	公民:352.32	
	永久居民:52.1	
非本地居民/万人	164.16	
总人口增长率/%	−0.3	
人口密度/(人/km²)	7810	
性别男女比例	957∶1000	
年龄中位数/岁	41.5	
65 岁及以上人口占比/%	15.2	
劳动力人口/万人	371.39	
劳动力人口占比/%	65.3	
居民劳动人口/万人	234.55	
大学以上居民劳动力人口占比/%	39.1	

数据来源:新加坡统计局。

2022 年,新加坡人均 GDP 首次突破 8 万美元(8.28 万美元),位居全球第六位①,就业人口月工资中位数为 5070 新加坡元(全职),同比增速高达 8.3%,实时汇率折合人民币 2.6 万元(缴纳个人所得税 3.3%、公积金 20% 后,到手 3889 新加坡元,折合人民币 2 万元)。家庭月收入中位数和家庭人均月收入近几年来总体呈上升趋势,2022 年家庭月收入中位数突破 1 万新加坡元(见图 8-3、图 8-4、图 8-5)。

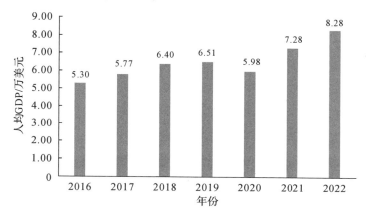

图 8-3　2016—2022 年新加坡人均 GDP

数据来源:新加坡统计局。

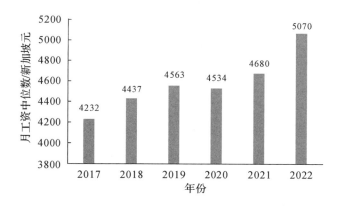

图 8-4　2017—2022 年就业人口月工资中位数

数据来源:新加坡统计局。

---

①　数据来源:国际货币基金组织。

图 8-5 2017—2022 年新加坡家庭（人均）月收入中位数

数据来源：新加坡统计局。

从以上数据来看，新加坡居民的人均 GDP 和总体收入处于较高的区间，在政府征税和转移支付后，基尼系数维持在比较合理的范围内。从这个层面上说，新加坡在国民共同富裕方面的努力成效颇丰。就社会资源分配的相对平等而言，"超富阶层的固化"成为新加坡社会的另一特点。

新加坡厉行精英主义的管理机制，普通国民的收入水平和物质保障与超富阶层所能享受到的物质水准之间，存在着无法穿透的"玻璃天花板"。此外，新加坡注重发展经济，通过低税收政策吸引全球企业进驻，通过高收入吸引全球精英人才。一方面，跨国企业的聚集有利于提高 GDP，为新加坡带来更多的财富；另一方面，对于本地居民来说，经济上绩效第一的优绩主义也成为阻碍共同富裕的"玻璃天花板"。李光耀（2013）曾说："国民的素质决定了国家的产出，区别就在于，你如何挑选国民，如何训练、组织并最终管理他们。"这也映射了新加坡一直以来的政治理念，即以国民收入衡量社会贡献，进而决定其财富和社会保障水平。

本章将从经济发展和社会保障两方面介绍新加坡的"共富之路"。经济发展与产业转型为新加坡带来了更多的机遇，提高了国民收入；而社会保障则借助政府力量保障收入较低的国民的利益，起到兜底保障作用。超富阶层的固化是新加坡共同富裕的另一特点，本章也将就新加坡在社会经济发展过程中存在的问题和难以突破的瓶颈展开论述。最后,结合中国实际,提出可为中国借鉴的经验。

第二节　发展经济:新加坡的产业转型与升级

1965 年 8 月 9 日,新加坡脱离马来西亚获得独立。独立后,新加坡面临许多挑战,国土面积有限,人口稀少,自然资源匮乏。由第一任总理李光耀领导的新加坡政府采取务实和纪律严明的治理方式,重点关注经济增长和社会稳定。

一、产业结构转型与升级

随着经济发展阶段和要素禀赋的变化,新加坡的产业结构也发生了深刻变化,其产业结构转型可以划分为三个阶段。

第一次产业结构转型:1959—1965 年,政府推动主导产业从传统转口贸易业转向进口替代型工业。

20 世纪 50 年代后期,越来越多的国家采取直接贸易的方式发展对外贸易,新加坡赖以为生的转口贸易迅速减少。1959 年获得自治权以后,为摆脱经济困境,新加坡政府颁布了一系列产业政策以促进产业结构由转口贸易转向进口替代型工业。比如,颁布《新兴工业(豁免所得税)》法令和《工业扩展法》,利用税收优惠推动工业化进程,成立专责推行工业化计划的经济发展局,创办裕廊工业区,重点选择并鼓励发展劳动密集型工业,包括纺织业、食品工业、木材加工业等。1960—1965 年,新加坡工业增加值比重从21.2％增至 26.7％,其中制造业增加值比重从 11.2％增至 14.3％。[①]

第二次产业结构转型:1966—2005 年,新加坡从发展进口替代型工业转向发展出口导向型工业,开始工业化进程。

---

① 数据来源:新加坡统计局。

1965 年独立后，新加坡失去了原料供应来源和商品销售市场，政府不得不改变经济发展战略，大力发展工业。1966 年，面对经济衰退，新加坡政府提出"反经济衰退计划"，从进口替代转向出口导向，扩大工业区规模。1967年，新加坡颁布《经济扩展奖励（减免所得税）法案》，加大税收优惠力度，以此吸引外资，大力发展金融服务、炼油以及电子电器产业。1968 年，新加坡政府重组经济发展局，设立裕廊镇管理局，扩大裕廊工业区。

1966—1980 年，新加坡服务业增加值比重从 70.3％下降至 60.3％，工业增加值比重从 26.7％增至 37.8％，其中制造业增加值比重从 14.3％上升到 27.5％，成为增长最为迅速的部门。1980—2005 年，新加坡工业增加值比重始终保持在 30％以上，服务业增加值比重低于 65％，三次产业结构基本稳定。

20 世纪 90 年代开始，新加坡制造业不断从劳动密集型产业向资本、技术密集型产业升级。由图 8-6 可知，1990—2005 年，电子产品及元件制造业增加值占制造业增加值的比重从 32.8％增加到 43.3％，生物医药产业增加值比重从 4.6％增至 13.4％，电子产品及元件制造业和生物医药产业成为制造业中的主导部门。

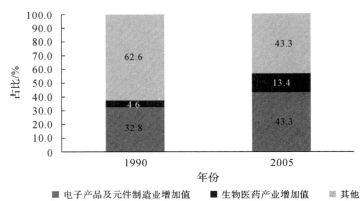

图 8-6 新加坡电子产品及元件制造业、生物医药产业增加值占制造业增加值比重
数据来源：联合国《工业统计年鉴》。

第三次产业结构转型：2006 年以后，新加坡转向知识经济，发展资讯科

技产业,服务业比重开始上升。

　　面对知识经济时代的挑战,新加坡政府认识到,在资源短缺、劳动力成本日益升高的要素禀赋的基础上,只有寻求新的比较优势,积极发展高附加值产业,才能继续保持在国际市场上的竞争优势。因此,新加坡政府做了大量的调查研究,选定了资讯科技产业和生物医药产业为重点发展产业,颁布了一系列产业政策,包括扩大工业园区规模、建设高科技咨询网络和科技城,加大人才培养力度,吸引生物医药高科技公司入驻。

　　近年来,为促进工业互联网和人工智能的发展,新加坡于 2014 年提出"智慧国家 2025"的 10 年计划,2017 年推出"国家人工智能核心"(AI.SG)计划,大力发展人工智能产业;2018 年提出"工业 4.0"计划,成立"智能工业4.0 转型联盟",帮助中小型企业找到合适的科技方案。由此,新加坡的制造业比重略有下降但基本稳定,服务业比重开始上升(见图 8-7 和图 8-8)。

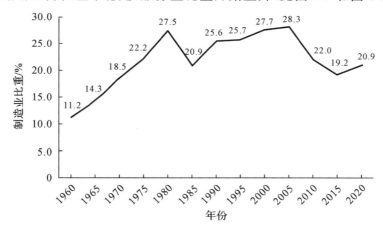

图 8-7　1960—2020 年新加坡制造业比重

数据来源:历年新加坡统计年鉴。

注:新加坡的行业分类方法不同于中国,GDP 会被分别计入商品生产业、服务业和房屋所有权三类。其中,商品生产业中的其他行业包括农业、渔业和采矿业。房屋所有权即住房的虚拟租金。

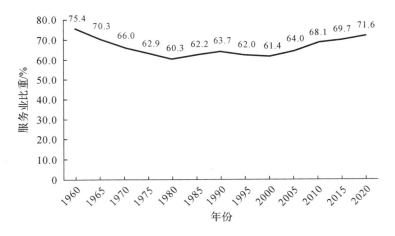

图 8-8   1960—2020 年新加坡服务业比重

数据来源:历年新加坡统计年鉴。

综上可见,在产业结构转型过程中,新加坡政府发挥了积极的作用,通过成立专门的政府职能部门、建立工业园区、制定优惠政策吸引外资投入、给予税收及贷款方面的优惠、培育并引进优秀人才等措施,不断引导产业沿劳动密集型、资本密集型、技术密集型和知识密集型方向渐进性升级。

二、智慧国家建设与"工业 4.0 时代"

2006 年 6 月,新加坡公布"智慧国家 2015"(IN2015)计划,目标包括:到 2015 年,通信行业价值翻一番,达到 260 亿新加坡元,行业出口收入增长 3 倍至 600 亿新加坡元;增加 8 万个工作岗位;90% 的家庭使用宽带,学龄儿童家庭电脑拥有率达到 100%;等等。时任新加坡副总理兼财政部部长尚达曼曾表示,新加坡实施的"电子政府 2015"发展蓝图的愿景是建立一个与国民互动、共同创新的合作型政府,以及一个无缝流畅、以民众为中心的整体型政府。[①] 以此来看,新加坡智慧国家建设的目标是,通过在线服务办理公共服务,从而实现国家管理的智能化。"智慧国家 2015"计划完成后,2014

---

① 王天乐,施晓慧. 新加坡推出"智慧国家 2025"计划[EB/OL].(2014-08-19)[2023-09-26]. http://world.people.com.cn/n/2014/0819/c1002-25490518.html.

年 6 月，新加坡政府又推出了"智慧国家 2025"（SN2025）计划，力争以新的十年计划进一步建设成为全球首个智慧国家。在新的阶段，新加坡政府建设智慧国家的重点是，强调信息技术在治理中的应用，通过数据共享等方式，实现政府更为科学有效的决策，在发展信息技术的同时也注重发挥人的主观能动性。信息技术的发展助力政府治理水平的提高，为共同富裕的科学决策提供技术支持和保障。

自德国最早提出"工业 4.0"概念后，发达国家相继推出了面向"工业4.0"的发展战略，美国、德国、日本等发达国家已逐渐步入以智能制造为核心的"工业 4.0"新阶段，加快信息技术与制造技术向智能制造方向深度融合，以抢占世界高端制造业，重新振兴国内制造业。随之，发展中国家也纷纷出台面向"工业 4.0"的发展规划和政策措施，以应对"工业 4.0"带来的机遇与挑战。2016 年 3 月，新加坡政府顺应"工业 4.0"的浪潮，正式实施产业转型计划（Industry Transformation Programme，ITP），出台六大产业群的23 个具体产业转型蓝图，并辅以其他政策措施，以通过国内产业转型快速迈向"工业 4.0"时代。

新加坡政府的经济战略与布局在其经济发展中起到了重要作用。2018年，制造业占新加坡 GDP 的比重为 20%，电子产业又占据其中的 50% 左右。半导体等产业在就业、科研和进出口方面，为新加坡带来了足够的可持续发展动力。但是，全球经济格局的变化与重组、贸易增速的下降，尤其是中美两国在半导体领域的争端，都给新加坡的发展带来各种不确定性，半导体零部件等行业受到冲击。身为小国，新加坡市场狭小、人力资源有限，单纯依靠国内资源发展先进制造业可谓捉襟见肘。中美贸易摩擦使得部分低端产业加速转移到越南等东南亚国家。新加坡政府认识到，发展智能制造业和周边国家、地区存在互补，可以通过输出技术和解决方案来获得商业利益。因此，新加坡开始向周边市场寻找落地机会，积极投身"工业 4.0"，通过输出技术发展经济。新加坡有关"工业 4.0"的计划，旨在于新的国际经济形势下应对全球价值链的重构，缓解国内经济的结构性问题，以智能制造来促进制造业的发展，推动经济在新时代的稳健发展。

从技术上而言，中国的智能制造，得益于中国广阔的国内市场以及良好的基础设施建设，因此拥有更多的发展机会。近年来，人工智能、大数据、云计算等在中国已经不是新鲜的概念，新加坡的制造业转型已经不可能像从前那样可以给予中国可复制的经验，但在商业开发与合作上，对于怎样与国外先进制造业模式进行对接，共同开发市场，新加坡模式可以给我们提供新的参考。

第三节　兜底保障：新加坡的社会保障体系

一、中央公积金制度

不同于西方福利国家"从摇篮到坟墓"的社会保障体系，新加坡强调国民个人的"自保性"，政府在社会保障中起到兜底性作用，社会保障体系遵循"低供给"的原则，强调国民个人通过努力工作以改善自身的生活状况，倡导个人在改善生活状况上的作用和价值。

新加坡社会保障体系由社会保险和社会福利两部分组成。社会保险的运作以国家强制实施个人储蓄的中央公积金制度（Central Provident Fund）为依托，是新加坡社会保障体系的主体部分；社会福利更多的是政府对于无法维持最低生活水平的成员给予救助，救助的形式有发放住房补贴、生活救济金等。

新加坡的中央公积金制度于 1955 年 7 月开始实施，设立中央公积金的最初目的是通过公积金的强制储蓄，建立国民个人的公积金账户，预先储存个人养老资金以解决职工养老问题。此后，随着经济社会的发展和国民收入水平的不断提高，新加坡国民的需求日益更新，政府根据社会发展的实际需要，不断调整、放宽公积金的用途，公积金制度开始用于除养老之外的医疗、住房、教育等其他用途，中央公积金制度的社会保障功能愈益显现。

　　中央公积金制度实行会员制,属于个人账户储存基金模式。所有受雇的新加坡公民和永久居民都是公积金局的会员,雇员和雇主必须按雇员月薪收入的一定比例缴纳公积金,计入每个会员的个人账户中。新加坡强调个人在社会保障中的自我保障作用,会员的公积金存款与其本人的收入直接挂钩,会员的薪资越高,按照比例缴纳的公积金也越高,相应的社会保障待遇水平也越高,也就是新加坡政府主张的"人民的事由人民自己掏钱",从保障资金的来源上强调个人对自己的福利保障要承担足够的责任。

表 8-3　新加坡中央公积金缴费与账户分配

单位:%

年龄段	雇员缴费	雇主缴费	总缴费率	普通账户	特别账户	保健账户
≤35 岁	15	20	35	23	5	7
36—45 岁	15	20	35	21	6	8
46—50 岁	15	20	35	19	7	9
51—55 岁	11	18	29	13	7	9
56—60 岁	8	12.5	20.5	11.5	0	9
61—65 岁	5.5	7.5	13	3.5	0	9.5
>65 岁	5.5	5	10.5	1	0	9.5

注:55 岁以下居民拥有的个人公积金账户一共分三个户头:普通户头(ordinary account,OA,可用于住房、保险和投资)、保健储蓄户头(medisave account,MA,可用于住院开支和获批准的医疗保险)、特别户头(special account,SA,可用于老年和退休相关金融产品)。年满 55 岁者的公积金账户普通户头和特别户头将合二为一变成退休账户和保健储蓄户头。

　　新加坡政府认为,西方的福利主义滋长了人们对政府的依赖,缺乏激励机制,是不可取的。因此,新加坡社会保障体系的一个突出特点是国民的自保性,建立分担机制,从发挥政府、个人和社会三者的积极性出发,政府有所为有所不为,积极介入,但不包办代替,在以政府责任为主体的传统社会保障中强调更多个人责任,不具备社会统筹和风险共济的功能。[1]

---

　　[1]　郭伟伟.独具特色的新加坡社会保障制度[EB/OL].(2009-06-17)[2023-09-26].https://www.dswxyjy.org.cn/n1/2019/0617/c427580-31157447.html#.

二、社会保障体系

(一)组屋计划

新加坡是一个城市国家，国土面积狭小而人口密度大。1959年，新加坡刚刚从英国的殖民统治下脱离，成立自治机构，社会发展较为落后，公民住房条件差，面临着严重的"屋荒"，当时200万人口中有40％的人居住在贫民窟和窝棚内，大多数民众只能居住在由木板和棕榈叶搭建的房子中，住房条件和卫生条件非常差。恶劣的居住环境导致公共卫生状况恶化和一系列社会问题，成为社会不稳定的重要因素，以至于政府将解决住房问题作为一项基本国策。

1960年，为解决国民居住问题，新加坡政府宣布成立建屋发展局（Housing & Development Board），负责新加坡住宅的规划、建设、管理和租售。第一个建房五年计划（1960—1965年）期间，建屋发展局共建设约5.5万套组屋，多为低标准、小户型房屋，注重解决基本住房需求，在五年计划前期实行只租不售的政策。1964年，独立前夕的新加坡为稳定社会局势，制定支持性住房政策，赋予民众资产，推出"居者有其屋"的组屋计划，为国民提供住房保障（李俊夫等，2012）。时任新加坡总理的李光耀（2013）提出，"我们的新社会，居者有其屋是关键"。相比于第一个建房五年计划，组屋计划建设的房屋在建造时更注重房屋的质量和国民的居住体验，并且由前期的只租不售转为以售房为主。组屋计划极大地保障了新加坡国民的住房权益，其主要包含以下几个方面的内容。

1. 政府负责公共住宅的开发和建设，由建屋发展局负责实施

在隶属关系上，建屋发展局隶属国家发展部，其财政预算由政府承担。对于政府来说，建屋发展局是国家机构的组成部分，负责制定组屋的建设规划，以实现"居者有其屋"的社会保障目标；对于市场来说，建屋发展局是最大的房地产经营商，负责组屋的建设、施工、出租、出售。在资金方面，新加

坡政府以提供低息贷款的形式给予建屋发展局资金支持,补贴亏损。住宅类型由一居室到五居室均有供应,地区分为成熟区(mature estate)和非成熟区(non-mature estate)①,此外还有针对老年人需求设计的"乐龄公寓"。

2.中央公积金制度为组屋计划提供强有力的资金保障,政府给予国民充足的购房补贴、低息购房贷款

在政府建房资金方面,新加坡政府经由中央公积金局实现对建屋发展局的财政支持。先由中央公积金局用部分中央公积金购买政府债券,政府再利用这一部分款项以低息贷款和财政补贴的形式为建屋发展局提供建设资金,减轻开发方的资金负担,确保项目顺利推进。

在新加坡国民购房资金方面,1968年政府出台《中央公积金修改法令》,允许公民动用公积金购买组屋或支付房屋贷款,解决个人购房的资金问题。国民动用公积金储蓄购买政府组屋,又促使更多的款项转入国家手中。总而言之,中央公积金制度在新加坡组屋建设中扮演了重要角色,使国家有钱建房,国民买得起房,加速了"居者有其屋"计划的实现。

1994年,新加坡启用购房津贴制度,包括额外安居津贴、家庭津贴、近居购屋津贴。补贴对象仅限于新加坡公民,以账户存款形式发放,购房时直接抵扣(见表8-4)。

表 8-4　新加坡购房津贴

补贴类型	申请条件	补贴数额
额外安居津贴 (enhanced housing grant)	月收入<9000新加坡元	≤80000新加坡元
		依据收入水平设定补贴金额,工资高低与补贴金额成反比
家庭津贴	只对购买二手组屋的公民开放	40000—50000新加坡元
近居购屋津贴	只对购买二手组屋的公民开放;住户与父母/子女居住距离在4公里以内	20000—30000新加坡元

① 成熟区是指该区域发展超过20年,周边各种设施已完备,商业中心多且文化多元。非成熟区是指该区域还未成熟,地铁站和商务中心等设施还在建设中。

国民也可以通过贷款获取购屋资金，贷款分为银行贷款和建屋发展局贷款两种。政府的组屋住房贷款利率一般是在住房公积金的存款利率上再多0.1％，一直以来稳定在2.6％左右，贷款额度可达组屋全款的90％，还款期限最长为25年。此贷款相比其他国家的购房贷款和银行贷款利率更低且相对稳定。

3.政府通过规划和立法对土地资源、炒房行为予以控制，鼓励中低收入阶层购买组屋

作为一个经济发达、市场化程度较高的国家，房屋供应在公共政策和市场经济的组合下运营，这一点较为罕见。实际上，新加坡的医疗、养老等社会保障强调个人多劳、多缴、多得，社会保障的社会统筹性不高。在此前提下，组屋计划可以说是新加坡社会保障体系的"顶梁柱"，政府提供住房，解决了国民生活中占比极大的支出。1966年，新加坡政府颁布了《土地征用法》(Land Acquisition Act)，法律规定，政府有权出于公众利益，征收任何个体、企业等主体的地用于国家建设，并有权调整被征用土地的价格，对于征收的土地，政府只需按开发前的价值进行补偿。在该项法令下，新加坡政府建设组屋的成本大大降低，建屋发展局以远低于市场价格的价格获得开发土地，保证了大规模建设组屋所需的土地，也为下调组屋价格留出了空间。1960—1980年，新加坡国有土地占比从44％上升至76％。在保证组屋建设用地的同时，政府也能够享有土地开发带来的增值收益。建屋发展局将部分土地用于商业性房产建造，以这一部分的收入弥补组屋开发亏损。

除此之外，政府也采取了一系列措施严格限制炒卖组屋的行为。建屋发展局的政策定位是"以自住为主"，限制居民购买组屋的次数。早期建设的组屋只能满足基本居住需要，居住体验一般。随着生活水平的提高，大量住户希望出售现居的老旧组屋，购买条件更好的改善性组屋。针对国民对于组屋制度的改进需求，1971年，新加坡允许组屋出售，但组屋只能售卖给建屋发展局，由建屋发展局负责再销售。1973年，新加坡放开转售市场，二手组屋可在市场上自由交易。同时建屋发展局对组屋退出也订立了严格的

规定,即一个家庭只能拥有一套组屋,不允许以投资为目的买房,所有申请租住组屋的人都需要持有有效期内的新加坡工作许可证或相关签证。放开组屋转售虽然顺应了市场需求,但也容易招致投机炒房行为的出现。因此,新加坡政府通过制定严格的退出机制,打击炒房投机行为,规范市场秩序,确保组屋建设健康、有序地进行。

4.公有住宅的合理配售以家庭收入为依据,保障了低收入者的住房权益

为了保障普通老百姓能够买得起组屋,其售价由政府根据中低收入阶层的承受能力来确定,而不是靠成本来定价,组屋定价远远低于市场价格。为保障低收入者的权益,使住房政策更加公平、有效,新加坡政府制定了一系列配套法律法规,对购房者的资格条件、补贴项目等做出严格规定。在购买条件方面,新加坡依据购入个体的不同设定了国籍身份、年龄、收入、私有财产等准入标准。政府制定了购屋准入政策,也随着生活水平的提高不断调整收入顶限。20 世纪 70 年代,新加坡政府规定,只有月收入在 1500 新加坡元以下的国民才可以申请,80 年代提高至 2500 新加坡元,随后放宽至 3500 新加坡元,这基本上保证了 80％以上中等收入的家庭能够得到廉价的组屋。近些年组屋的购房要求可以归纳为表 8-5。

表 8-5　新加坡组屋购买条件

购买条件		具体内容
身份与年龄	个人购房	需具备新加坡公民身份
	以家庭、伴侣、单身联合购房人士为单位购房	一方需为新加坡公民; 剩余申请者/参与人至少有一位是新加坡公民或永久居民(取得永久居民身份的年限要求为 3 年)
		以单身者或单身联合购房人士身份购房需≥35 岁
		以家庭、伴侣为单位购房需≥21 岁

续表

购买条件		具体内容
收入	购买公开市场转售的组屋	无限制
	从建屋发展局处购买新组屋	月收入≤21000新加坡元
	购买两居室组屋	月收入≤7000新加坡元
	购买三居室组屋	月收入≤14000新加坡元
财产	组屋申请人及实际住户名下无任何本土或海外私有物产;在申请购买或转售的30个月前无处置任何私有物产记录	

组屋制度实施以来,新加坡在国内各地兴建组屋,民众居住条件不断改善。2020年新加坡全国人口普查第二批数据显示,2020年新加坡有137万户家庭(包括公民和永久居民)。87.9%的居民家庭居住在自己拥有的房屋内,比例略高于10年前的87.2%。78.7%的居民住户住在政府组屋里,比例低于10年前的82.4%。四居室组屋是最普遍的居住屋型,约有三分之一的家庭居住在四居室组屋里,另有16.5%的居民住户居住在商品房。

同时,新加坡组屋建设的发展经历了一个由解决住房困难到增加住房面积,再到提高住房质量的过程,跨越了"有房住",开始进入"住得更好"的阶段,组屋的政策也随着国民需求的变化日益优化(见表8-6)。

表8-6 1971—2005年新加坡组屋政策变迁

年份	组屋政策
1971	允许组屋出售,但组屋只能售卖给建屋发展局,由建屋发展局负责再销售
1973	放开转售市场,二手组屋可在市场上自由交易,同时建屋发展局对组屋退出也订立了严格的交易规定
1991	推出多批户型、配备、价格、目标客群各不相同的组屋
1995	推出面向中等购买力群体的执行共管公寓(executive condominium,EC),以低于市价的价格提供与私人公寓同等配置和环境的住宅
2005	推出"设计、兴建与出售计划",让私人发展商参与公共住房的建设,建造具备私人公寓配置的高品质组屋。组屋真正做到了以经济适用房的价格,达到市场化住房的效果,住宅供应体系更加健全

政府财政支撑是新加坡组屋政策得以顺利实施的重要保障。作为市场经济国家,新加坡住房的建设与分配并不完全通过市场来实现,而是由政府主导公共住宅的开发与建设,树立了全世界范围内标杆性的公共住房保障政策。政府集中了大量人力、物力和财力,经过长期不懈的努力,最终使住房问题得到有效解决。

(二)医疗保障

新加坡医疗系统曾被世界卫生组织(WHO)评为亚洲最有效的医疗卫生系统。每年,多达 50 万人次的海外人群来新加坡接受医疗服务。在这一成就背后,新加坡在医疗保健方面的年支出却只占全国 GDP 的 4.25%(世界银行 2015 年数据),低于中国的 5.32%,更远低于美国的 16.84%。新加坡医疗体系的高效可见一斑。

新加坡医疗模式是储蓄型医疗的代表,通过建立医疗储蓄账户完成纵向积累,以解决家庭成员患病所需的医疗费用,整个制度强调以个人责任为基础,对所有国民实行统一的医疗保健。在这种储蓄型医疗保险模式下,新加坡政府补偿费用,强调国民个人承担医疗责任。20 世纪 80 年代以来,中央公积金局推出了多项医疗保健计划,主要包括保健储蓄计划(Medisave)、健保双全计划(MediShield)[①]和保健基金计划(Medifund),称为"3M"计划。

1. 保健储蓄计划

1984 年 4 月,新加坡政府推出保健储蓄计划,覆盖所有在职人员。保健储蓄计划是新加坡医疗保障体系的基础,是一种强制性的储蓄,在该计划下,个人的中央公积金内开设保健储蓄账户,每月内中央公积金参保个人须把部分公积金存进保健储蓄账户,用于医疗卫生和医疗保险的支出。除国民个人外,雇主也需要为雇员缴纳保险,缴费比例根据投保年龄调整。

政府也制定了医疗公积金的使用指南,国民保健储蓄账户内的存款,可

---

① 健保双全计划后被终身健保计划(MediShield Life)取代。

以为直系亲属(配偶、子女、父母)使用。考虑到特殊性群体,新加坡政府公积金局推出自雇人士保健储蓄计划,以保障自雇人士在急需时有能力支付其医疗费用;对于 45 岁以上人群和中低收入人群,政府对其保健储蓄计划账户进行充值,补贴其医疗卫生支出。在医疗服务的收费方面,新加坡政府统一为医疗服务定价,医疗服务从高到低分为四个等级,其缴费比例及报销比例如表 8-7 所示。

表 8-7　新加坡医疗服务缴费比例及报销比例

年龄	保健储蓄缴费比例	医疗服务等级	报销比例
34 岁及以下	月薪的 6%	A	0%
35 岁至 44 岁	月薪的 7%	B1	20%
45 岁及以上	月薪的 8%	B2	65%
		C	89%

2.终身健保计划

1990 年,为了减轻需要长期治疗的患者和重大疾病患者的医疗费用,新加坡政府推出健保双全计划。在健保双全计划下,参保人员每年缴纳一定的保费,保费金额根据参保人员的年龄设定,一般随年龄增长而增加,并且允许新加坡公民和永久居民以公积金保健储蓄账户的存款投保。这是一份自愿参加的低费用大病医疗保险,用以报销在新加坡的部分住院和手术费用。

2015 年,终身健保计划取代了健保双全计划。在新加坡,所有的新加坡公民和永久居民都在终身健保计划下受保,保费每年从公积金的保健储蓄账户中自动扣除。作为一项基本的个人医疗保险,终身健保计划提供的仅为最基础的保障,因此新加坡政府允许公民与永久居民向保险公司购买个人医保综合计划(Integrated Plan,IP)来补全医疗保障。大多数人都会选择在终身健保计划之外,额外加上个人医保 IP,这部分由商业保险公司承担,可以保障生病时入住公立医院的 A 级或 B1 级病房,或是私立医院昂贵的医疗费用,也就是我们通常所说的医疗住院保险。新加坡公民、永久居民、准证持有者都能购买新加坡的医疗住院保险,保险根据医疗账单实报实销。每个保险公司都有多种配套可选择,根据保障范围的不同,保费也不同。2018年3月31日之后,新加坡政府要求住院保险的保障最多可以提供到95%。

3.保健基金计划

1993年,新加坡政府为在保健储蓄计划和健保双全计划下仍无力支付医疗费用的贫困国民推出了保健储蓄计划,设立了医疗保健基金,以对贫困者实施医疗救济。医疗保健基金主要靠捐赠筹款,捐赠基金的收入会分发到公立医院,无法自行承担住院费用的新加坡人可以向医院的保健基金委员会申请保健基金的援助。随后,为了提升保健基金使用的针对性,新加坡政府成立了银发族保健基金(Medifund Silver)和少儿保健基金(Medifund Junior),保障老人和少儿的医疗权益。

上述三重医疗保障安全网确保了新加坡国民获得基本的医疗保障。需要说明的是,新加坡医疗保障制度的原则是要确立国民必须对自己的健康负起责任的意识,而不是让国家和社会无条件地承担医疗费用,"3M"计划正是按照这一原则而设计的。保健储蓄计划是个人通过每月储蓄为自己和家庭的医疗需求做好准备,作为强制储蓄计划,其基本特征是保障个人的基本生活需要,特别是保障国民年老时的医疗需要。非强制性的终身健保计划弥补了保健储蓄计划在保障患重病或慢性病人群时的不足,本质上是一种大病保险计划。保健基金带有救济性质,是政府为那些无力支付医疗费用的贫困国民设立的救助机制。

新加坡的医疗保障模式有利于提高个人的健康责任感,激励人们审慎地利用医疗服务,尽可能减少浪费,同时帮助了无力支付医疗费用的重病人群和贫困人口。另外,这种制度有效地解决了老龄人口医疗保健的筹资问题,减轻了政府的压力,促进了经济的良性发展。

然而,新加坡的医疗保障模式也存在一定的局限性。储蓄医疗保险只能用于个人和家庭成员的医疗消费，不能在社会成员之间互济使用。因此，新加坡的医疗保障不具备社会医疗保险模式的共济特征，对于大病风险的保障不足。新加坡强调每个人都是解决自己医疗费用的责任者，这一模式也称为自我保护模式，如果个人账户的储蓄不足以支撑医疗费用，那么可以自费或者用未来储蓄偿还。一方面，过度储蓄可能导致医疗保障需求减弱；另一方面，新加坡民间也对政府是否能妥善管理和使用公积金存在疑问，认为政府的管理不够透明，对资金使用限制过严，支付利息过低。对政府来说，如何应对民众的这些质询成为难题。

在公民身份上，新加坡公民的报销比例较高，永久居民的报销比例远低于公民。比如，新加坡公民住政府医院 B2 级或 C 级病房（6 人以上病房）的花费 100％可纳入报销范围，而同等级病房永久居民的报销比例只有 50％左右。如何平衡公民与永久居民、常住居民之间的社会保障，也是新加坡未来的社保课题。

（三）养老保障

中央公积金制度设立的最初目的即为国民筹集退休养老金，这也是这一制度最基本的功能。1955 年 7 月，中央公积金局推出养老储蓄计划，为雇员设立公积金个人账户，雇员和雇主按照一定比例缴纳养老保险，当公积金会员年龄达到 55 岁并且退休账户达到最低存款额后，可一次性提取公积金。如果存款没有达到规定的最低存款额，可选择推迟退休年龄继续储蓄公积金存款，由其配偶、子女从各自的公积金账户中转拨填补，用现金填补差额这三种方式处理公积金储蓄。政府鼓励已达退休年龄但身体健康的会员继续工作，以使他们积蓄更多的公积金存款。

随着中央公积金使用范围的逐步放宽，为避免公积金过多用于住房、医疗、教育等其他项目支付而影响养老金的积累，确保会员有足够的存款保障晚年的生活，1987 年，中央公积金局推出"最低存款计划"。规定公积金会员在年满 55 岁提取公积金存款时必须在其退休账户中保留一笔存款作为最低存款。同年,中央公积金局还同时推出了"最低存款填补计划",规定公积金会员可在父母年龄超过 55 岁而公积金存款少于最低存款额的情况下,自愿填补父母的退休户头,填补金额是最低存款额和其父母年龄达 55 岁时退休账户结存额之差。从 1995 年 7 月起,会员也可以为配偶填补,以保障其晚年生活。

2023 年 3 月,新加坡通过了延长年长员工就业补贴和部分工时员工重新雇佣津贴的相关条例,鼓励更多老年人继续工作。这与一直以来新加坡"老年人自己养活自己"的养老政策是一致的。尽管新加坡政府有丰富且健全的社保援助和保健储蓄计划,但始终无法改变老年人的处境,新加坡的老人务工现象也成为新加坡养老保障的讨论热点。有关数据显示,仅在 2022 年,新加坡就有约 20.7 万名 65 岁以上老年人干着洗碗、端碗、切菜、开出租车、摆摊、捡拾垃圾等工作,新加坡 65 岁以上老年人就业率已经达到了 30% 以上。新加坡的退休年龄为 63 岁,养老金的覆盖面也较广,退休老人继续务工的行为体现出新加坡的社会保障"不养闲人"。新加坡政府"家长式"的强制储蓄计划,近年也受到新加坡民众的抱怨,例如账户资金运用不够灵活、提现标准过于苛刻、最低存款额不断上调,让很多收入不高的阶层背负着巨大的经济压力,不敢轻易颐养天年。

目前,不少国家的养老保险都有统筹账户和个人账户两个账户,公民个人缴纳的部分进入个人账户,公民所在单位缴纳的部分进入统筹账户,统筹账户由政府社保基金统一支配,以平衡不同收入群体间的养老金差距。新加坡政府的中央公积金并未划分统筹账户与个人账户,公民和其所在单位缴纳的费用全部进入个人账户,并以普通户头、医疗户头和特别户头区分,缴纳基数因年龄而异,大多数人的缴纳基数为 37%,其中个人承担 17%,单位承担 20%。这些缴费全部进入个人账户,政府对于个人账户内的存款会有一定的利率保障,等个人账户累计余额达到一定额度且个人达到退休年龄时,可以支取账户内的存款。因此,中央公积金制度下的个人养老金与职工在职时的缴纳费用强相关,缴费越多的公民退休时的公积金越多。新加坡养老金支取标准如表 8-8 所示。

表 8-8　新加坡养老金支取标准（以退休时每月领取 2000 新加坡元养老金为例）

年龄	储蓄要求
55 岁前	个人账户需要存满 28.8 万新加坡元
60 岁前	个人账户需要存满 34.8 万新加坡元
65 岁前	个人账户需要存满 42.8 万新加坡元

数据来源：新加坡人力部。

　　然而，新加坡的养老政策（中央公积金制度）始于 1955 年，很多新加坡退休老人参与养老保险的时间为 20 世纪六七十年代，因此退休后很多公民的养老金只有 1000 余新加坡元。时任新加坡人力部部长杨莉明 2019 年时表示，全新加坡有 74% 的公积金用户每月领取的退休金不足 500 新加坡元（约合人民币 2389 元）。新加坡机构的研究显示，一个 65 岁的新加坡单身老人，每月基本开销需 1379 新加坡元（约合人民币 6590 元）。新加坡近年来通胀压力较大，老年人使用养老金维持日常生活捉襟见肘。

　　新加坡的中央公积金体系是建立在就业基础上的养老制度，缺乏社会统筹和互济功能，且面临收支平衡的压力。因此，多年来新加坡政府不断调整养老金结构，为旧制度打上新补丁：通过预估通货膨胀率、国民预期寿命等因素，逐年调高公积金的最低存款标准并限制部分成员的提款规模；为应对新加坡民众人均期望寿命的不断增长，中央公积金局推出公积金终身入息计划，以确保长寿老人可终身享受基本养老收入；为拓宽中央公积金的筹资渠道，新加坡政府启动了补充养老金制度；退休后又被重新雇佣的老人，政府将向雇主提供特别就业补贴和降低其公积金缴纳额度等优惠政策。老年人务工、是否能够"乐龄"养老，也成为新加坡养老保障中常谈常新的话题。

（四）教育与人才政策

1. 基础教育

1965 年独立后，新加坡政府认识到教育是经济发展的关键，开始大力投资教育和技能培训。1965 年，《教育法》通过，所有儿童都可以免费接受初等义务教育。在新加坡，每个孩子都需要接受 10 年以上的常规教育（小学 6 年，中学 4 年）。新加坡的教育制度强调识字、识数、双语、体育、道德教育、创新和独立思考能力并重。双语政策要求学生除了学习英文，还要兼通母语。学校绝大多数为公立，其中包括 186 所小学、152 所中学、22 所初级学院和 8 所理工学院。政府还建立了技术学院和理工学院网络，提供职业教育和培训。

1989 年 6 月，中央公积金局推出教育计划。会员可动用其公积金户头里的存款为自己或子女支付全日制大学学位或专业文凭课程的学费。可动用的款项是扣除最低存款额之后总公积金存款的 80％。学习毕业后一年需还本付息，分期付款的最长年限为 10 年。该项计划扩大了公积金支付教育费用的功能，有助于促进会员及家庭的智力投资，有利于国民教育水平的提高，促进了新加坡教育事业的发展。

2020 年，新加坡位列世界人才排行榜（World Talent Ranking）第九位，全球竞争力排名第一。经济合作与发展组织进行的国际学生评估项目显示，新加坡中学生的国际化素养优越，即全球课题的掌握、跨文化沟通等方面的综合能力，在 27 个参与评估的国家和地区当中排名第一。[1] 新加坡的基础教育水平在世界范围内处于领先位置，促进了新加坡国民素质的提升和经济的发展。

---

[1] PISA 是一项由 OECD 发起的对基础教育进行跨国比较的项目，内容是对 15 岁学生的阅读、数学、科学素养和运用知识解决现实问题的能力进行评价。自 2009 年新加坡首次参加测试以来，其排名一直位居前列：2009 年位列第四，2012 年和 2018 年位列第二，2015 年位列第一。

2.高等教育

从整体来看,受殖民统治的影响,新加坡的高等教育在教育体制与课程设置上与英国相近,但又具有新加坡式精英教育体制的特点。新加坡提倡精英教育,实行教育分流制度(见图 8-9),其理念是让优质教育资源首先满足优质学生,以使教育效益最大化。

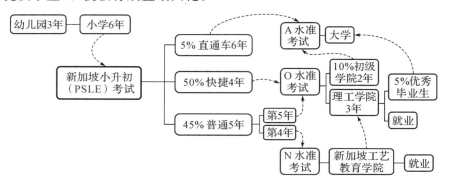

图 8-9　新加坡教育分流制度

资料来源:新加坡教育部。

新加坡的高等教育在亚洲及全世界享有极高的学术声誉,在 QS 2022 世界大学排行榜当中,新加坡国立大学(National University of Singapore)排名第 11 位,为亚洲第一;南洋理工大学(Nanyang Technological University)排名第 12 位,为亚洲第二。优质的教学资源和精英教育的教育分流制度使得新加坡聚集了大量人才。在助推经济发展的同时,较高的受教育水平也拉动了国民自身收入的提高。

3.职业教育

根据教育分流制度,在接受了 10 年义务教育后,学生分别流向初级学院(类似于我国的高中)、理工学院(类似于我国的高职)、工艺教育学院(程度略低于理工学院,类似于我国的中职)和私立教育机构。同届学生中,30％左右进入初级学院接受学术型教育,45％左右进入理工学院学习,另有20％—25％的学生进入工艺教育学院接受教育。因此,一共有 65％—70％的学生进入职业教育系统学习。

新加坡的职业教育与其国家经济发展紧密相连,随着产业结构的更迭,岗位的能力要求不断变化。在国家经济快速工业化、高科技发展和信息化、人工智能化的背景下,新加坡政府不断调整其职业教育内部结构体系,使其适应经济社会的发展。新加坡教育体系内部纵向衔接灵活顺畅,学生可以由中学升入工艺教育学院,由工艺教育学院升入理工学院,由理工学院升至大学。在新加坡的职业教育体系中,接受每个层次的职业教育的学生都可以拥有向上求学的通道,任何一种学历均不是整个学习过程的终点,接受职业教育的学生也可以取得高学历。这在一定程度上可以使更多学生选择职业教育,提升职业教育的吸引力,从而发挥职业教育在经济发展中的助推作用。

4. 人才培养

除了重视本国的基础教育、高等教育和职业教育,新加坡一直将人才看作立国之本,不断地吸引外来人才为新加坡的经济、社会发展服务。新加坡在签证、居留、子女教育、医疗等方面出台了一系列的措施,为引进人才提供工作、生活方面的便利。[1] 除此之外,新加坡也颇具特色地设立了专门的人才引进机构——"联系新加坡"。该机构在全球设立办事处,起到了沟通新加坡与海外人才的桥梁作用。在用才方面,新加坡有一套评估机制。从宏观来看,新加坡政府会通过经济和产业发展的效果来评估人才政策的实施效果,并及时做出调整。欧洲工商管理学院(INSEAD)等机构联合发布的《2023年全球人才竞争力指数》报告显示,新加坡的人才竞争力排名世界第二,仅次于瑞士,领先于美国。

可见新加坡的人才培养体系以精英主义为导向,这与新加坡的社会保障政策强调个人绩效、个人贡献不谋而合。精英主义的人才观和高度发达的人才引进政策为新加坡培养、输送了大量的人才,推动了技术进步和经济发展。但由于新加坡多发展金融、医药、电子等产业,对于人才素质要求较

---

① 资料来源:新加坡人力部。

高,吸引的人才可能会进一步拉大国内的收入差距,不利于共同富裕的良好平衡,加剧了超富阶层的固化。

(五)就业帮扶

新加坡在推行工作福利方面比较积极。新加坡政府把工作福利视为与中央公积金、强制性医疗供款及公共房屋三项社会政策并列的社会保障政策四大支柱之一。新加坡的工作福利政策与欧洲国家的一般性福利政策相比更具有选择性,强调依靠市场力量帮助政府做出支持与否的决定(见表 8-9)。新加坡的工人想要领取政府提供的财政资助,前提条件是要先寻找工作。新加坡的工作福利政策让这些领取福利资助的剩余劳动力重新投入就业市场当中,肩负起工作和家庭的责任,不致完全依靠政府提供的各式各样的社会福利服务。

表 8-9　新加坡工作福利政策六大原则

原则	内容
从工作上获得回报	就业入息补助(Workfare Income Supplement): 为在劳动市场稍欠竞争力的劳动人口提供住房津贴,向首次购买公共房屋的低收入人士提供补助金,使其能够积存资产以备不时之需
提供社会支持服务	通过工作支持和自力更生计划等,为低收入家庭提供社会支持服务,并为有小孩的家庭提供额外津贴
提升工作技能	让领取工作福利资助的低收入人士有机会提升其工作技能,从而可以有条件转换条件更好的工作; 针对低学历人士的需要,为其提供培训机会,使其能够在较高附加值的服务业工作
提高原有低薪行业的生产力和经济回报	吸引失业而有经济能力的人士重新投入劳动市场
让失业和低收入人士对将来抱有期望	为来自弱势社群的子女提供额外援助,为失业或低收入人士子女提供受教育机会,从而提高家庭的社会和经济地位
使工作福利政策配合国家的长远发展	鼓励就业和提供培训机会,提高劳动人口技能; 减少由失业现象引发的社会问题; 贯彻政府倡导的自力更生和人民不应依赖政府的大原则

新加坡社会救助理念强调从根本上解决问题,不仅在治标上继续"输血",充实社会安全网,还在治本上强化"造血"。2007 年起,新加坡政府开始执行"新加坡就业收入补助计划",进一步鼓励低收入者自力更生,尽快脱离贫困状态。根据规定,凡是就业年龄段内月收入在 1700 新加坡元及以下的就业人员,每人每年可获得 200—2800 新加坡元的奖励,其中奖励的 30%以现金支付,剩余部分转入个人中央公积金账户。

第四节　超富阶层的固化:难以突破的"玻璃天花板"

一、劳工与税收政策

在劳工政策上,新加坡至今未普遍实施最低工资制,同时未出台针对女性的同酬或反歧视政策,这些都不利于平衡收入不均问题。

在税收政策上,新加坡一直有"税收洼地"的称号,对于贸易发达的国家,低税收有利于吸引外资,发展经济,但低税收不利于发挥税收调节收入、促进收入和财富公平分配的能力,加剧了超富阶层的固化。

《新加坡税收法》是企业和个人税务相关事项的管理条例。新加坡国内税务局(Inland Revenue Authority of Singapore,IRAS)于 1992 年成立,隶属于财政部(Ministry of Finance,MOF),主要负责为政府管理税务、评估税款、征收税款、执行税款的支付,并负责新加坡国内税收征管政策的制定与执行。新加坡是世界上少有的税率低且税制单一的国家,以属地原则征税,即任何公司和个人在新加坡发生或来源于新加坡的收入,或在新加坡取得的收入,都属于新加坡的应税收入,需要在新加坡纳税。相应地,如果收入来源于新加坡境外,并且不是在新加坡收到或视为收到,则无须在新加坡纳税。每个税种分别依据不同的法律法规进行征管,构成了新加坡的税法法律体系(见表 8-10)。

表 8-10 截至 2021 年新加坡主要税种、税制及税率

税种	税制	税率		
企业所得税	新加坡对内外资企业实行统一的企业所得税政策。新加坡税法规定，企业所得税的纳税义务人包括按照新加坡法律在新加坡注册成立的企业、在新加坡注册的外国公司（如外国公司在新加坡设立的分公司），以及不在新加坡成立但按照新加坡属地原则有来源于新加坡应税收入的外国公司（合伙企业和个人独资企业除外）。	自 2010 年估税年度（即在 2010 年度缴纳 2009 财年的所得税），所得税税率调整为 17%。		
		税收减免（2020 课税年后）		
		前 10 万新加坡元部分	享受 75% 的税收减免	
		10 万—19 万新加坡元部分	享受 50% 的税收减免	
个人所得税（2017 年估税年起适用）	纳税人分为居民个人和非居民个人两类。居民个人包括：新加坡公民、新加坡永久居民以及在一个纳税年度内在新加坡留居或者工作 183 天以上（含 183 天）的外籍个人。非居民个人是指在一个纳税年度内，在新加坡留居或者工作少于 183 天的外籍个人。一般情况下，居民个人和非居民个人都要就其新加坡取得的所有收入纳税。自 2004 年 1 月 1 日起，纳税人在新加坡取得的海外收入不再纳税。	年应纳税所得额 /万新加坡元	税率/%	应纳税额 /新加坡元
		首 2 万	0	0
		后 1 万	2	200
		首 3 万	—	200
		后 1 万	3.5	350
		首 4 万	—	550
		后 4 万	7.0	2800
		首 8 万	—	3350
		后 4 万	11.5	4600
		首 12 万	—	7950
		后 4 万	15	6000
		首 16 万	—	13950
		后 4 万	18	7200

续表

税种	税制	税率		
		年应纳税所得额/万新加坡元	税率/%	应纳税额/新加坡元
个人所得税（2017 年估税年起适用）		首 20 万	—	21150
		后 4 万	19	7600
		首 24 万	—	28750
		后 4 万	19.5	7800
		首 28 万	—	36550
		后 4 万	20	8000
		首 32 万以上	22	44500
商品及服务税（GST）	对进口货物和所有在新加坡提供货物和劳务服务者征收的一种税，相当于一些国家的增值税，税负由最终的消费者负担。从事提供货物和劳务服务且年应纳税营业额在 100 万新加坡元以上的纳税人，应进行消费税营业登记。进行消费税登记的纳税人，其消费税应纳税额为销项税额减去购进货物或劳务服务支付的进项税额后的差额。	2007 年 7 月 1 日之后，消费税的税率为 7%。出口商品和服务被归为国际服务，消费税为 0%；出售和租赁无家具的住宅物业、进口和本地供应贵重金属的投资、金融服务等免消费税；商品在海外进行销售、私人交易等不适用消费税。新加坡政府分两个阶段提高消费税税率。第一次上调，从 7% 升至 8%，于 2023 年 1 月 1 日生效；第二次上调至 9%，于 2024 年 1 月 1 日生效。从 2023 年 1 月 1 日起，从海外运来新加坡的所有低值产品（低于 400 新加坡元）也将征收消费税。			

续表

税种	税制	税率		
		业主自用住宅		
		起算点	年值/新加坡元	税率/%
房地产税（税率自2015年1月1日起）	是对所有不动产，如房子、建筑物和土地征收的一种税。房地产税按年缴纳，每年1月缴纳全年的房地产税，纳税基数为不动产的年值。	首个	8000	0
		下一个	47000	4
		下一个	15000	6
		下一个	15000	8
		下一个	15000	10
		下一个	15000	12
		下一个	15000	14
		下一个	130000	16
		非业主自用住宅		
		起算点	年值/新加坡元	税率/%
		首个	30000	10
		下一个	15000	12
		下一个	15000	14
		下一个	15000	16
		下一个	15000	18
		年值高于	90000	20

续表

税种	税制	税率
其他	印花税:对与不动产和股份有关的书面文件征收的一种税。 数字税:2020年1月1日起,在全球年营业额超过100万新加坡元的海外数字服务提供商,如在12个月内向新加坡客户销售价值超过10万新加坡元的数字服务,必须在新加坡消费税系统注册并缴纳7%的消费税。 碳排放税:任何每年排放当量或超过2.5万吨二氧化碳当量温室气体的工业设施都必须注册为应税单位,并每年提交一份监测计划和一份排放报告。2019年至2023年,碳排放税税率为每吨温室气体5新加坡元。 遗产税:已于2008年2月15日取消。 此外还有信托、关税、博彩税以及对引进外国劳工的新加坡公司征收的劳工税等。	

资料来源:新加坡财政部等。

由表 8-10 可知，新加坡实行累进税率制，居民的收入在扣除可允许的支出、捐赠和个人减免之后，按照 0%—22% 的累进税率进行缴税。但如果个人在新加坡没有任何收入或年收入低于 22000 新加坡元，则无须缴纳。新加坡个人所得税中对于高收入者的最高征税率为 22%，属于发达国家中非常低的个人所得税。[①] 而均富作用明显的遗产税，也于 2008 年废止。新加坡对于企业的税收政策也较为宽松，这为一些大企业在新加坡提供了避税空间，致使政府缺乏足够的资金解决贫富不均问题。因此，税收政策对新加坡缩小贫富差距的作用较为微弱。

2022 年，新加坡公布了新的财政预算案，虽然对消费税、个人所得税、房地产税进行了上调，但整体预算案的设定目标仍然符合新加坡的价值文化，即强调"能力越大，责任越大"（见表 8-11）。

表 8-11　2022 年新加坡财政预算案税收调整幅度

消费税分两年上调至 9%	
时间	税率/%
2023 年 1 月	8
2024 年 1 月	9
个人所得税（2024 年估税年起）	
应缴税收入/万新加坡元	税率/%
32—50	22
50—100	23（现 22）
>100	24（现 22）
房地产税（2023 年分两阶段调整）	
类型	税率/%
非自住型住房	12—36（现 10—20）
自住型住房（年值超过 3 万新加坡元）	6—32（现 4—16）

---

① 据美国所得税法的规定，美国公民以及居民外国人需要就全球收入按照 10% 到 37% 的累进税率在美国缴纳联邦个人所得税；欧洲国家中，瑞士个人所得税最高税率为 40%，英国、德国和法国个人所得税最高税率均为 45%，芬兰个人所得税最高税率为 56.95%。以上数据均截至 2021 年。

消费税分两年上调至 9%	
增设(2 月第二轮拥车证公开投标开始实施)	
豪华车附加注册费级别	抵岸价(open market value)8 万新加坡元以上的车,超过 8 万元的部分须支付的附加注册费从抵岸价的 180% 调高到 220%

资料来源:新加坡财政部 2022 年财政预算案。

由新一轮的预算法案可以看出,新加坡已经在渐进性调整税收幅度,但税收水平及税收占 GDP 比重仍处于较低水平。新加坡统计局的数据显示,2022 年新加坡的税收仅占 GDP 的 14.2%(美国的税收收入约为 GDP 的 36%)。[①]

新加坡政府认为,养活自己是每个人自己的责任,而不是政府的事情。税收相当于对勤劳的人的一种"惩罚",所以通过低税,新加坡希望可以鼓励大家努力工作。通过保持低税率,新加坡也可以有效吸引一些高税率国家的人才移民,保证新加坡企业较强的国际竞争力。税收水平低、税种少,采取属地征税原则[②],因此,税收在缩小贫富差距上的作用,在新加坡表现得非常薄弱。

二、精英管理机制

在经济发展理念上,李光耀认为,要使经济得到发展,在政策上必须奉行实用主义,而不是教条主义。在受到社会平均主义思潮冲击和西方福利主义盛行的年代,李光耀指出,绝对的平均和过分的福利分配将"抑制竞争和力争上游的主动性,这样的社会将会失败"。新加坡倡导市场经济和竞争机制,使得每一位工人、经理人员、企业家和专业人士,能够在一个自由市场的经济制度底下做出最大的努力。李光耀(2013)也曾当众表示:"我们不是

[①]　OECD 的数据显示,2011—2021 年其成员税收收入占 GDP 比重的平均值约为 33%,而北欧五国税收收入占 GDP 比重的平均值达到 41.65%。

[②]　美国、中国等国家,税种多,采用全球征税的原则。

完全平等的社会。在完全平等社会，没有人会尽全力，社会将会蒙受损失。"从教育体制到储蓄式的社会保障政策，新加坡在各个层面上的管理均有精英管理的特征，换言之，新加坡社会只有在某个不可渗透的社会顶层之下，阶层才是流动的。

第五节　新加坡发展模式的独特性及其经验总结

从 1965 年独立至今，新加坡从一个极端贫穷落后的第三世界国家，发展成了人均 GDP 名列世界前茅的发达国家，其长期的经济增速没有其他国家能出其右。总结来说，新加坡在共同富裕上的努力主要由两方面构成。一是发展经济，促进产业结构转型升级。在此过程中，新加坡政府发挥了积极的作用，通过成立专门的政府职能部门、建立工业园区、制定优惠政策吸引外资投入、给予税收及贷款方面的优惠、培育并引进优秀人才等措施，不断引导产业从劳动密集型向资本密集型、技术密集型和知识密集型方向渐进性升级。二是政府兜底性的社会保障，覆盖住房、医疗、教育、养老等多个板块。中央公积金制度本质上是具有强制性的长期储蓄计划，为国民提供各类社会保障；组屋制度保障居民住房，促成"居者有其屋"目标的实现。当然，与少见的贫困居民对比，新加坡共同富裕过程中的"玻璃天花板"也难以突破。在税收政策和精英管理体制下，超富阶层固化，使得新加坡在促进共同富裕的过程中，虽然做到了国民收入的提高，但是想要达到真正的"公平共富"，仍然道阻且长。

新加坡之所以能成为全球最富有的国家之一，和它独特的地理位置、全球化定位以及税收洼地策略有着密不可分的关系。如果把全球人均 GDP 较高的国家和地区分类，可以发现，它们的模式既有相似性，也有不可复制性。第一种是像新加坡、瑞士、爱尔兰这些小规模的经济体，采取了全球化、税收洼地的策略；第二种是像挪威、卡塔尔、阿联酋、澳大利亚、新西兰、科威特、沙特阿拉伯这些国家，都主要靠变卖自己的自然资源，也无法复制。从我国的现实情况出发,我们可从新加坡的实践中剥离出以下经验。

纵观新加坡现代化的进程,产业转型是新加坡经济发展和结构转换的推进器。当前,我国正处于经济发展和产业转型的关键时期,尽管新加坡的国情与我国相去甚远,产业结构也不尽相同,但新加坡在产业转型方面的经验仍可借鉴。首先,要注重发挥政府在产业转型中的引领作用。当前,我国经济已由高速增长阶段转向高质量发展阶段,产业转型升级也随之进入关键时期。政府必须发挥引领作用,坚定不移地推进产业升级与转型,做好政策支持和引导。其次,重视制造业在产业转型中的推动作用。在经济发展历程中,新加坡注重用制造业和服务业推动经济增长。尽管全球金融危机后国际市场需求萎缩,新加坡高度外向型的制造业受到较大影响,使得制造业在其国内经济的比重持续下降,但新加坡仍将制造业升级视为国内产业转型计划的重点领域。制造业是实体经济的基础。我国建立了一个完整、独立的现代工业体系,制造业增加值超过美国成为第一制造业大国,工业经济规模居全球首位,但综合来看,与全球一流先进制造业体系相比仍有不小差距。因此,我国更要继续推进工业尤其是制造业的转型升级,发展高科技、高技术含量的工业,促进工业经济高质量发展。

从社会保障领域看,新加坡的组屋制度、中央公积金制度是其兜底贫困的有力保障。借鉴新加坡的中央公积金制度,我国也于 1994 年建立了住房公积金制度。国务院发文全面推广后,全国县级以上城镇机关、事业和国有企业单位及职工,几乎都进入住房公积金制度的覆盖范围。住房公积金制度实施多年,目前也存在着亟须改革的问题,例如,住房公积金缴存单位主要是国家机关、事业单位和国有大中型企业,非公企业公积金缴存比例低,而且个体工商户、非全日制从业人员、其他灵活就业人员以及农民工也都未被纳入住房公积金体系中;在现有住房公积金缴存制度设计下,住房公积金存缴金额与个人收入强相关,住房公积金成了"第二工资",加大了收入差距。与新加坡相比,我国人口众多,依靠政府实现房屋分配不具有现实性。但是新加坡的住房制度仍然有值得我国借鉴的地方,例如,发挥政府的宏观调控作用，加大对于住房公积金的改革力度，促进住房公积金使用、分配更加公开透明，以及采用全面严格的规定打击投机行为，等等。

新加坡的教育模式也值得我国在教育体制改革方面加以借鉴。新加坡在每一个经济发展阶段，对劳动力的文化基础和技术技能的要求不尽相同，因此政府及时调整职业教育的层次结构，以适应产业升级对不同层次劳动力的需求。随着我国经济发展方式的转变，发展高端制造业的需要不断加强，可以预见我国未来高级技术技能人才紧缺。借鉴新加坡的经验，只有将职业教育层次结构比例与我国对劳动力层次的需求比例紧密贴合，促进职业教育发展，完善职业教育体系内部的相关招生考试制度，才能有效发挥职业教育对建设制造强国、推动经济高质量发展的重要作用。

第九章　国际比较视野下
共同富裕路径之探索

本卷运用了七个国家和区域的案例,系统总结了主要发达国家及超国家联盟体在增进民生福祉、促进平等发展方面所凝结的经验和教训。我国可以通过积极的政策学习、理念转化和内部吸收及创新等多元方法和手段将域外的丰富经验转化成为我国理论知识储备的一部分,为我国下一阶段推动共同富裕提供宝贵的借鉴。

首先,从市场收入的初次分配来看,提升劳动者地位,改善劳动者在市场权力配置中的弱势位置,通过社会组织自治形式使得劳动者可以有相应的组织渠道来表达自己的观点和利益诉求,同时通过雇主雇员权力关系相互平衡的机制来促进不同利益方的理性表达、温和博弈,这样的系列化制度及组织安排都有利于创造实现共同富裕目标的初始条件。劳资双方通过文明温和的形式来协调双方立场的歧异,这也有助于化解社会中的戾气、消除社会中潜存的"冲突灶",构建和谐的劳资关系。在市场经济体制下,职员通过市场的初次分配获得合理适度的报酬始终是实现社会富足的重要一环,也是共同富裕的初始起点。如果市场经济体制下多数雇员群体收入长期偏低或是持续偏离正常的社会经济增长和生活水平增长范围,那么共同富裕的专列在这一环就无法顺利启程。

在这里,源自德国的"社会伙伴关系"在不同的发达国家扩散辐射,形成了根植于各国土壤的劳资协商机制。在本卷进行案例分析的国家中,除美国以外,几乎都有其独具特色的劳资协商机制。从国家层面而言,则存在着国家、雇主组织和雇员组织的三边协调机制。在北欧、德语文化圈、法国和日本等不同福利体制中,集体协商机制和谈判机制在市场初次分配中发挥着"增收""创富"和"托底"的重要社会功能和作用,成为保障社会共同富裕的"第一环"。这样的制度安排不仅促进了市场竞争条件下劳动者的收入随着社会经济水平的发展和进步而相应得到提升,而且也通过行业协商及确立行业最低工资等措施防止了"探底竞争"和"恶性竞争"的循环,这些都成为拱卫社会共同富裕的重要制度屏障。超国家体欧盟也吸收了源自德国的"社会市场经济"和"社会伙伴关系"模式,推进欧盟成员国实施劳资协商机制,劳资关系的平衡和赋权弱势的劳动者成为欧洲经济体推进大众富裕的重要制度安排。欧洲国家和日本形成了各具特色的谈判和协商文化,例如日本通过"春斗"协商形式,德国和奥地利则通过三级谈判形式建立了劳资之间的平衡关系和非暴力冲突形式的和平协调机制。

在这里,"共同富裕"的"第一环"还具有减轻社会冲突和摩擦的作用,特别是在古典自由主义市场竞争时期,由于缺乏劳动者的保护机制和权利代表机制,社会冲突往往以高烈度和显性化的形式呈现出来,劳动阶级在市场中的收入不能真实反映出劳动者实际劳动价值量的付出。由于劳动者无法通过市场中获取的报酬来换取基本的生存资料,因此其基本生存受到了威胁,这使得劳动阶级不得不选择"强冲突"模式来解决薪酬资源分配不公的问题,导致了市场资源分配格局中冲突的激化。欧洲国家和日本的制度化和组织化劳资协商机制改变了传统资本主义社会的冲突模式,促进了不同利益群体针对核心利益展开协商,这样的会商和谈判机制降低了社会冲突的强度和烈度,通过组织化协调的方式促进了行业和平与社会和谐,同时还有助于提高社会的凝聚力。因此,社会的和谐生产和团结凝聚减少了社会冲突和暴力事件带来的财富总量损失,从整体意义上而言有利于社会共同富裕格局的形成。

根据阿尔贝尔对于莱茵资本主义模式的分析,莱茵社会市场经济与美国市场资本主义的一个显著区别在于,莱茵模式下的劳动收入与工资并非完全由市场的力量来决定的,而是由市场和社会伙伴关系的协调机制共同决定的,这对于传统的资本主义市场经济中的财富分配是一次具有关键意义的"矫正",也就是在第二次分配之前就有了一次普遍有利于就业者和职工"薪酬权益"的"市场修正",而并非将市场中的收入分配完全交给纯粹市场的力量,两大阶级的对抗转化成为两大群体的协商。

其次,税收制度和税收调节始终是改变社会财富分配的重要手段和方式,具有再分配调节功能的税收制度是促进社会实现共同富裕的制度性安排。如果说亚当·斯密让人们意识到了市场调节那只"看不见的手"在创造财富过程中所发挥的重要功能,那么税收政策制度体系就好像一个源自国家公法体系的"看得见的信号",通过这样的信号与实际政策行动,现代社会改变了财富流动的方向,调整了财富流动的范围,缩小了社会现有存量差距,使得财富累积所产生的鸿沟不会成为阻隔社会向上流动的制度性障碍。从这个意义上来说,累进税的实施和其他各类税收例如不动产税和遗产税的实施,都是在改变固有的社会结构,通过国家公共政策的形式来改变社会的"差异格局"和"分层机制",使得遗传和社会基因对于社会成员发展与流动的阻隔效应被大幅缩限,同时一些具有较强再分配性质的税收的实施也可以减弱社会等级差异的代际传递。因此,从共同富裕角度来看,税收体系涉及的不仅是一种经济制度的安排,更是一种现代治理体系的安排。一个良好的、具有再分配性质的税收制度体系,正如北欧和日本案例所显现的那样,就是在促进社会向共同富裕方向演进;而累退税制和有利于高收入群体的税收制度安排则是在反向扩大了社会差距,产生了"逆再分配"和"逆共富"的效应。纵观欧洲、美国、日本等国家和地区的经验与教训,我们可以看到,税收制度体系构成了共同富裕治理体系内部的一环,国家通过间接分配和间接调节的形式降低了社会的差异程度,改变了代际传递的不平等效应和社会性的遗传基因,从而在整体上有助于社会提高其共享程度。

第三，以社会保障和民生福祉为基础的再分配体制构成了社会治理体系内部重要的一环，在促进社会均衡与共享发展等方面发挥着枢纽一般的关键作用。如果说税收体制是国家通过间接调控与治理的方式来改变社会中财富的流向，那么民生与社会保障则是国家通过直接调控与干预的形式来改变社会的财富分配版图。虽然各个国家或地区的福利及社会保障水平也具有较为显著的差异，但一般而言，比较接近于共同富裕类型的国家更加强调均衡与共享，随之在社会保障领域的公共社会支出也就越高，例如北欧与西欧地区的国家；反之，与共同富裕治理模式偏离程度越高的国家，其社会保障水平也就越低，社会保障的覆盖面和待遇水平则显得不足，例如美国。在这里，社会保障的一些不同子领域在促进社会实现共同富裕目标上发挥着不同的功能与作用。传统工业社会的社会保险制度是以雇员和职工为中心建立起来的一种保障制度，其目的在于防范各类工业社会的风险和人类社会一般性风险。由于具有正式就业关系的职员在现代社会是维持家计生活的中坚力量，保障其退出劳动市场后的基本福利与基本福祉就是在最大限度地保障社会多数成员，包括家庭中的女性与儿童。与社会保险有区别的是，社会救助制度是最后一道社会保护的防线，是社会保障密织的网络上保护贫困居民和生活困难居民的重要机制，通过缜密的筛查机制特别是针对收入和财产的审查，现代社会将给予有需求的居民以物质保障，防止社会出现绝对贫困现象，也同时缓解相对贫困。社会救助在社会保险之外起到了拾遗补阙的作用，填补了社会保险所不能填补的漏洞，防止了社会成员因物资匮乏而向底层流动。社会福利则是在社会保险和社会救助两大体系的侧翼发挥补充功能，一是针对社会中某些特殊类别的群体和面临不同生活境遇的困难群体所给予的物质帮扶和服务待遇，二是针对全体国民所发放和给予的无差别现金待遇和服务待遇。社会福利既可以瞄准一些特殊困难群体，也可以针对国民中的某一类别或是针对全体国民发放社会津贴及待遇，从而达到增进国民福祉和福利的功能。社会福利的给付往往与预先设置的条件脱钩，是一种不带附加条件和资格审核条件的社会待遇。社保体制中的不同子领域,包括社会保险、社会救助和社会福利等,通过相互协作和相互补充的方式来促进社会整体向共同富裕方向迈进。

在社会保障制度的基本覆盖面上,欧洲福利国家虽然初始发展的路径不尽相同,但出现了"异质同晶"(isomorphism)的社会现象,也就是不同福利体制之间出现相互学习和相互趋同的趋势,主要表现为普惠主义理念的辐射扩散。在这种思潮的影响下,主要的社会保障制度均实现了大幅扩面,逐步呈现出"全民保险"的特征。北欧国家在社会保障缘起和发展的早期历史进程中就建立了非缴费型养老金制度,通过国家财政负担的公共养老金,北欧国家较早地实现了基础养老金的全体国民覆盖。当然,在此基础上,北欧国家也叠加了与收入相关联的缴费型养老金。而在医疗保障、医疗照护和社会护理等领域,北欧也通过贝弗里奇的基本理念和方案实现了全体国民的覆盖。西欧特别是德语文化圈国家发展的路径与北欧并不相同,德国和奥地利等国家实施的主要是俾斯麦式的社会保险制度,该项制度主要覆盖具有正式劳动关系的雇员和职员群体,其制度基本理念导致了社会保险制度是以正式雇佣关系为中心的社会保障制度,制度形成之初并不具备"全民性"的特征。然而,在西欧社会保障历史发展的路径与脉络中,也呈现出了清晰的"增量普遍化"趋势。西欧各国通过多种多样的形式扩展了社会保障制度的覆盖面,例如德语文化圈国家的医疗保险的家庭联保制度,例如针对低收入群体和灵活就业群体的特殊社会保障制度的安排,同时也包含了特殊境遇下例如失业或领取社会救助制度情形下的社会保障制度安排等。德语文化圈国家还针对农业、林业和园艺业居民建立了相应的社会保障制度。总之,通过对各个群体的特殊安排,西欧国家的社会保障也努力追求"普遍主义"的目标,通过"板块拼接"的形式——也就是通过各个群体带有特殊主义性质的安排,来最终实现普遍主义覆盖的终极目标。由此可见,不同福利国家的不同模式出现了"殊途同归"的趋势,也就是均追求"普遍惠及"的价值目标,在"缴费型体制"由于其天然限制和制约无法实现普惠型目标时,国家财政就介入其中,通过混合融资(社保缴费叠加国家财政)来实现全民覆盖的目标。这也说明了，在实现共同富裕的道路上应将所有群体纳入国家基本公共服务制度的覆盖范围，不能出现一些群体被系统性地排除在国家公共政策和社会政策覆盖范围之外的状况。但为了实现"普遍惠及"的价值目标，需要针对特殊群体做出特殊主义性质的安排，针对各种不同的生活境遇和生活状况实施不同的组合政策，来最终达至融入和包含（inclusion）的政策彼岸。在这里，"特殊主义"的政策安排措施和"普遍主义"理念实现了辩证统一。无论是北欧具有浓厚贝弗里奇特征的惠民保障模式，还是西欧国家的俾斯麦社会保险模式，两种模式最终发展的路径指向都是普遍惠及的全民社会保障。

在这里需要特别指出的是，新加坡走出了一条具有本国特色的共同富裕道路。在基本劳动保障及社会保险的非商品化系数较低、社会再分配相对而言比较薄弱的情况下，新加坡在住房领域并没有将居民住房交付给市场领域，甚至没有像一些西方国家那样仅针对少数低收入群体建设带有补贴和福利性质的"社会住房"，而是国家作为最大的土地所有者尽可能掌握更多土地及住房资源，通过国家建设的"组屋"这一特殊形式将住房以远低于市场的价格出售给新加坡居民，使得多数新加坡居民得益于这一公益性质的"住房政策"，实现"居者有其屋"的社会理想。"组屋"最大限度地发挥了其住房的功能，遏制了市场炒房的投机需求。因此，在社会保险水平并不高的情况下，新加坡通过其特别的住房保障制度增进了民生福祉，创造了令社会和谐稳定的重要制度基础，使得新加坡国民不会因为住房领域的阶层分化而输在起跑线上，也不会使住房成为公民的沉重负担，这些都有利于提升社会的共同发展和共享水平。

通过对主要发达国家相关经验和教训的总结，可以发现一些值得注意、具有共性和普遍意义的社会规律，而这些共性规律可以为我国的共同富裕之路提供有益的借鉴。

其一，只有开放、融入全球经济循环圈的市场经济体才有可能实现共同富裕，而封闭性的、脱嵌于全球经济之外的国家或是非市场经济体很难走向共同富裕。认识到这个基本规律可以再次增强我们对于改革开放以来我国基本国策的信心。我国应该积极加入世界经济和世界市场的大循环中,不断提高对外开放水平,进一步促进我国国民财富的不断增加。

其二,在满足开放性、全球性和融入性的基本条件下,这些经济体都在全球产业链条和世界经济格局中占据相对比较重要的位置,都具有相应的在世界经济和全球贸易范围内的发展能力和发展实力。高税收、高福利的北欧国家同时也是具有高创新能力的国家,在全球创新指数上始终排名靠前,经济和科技的活力与其高福利融为一体。而德国和日本则是全球重要的制造业大国和工业大国,始终坚持实体产业立国的基本国策,严格防范经济过度虚拟化的趋势,德国、日本等国通过强大的产业实力和制造业实力维系其世界贸易大国的地位,在分层化的全球经济中占据着重要的阶梯位置。而小国瑞士则根据其中立国的传统实现了发展主义道路上的路径依赖,成为全球金融行业和资本市场的"避风港",源自世界各地的资本流动到瑞士,成为推动瑞士成为高度发达富裕经济体的重要推力。新加坡则是"小国大业",在国际货物贸易和物流运输中具有核心地位;法国也因其独特的、内嵌于市场经济体的国有经济模式,在不损害市场经济基本规律的前提下实现了国家在关键核心领域的控制、动员和投资,在一些高聚集型和高动员型的、关系国计民生的产业,例如航空航天、核电和高铁等领域,具有较强的竞争力,是这些关键领域的"全球玩家",这也增强了法国作为欧洲经济强国创造财富的能力,构筑了法国作为欧盟第二大经济体的底气。

其三,所有共享程度较高的国家和经济体都在不同程度上具有"强国家"的特征,而贫富差距较大的国家则因较强地奉行"自由主义"原则而偏离"强国家"和"大政府"的模式,例如美国。这样的规律充分揭示了:一个接近于共同富裕目标的国民经济实体(主权国家、超国家体等)必须具有较强的国家动员能力,同时具有较强的国家税收汲取能力和再分配能力。初次分配中由市场经济带来的显性和隐性"沟壑"需要通过国家强大的资源和财富分配及再分配效能来填平。北欧国家同时具有"强国家"和"大政府"的特点，其展开大规模的社会再分配计划，以显著缩小社会中各阶层之间的差距和空间范围内的发展差序格局。德语文化圈国家虽然皆为联邦制国家，然而其推行公共政策、社会政策和职业教育的国家能力为全世界所公认，只有强大而有作为的国家才能保证公共政策领域的"公共属性"和"公益特质"，才能成为驱动共同富裕的"元治理力量"。其他亚洲经济体，如日本、韩国和新加坡同样具有"强国家"之特征，其经济崛起初期的发展主义国家模式从本质上来说就是一种"强国家的动员模式"。国家在推动经济现代化、社会参与和系统性善治领域成为"宏观导引力量"，引导着经济、市场和社会迸发出活跃的现代化力量，同时也保留了修正市场不平等的能力。而欧盟虽然不是一个主权国家，不能拿"强国家模式"来生搬硬套，但是其显然更多受到欧洲诸国社会市场经济和社会伙伴关系的影响，逐步在经济和社会一体化过程中演进成为一个"有为和积极的超国家联盟"。在议程设置和标准设置领域成为一个社会议程的积极推动者，在联盟成员国家之侧翼扮演着共同富裕的"辅助推动者"的角色，欧盟的公共政策议程设置中也隐然体现了传统欧洲国家中历史悠久的"强国家"和"大政府"的传统。

第四个共有特征就是通过特定的政策制度安排来保障社会弱势群体的利益。现代社会的重要特征就是有意识地保障弱势群体的利益，促使弱势群体脱离传统的板块结构而向社会的中间板块集团游移。固然，一些发达国家在过去30多年出现了中产阶级板块"渗漏"的现象，阶层间的"空隙"与"间距"也呈现扩大之势，但除美国外，本卷案例中的经济体大致保持了中等收入群体占据社会大多数的形态。这种扭转社会弱势群体弱势地位和不利境遇的公共政策和社会政策措施是社会逐渐走出对抗性阶级分化、走向和谐与协同治理的重要推动力。

为了实现第四点所提到的偏向社会弱势群体的投资，美国之外的国家和经济体都创造了有利于弱势群体的权利机制和法律制度安排，通过制度性介入来扭转强弱群体之间的"梯度差距"，"权力结构的扁平化"和对于弱势群体的保护及赋权机制成为促进社会弱势群体发展的另一重要制度性诱因。这些国家通过社会政策、教育政策和司法政策对大众的福祉促进和权利保护,实现了群体性的持续"向上流动",这样的流动既是经济和货币意义上的,也是社会政治权利意义上的跃升。这种多维意义上的"提低"战略无疑有助于共同富裕目标的实现。而将"丛林法则中的弱肉强食"和"社会达尔文主义"保留在现代社会中的国家,如美国,则必然大幅偏离共同富裕的道路而呈现"逆共富"的发展态势。

总结而言,社会依据共同富裕的目标实际上已自构而成了一种治理体系,这种治理体系包含多元的子领域和"子价值目标",只有各个子集及子领域同时运作、协同发挥作用,社会才会朝着共同富裕的目标前进。共同富裕作为一种独特的现代社会治理体系,高度依赖于一个"强政府"所创造的有利于市场经济发展的宏观环境和秩序框架,必须有一个极具创新能力的教育系统和科研系统来提高社会创造财富的能力。在现代社会,任何偏离"市场经济""创新体系"和"开放环境"的经济实体都很难走向共同富裕,闭门造车、脱离于世界经济之外只能是走向边缘。只有开放融合的市场经济体和具有创造高附加值能力的创新经济体才能建立共同富裕治理体系的强大根基。在创造财富一端取得产出效能的同时,在治理一端也必须有所作为才能促进一个国家向共同富裕的目标迈进。共同富裕治理体系认识到了"强国家"和"大政府"的积极作用。只有积极有为、遵守现代法治契约的强大的政府,才能不被少数利益团体和精英团体所"俘获",而是可以更加以"全民利益保障者"的高合法性力量来弱化市场分配中所产生的"极化效应",并纠正市场力量本身所带来的贫富差距和社会不公。只有强大而有为的政府才能通过税收调控体系来调节社会财富的流向,从而改变社会财富分布的版图;只有强大而有为的国家才能运用国家动员力量来实施国土范围内的大规模再分配措施,缩小社会弱势群体和强势群体之间的"权力差距"和"财富鸿沟",显著提高社会的共享程度。在高度竞争的市场体制和创新体制之外,一个国家协调和干预市场初次分配的能力决定了社会在富裕的基础之上可以在何种程度上进一步实现"共享",也就是一国在何种程度上可以从

"总量富裕"过渡到"共同富裕"。在这里，必须看到"总量富裕"仅仅是"共同富裕"的第一步，并不等于"共同富裕"，因为"总量富裕"只反映了数量层面财富的增加和累积，并未从质量层面反映出财富是如何分配的。只有在国民财富总量增加的基础上更加均衡合理地通过再分配机制惠及大众，才能实现共同富裕。

从某种意义上来说，共同富裕治理体系也是一种包容性治理（inclusive governance），即国家的公共政策和社会政策以及基本公共资源的分配必须是有利于社会包容与覆盖的，经济发展目标、社会均衡目标和生态平衡等多元复合目标也必须有利于普遍性包容的总体目标。国家所推动的经济与社会现代化也必须是有利于社会各群体和各空间的一种相对均质的制度性安排，也特别需要关注经济、社会和文化意义上的脆弱群体、易受损群体和高风险群体，通过积极的特别政策安排来填平社会经济现代化的"缝隙"与"缺口"，防范碎片化的缺漏撕裂整个包容性治理的网络。国家的现代化公共政策体系和社会政策体系应当系统地扫描治理体系中存在的疏漏，这些疏漏既包括人群中的家庭或个体意义上的疏漏，也应包含地缘空间意义上的疏漏（例如乡村地区、海岛、山区、高原和荒漠地区等），以此来实现社会融合的目标。

参考文献

阿尔贝尔,1999. 资本主义反对资本主义[M].杨祖功,杨齐,海鹰,译. 北京:社会科学文献出版社.

艾哈德,2017. 大众福利[M].祝世康,穆家骥,译. 北京:商务印书馆.

艾斯平-安德森,2003.福利资本主义的三个世界[M].郑秉文,译. 北京:法律出版社.

白澎,叶正欣,王硕,2012.法国社会保障制度[M]. 上海:上海人民出版社.

柏拉图,1986. 理想国[M].郭斌和,张竹明,译. 北京:商务印书馆.

布西,德龙,斯坦鲍姆,2022.皮凯蒂之后:不平等研究的新议程[M].余江,高德胜,译.北京:中信出版社.

丁建定,2009.从"首次雇用合同法案"的流产看法国青年就业政策改革的艰难[J].学习与实践(7):111-114.

丁建定,李薇,2013.西方国家家庭补贴制度的发展与改革[J].苏州大学学报(哲学社会科学版)(1):36-41,191.

丁一凡,2021.法国国企的兴衰[J].法语国家与地区研究(3):1-10,90.

樊纲,郑宇劼,曹钟雄,2021.双循环:构建"十四五"新发展格局[M].北京:中信出版社.

菲尔德,荣根,2019.社会市场经济:兼容个人、市场、社会和国家[M].朱民,周弘,译. 北京:中信出版社.

弗里德曼,2004. 资本主义与自由[M].张瑞玉,译. 北京:商务印书馆.

傅高义,2016.日本第一:对美国的启示[M].谷英,张柯,丹柳,译.上海:上海译文出版社.

宫本太郎,2015.福利政治:日本的生活保障与民主主义[M].周洁,译.北京:社会科学文献出版社.

郭建军,2012.独立以来新加坡外向型经济的发展:全球化与区域化视角[D].昆明:云南大学.

郭伟伟,2009.新加坡社会保障制度研究及启示[J].当代世界与社会主义(5):76-81.

哈塞,等,2009.德国社会市场经济辞典[M].2版.王广成,陈虹嫣,译.上海:复旦大学出版社.

黄范章,2016.瑞典"福利国家"的实践与理论:"瑞典病"研究[M].北京:商务印书馆.

吉登斯,2000.第三条道路:社会民主主义的复兴[M].郑戈,译.北京:北京大学出版社.

吉登斯,戴蒙德,里德,2011.欧洲模式:全球欧洲,社会欧洲[M].沈晓雷,译.北京:社会科学文献出版社.

姜影,2014.法国国有企业管理体制改革的历程及成效[J].法学(6):61-71.

橘木俊诏,2003.日本的贫富差距:从收入与资产进行分析[M].丁红卫,译.北京:商务印书馆.

橘木俊诏,2019.格差社会[M].丁曼,译.北京:新星出版社.

考夫曼,2004.社会福利国家面临的挑战[M].王学东,译.北京:商务印书馆.

科勒-科赫,康策尔曼,克诺特,2004.欧洲一体化与欧盟治理[M].顾俊礼,潘琪昌,周弘,等,译.北京:中国社会科学出版社.

克劳斯·彼得森,陶冶,华颖,2019.为福利而增长还是为增长而福利?北欧国家经济发展和社会保障之间的动态关系[J].社会保障评论(3):24-32.

库恩勒,陈寅章,彼得森,等,2010.北欧福利国家[M].上海:复旦大学出版社.

拉詹,2011.断层线:全球经济潜在的危机[M].刘念,蒋宗强,孙倩,译.北京:中信出版社.

郎昆,冯俊新,2020.德国、法国国有经济:发展历程和经验启示[J].法国研究(4):85-95.

李光耀,2013.李光耀回忆录:我一生的挑战[M].南京:译林出版社.

李俊夫,李玮,李志刚,等,2012.新加坡保障性住房政策研究及借鉴[J].国际城市规划(4):36-42.

李实,2021.共同富裕的目标和实现路径选择[J].经济研究(11):4-13.

李实,吴珊珊,孟凡强,2019."五险一金"扩大了城镇职工收入不平等吗?[J].社会科学辑刊(2):73-87.

李实,杨一心,2022.面向共同富裕的基本公共服务均等化:行动逻辑与路径选择[J].中国工业经济(2):27-41.

李实,朱梦冰,2018.中国经济转型40年中国居民收入差距的变动[J].管理世界(12):19-28.

李薇,2017.西方国家家庭补贴制度[M].北京:社会科学文献出版社.

李姿姿,2010.法国社会保障制度改革及其启示[J].经济社会体制比较(2):108-114.

林卡,张佳华,2011.北欧国家社会政策的演变及其对中国社会建设的启示[J].经济社会体制比较(3):29-40.

刘光耀,2006.德国社会市场经济:理论、发展与比较[M].北京:中共中央党校出版社.

刘培林,钱滔,黄先海,等,2021.共同富裕的内涵、实现路径与测度方法[J].管理世界(8):117-129.

刘涛,王滢淇,2019.数字化时代的社会冲突——法国"黄背心运动"背后的税收与福利对决[J].欧洲研究(4):130-148.

刘昱辰,2018.法国当前就业形势与劳动力市场改革措施[J].法国研究(4):13-31.

卢正涛,2003.新加坡威权政治研究[D].武汉:武汉大学.

马克思,2010.资本论[M].李睿,编译.武汉:武汉出版社.

马赛厄斯,波拉德,2004.剑桥欧洲经济史:第八卷——工业经济:经济政策和社会政策的发展［M］.王宏伟，钟和，等，译.北京：经济科学出版社.

莫尔，1982.乌托邦［M］.戴镏龄，译.北京：商务印书馆.

牛航宇，2009.欧盟"开放式协调"机制在养老金领域的应用分析［D］.北京：中国人民大学.

欧文，1979.欧文选集：第一卷［M］.2版.柯象峰，何光来，秦果显，译.北京：商务印书馆.

欧文，1981.欧文选集：第二卷［M］.2版.柯象峰，何光来，秦果显，译.北京：商务印书馆.

帕尔默，2017.福利国家之后［M］.熊越，李杨，董子云，等，译.海口：海南出版社.

彭海艳，2021.北欧四国最新个人所得税制评析及启示［J］.税收经济研究（1）：7-15.

彭姝祎，2017.法国养老金改革：走向三支柱？［J］.社会保障评论（3）：135-147.

皮尔逊，2007.拆散福利国家：里根、撒切尔和紧缩政治学［M］.舒绍福，译.长春：吉林出版集团有限责任公司.

皮凯蒂，2014.21世纪资本论［M］.巴曙松，陈剑，余江，等，译.北京：中信出版社.

赛斯，祖克曼，2021.不公正的胜利［M］.薛贵，译.北京：中信出版社.

斯蒂格利茨，2020.不平等的代价［M］.张子源，译.北京：机械工业出版社.

万家星，2004.密特朗的"法国式社会主义"评析［J］.孝感学院学报（1）：75-79.

万卫东，2010.新加坡经济结构转型的特点及对中国的启示［J］.华中农业大学学报（社会科学版）（5）：1-6.

汪行福，2003.分配正义与社会保障［M］.上海：上海财经大学出版社.

王一鸣，2020.百年大变局、高质量发展与构建新发展格局［J］.管理世界（12）：1-12.

王平，周凤军，2017.新加坡工业园裕廊模式及其对中国的启示［J］.亚太经济（1）：97-102，176.

希特，2007.何谓公民身份［M］.郭忠华，译.长春：吉林出版集团有限责任公司.

徐建炜,马光荣,李实,2013.个人所得税改善中国收入分配了吗:基于对 1997—2011 年微观数据的动态评估[J].中国社会科学(6):53-71,205.

杨玉成,2019.法国国家股东作用下的国有企业"公私协同发展"[J].海派经济学(2):102-118.

郁建兴,任杰,2021.共同富裕的理论内涵与政策议程[J].政治学研究(3):13-25,159-160.

臧术美,2020.欧盟地区政策研究:改革、效应与治理[M].北京:时事出版社.

张佳华,2013."北欧模式"理念的建构、扩展与变迁———一项社会政策的考察[J].欧洲研究(2):105-119.

张金岭,2015.法国劳动力雇佣机制的革新[J].中国劳动关系学院学报(4):78-83.

中共中央马克思恩格斯列宁斯大林著作编译局,1963.马克思恩格斯全集:第十九卷[M].北京:人民出版社.

周弘,2003.欧盟社会标准化工程在社会保障制度改革中的意义[J].中国人口科学(2):10-16.

周弘,2015.欧盟社会治理的"软工具"[J].中国社会保障(5):34.

周弘,科勒-科赫,2008.欧盟治理模式[M].北京:社会科学文献出版社.

朱贵昌,2009.多层治理理论与欧洲一体化[M].济南:山东大学出版社.

朱兰,邱爽,吴紫薇,2022.发展思路、产业结构变迁与经济增长:以新加坡和中国香港为例[J].当代财经(3):3-15.

安岡匡也,2018.少子高齢社会における社会政策のあり方を考える[M].西宫:関西学院大学出版会.

本多良樹,2005.流転の中流論[R/OL].(2005-04-15)[2023-05-22].新情報センター. https://www. sjc. or. jp/topics/wp-content/uploads/2018/06/vol092_2.pdf.

柴垣和夫,1983.昭和の歴史 9・講和から高度成長へ」[M].東京:小学館.

Takahashi R,2007. 遠隔医療活用と医療人事政策による地域間医療格差是正の可能性[D].東京:早稲田大学.

藤井信幸,2012. 池田勇人：所得倍増でいくんだ[M]. 京都：ミネルヴァ書房.

武田晴人,2014. 國民所得倍増計畫を讀み解く[M]. 東京：日本經濟評論社.

下村治,1959. 日本経済の基調とその成長力 過大成長論批判と成長力の吟味 [R]. 金融財政事情,1959-02-23.

Acemoglu D，Autor D，Dorn D，et al.，2016. Import competition and the great U. S. employment sag of the 2000s[J]. Journal of Labor Economics，34(S1)：141-198.

Acemoglu D，Restrepo P，2022. Tasks，automation，and the rise in U. S. wage inequality[J]. Econometrica，90(5)：1973-2016.

Alstadsæter A，Johannesen N，Zucman G,2019. Tax Evasion and Inequality [J]. American Economic Review,109(6)：2073-2103.

Autor D H，2014. Skills，education，and the rise of earnings inequality among the "other 99 percent"[J]. Science，344(6186)：843-851.

Autor D H，2019. Work of the past，work of the future[J]. AEA Papers and Proceedings，109：1-32.

Autor D H，Katz L F，Krueger A B，1998. Computing inequality：Have computers changed the labor market? [J]. The Quarterly Journal of Economics,113(4)：1169-1213.

Bailey M，Dynarski S. Inequality in postsecondary education[M]// Duncan G J，Murnane R J. Whither Opportunity? Rising Inequality，Schools and Children's Life Chances. New York：Russell Sage Foundation，2011：117-132.

Bakker B，Felman J，2015. The rich and the great recession[J]. Finance and Development，52(2)：38-40.

Barcevicius E，Weishaupt T，Zeitlin J,2014. Assessing the Open Method of Coordination：Institutional Design and National Influence of EU Social Policy Coordination[M]. London：Palgrave Macmillan.

Bastian J，2020. The rise of working mothers and the 1975 earned income tax credit[J]. American Economic Journal: Economic Policy, 12 (3): 44-75.

Bensel R F, 2004. The American Ballot Box in the Mid-Nineteenth Century [M]. Cambridge: Cambridge University Press.

Berman Y, Milanovic B, 2020. Homoploutia: Top labor and capital incomes in the United States, 1950-2020[Z]. LIS Working Papers.

Biebricher T, Ptak R, 2020. Soziale Marktwirtschaft und Ordoliberalismus zur Einführung[M]. Hamburg: Junius.

Blauberger M, Schmidt S K, 2014. Welfare migration? Free movement of EU citizens and access to social benefits[J]. Research and Politics, 1(3): 1-7.

Bonoli G, Palier B, 1997. From work to citizenship? Current transformations in the French welfare state system[M]//Clasen J. Social Insurance in Europe. Bristol: Policy Press: 85-106.

Bound J, Johnson G, 1992. Changes in the structure of wages during the 1980s: An evaluation of alternative explanations [J]. The American Economic Review, 82(3): 371-392.

Broms R, Rothstein B, 2020. Religion and institutional quality: Long-term effects of the financial systems in Protestantism and Islam [J]. Comparative Politics, 52(3): 433-454.

Calder K, 1988. Crisis and Compensation: Public Policy and Political Stability in Japan, 1949-1986[M]. Princeton: Princeton University Press.

Card D, Lemieux T, 2001. Can Falling supply explain the rising return to college for younger men? A cohort-based Analysis[J]. The Quarterly Journal of Economics, 116(2): 705-746.

Castles FG, 1995. Welfare state development in Southern Europe[J]. West European Politics, 18(2): 291-313.

Chetty R, Hendren N, Grusky D, et al., 2017. The fading American dream: Trends in absolute income mobility since 1940[J]. Science, 356(6336):

398-406.

Chetty Raj，Hendren N，Kline P，et al.，2014. Where is the land of opportunity? The geography of intergenerational mobility in the United States[J]. The Quarterly Journal of Economics，129(4)：1553-1623.

Corak M，2013. Income inequality，equality of opportunity，and intergenerational mobility[J]. Journal of Economic Perspectives，27(3)：79-102.

Culpepper P，2006. Capitalism，Coordination，and Economic Change：The French Political Economy since 1985 [M]// Changing France：The Politics That Markets Make. New York：Palgrave：29-49.

Cunha F，Heckman J，Schennach S，2010. Estimating the technology of cognitive and noncognitive skill formation[J]. Econometrica，78(3)：883-931.

Dan F，Geide-Stevenson D，2014. Consensus among economists—An update [J]. The Journal of Economic Education，45 (2)：131-146.

Dao M C，Das M，Koczan Z，2017. Why is labor receiving a smaller share of global income? [J]. Economic Policy，34(100)：723-759.

Edwards B，Foley M，Diani M，2001. Beyond Tocqueville：Civil Society and the Social Capital Debate in Comparative Perspective[M]. Hanover：University Press of New England.

Eissa N，Hoynes H W，2006. Behavioral responses to Taxes：Lessons from the EITC and labor supply[J]. Tax Policy and the Economy，20：73-110.

Eucken W，1965. Grundsätze der Wirtschaftspolitik[M]. Hamburg：Rowohlt Taschenbuch Verlag.

Fligstein N，Shin T，2007. Shareholder value and the transformation of the U. S. economy，1984-2000[J]. Sociological Forum，22(4)：399-424.

Formisano R P，2015. Plutocracy in America：How Increasing Inequality Destroys the Middle Class and Exploits the Poor[M]. Baltimore：Johns

Hopkins University Press.

Galbraith J, 2009. The Great Crash 1929[M]. New York: Harper Business.

Gilbert N, Gilbert B, 1989. The Enabling State: Modern Welfare Capitalism in America[M]. Oxford: Oxford University Press.

Goos M, Manning A,2007. Lousy and lovely jobs: The rising polarization of work in Britain[J]. The Review of Economics and Statistics, 89 (1): 118-133.

Haller M, Hadler M, 2006. How social relations and structures can produce happiness and unhappiness: An international comparative analysis[J]. Social Indicators Research, 75: 169-216.

Heleniak T, Sanchez G N, 2016. The impact of migration on projected population trends in Denmark, Finland, Iceland, Norway and Sweden: 2015-2080[R]. Stockholm: Nordregio.

Heleniak T, Sanchez G N, 2019. The Nordic Population 2040—Analysis of past and future demographic trends[R]. Stockholm: Nordregio.

Hooghe L, Marks G, 2001. Multi-Level Governance and European Integration[M]. Lanham:Rowman & Littlefield.

Katz L F, Murphy K M, 1992. Changes in relative wages, 1963-1987: Supply and demand factors[J]. The Quarterly Journal of Economics, 107(1): 35-78.

Keller W, Olney W W, 2021. Globalization and executive compensation[J]. Journal of International Economics, 129: 103408.

Knudsen E, Heckman J, Cameron J, et al., 2006. Economic, neurobiological, and behavioral perspectives on building America's future workforce[J]. PNAS, 103(27): 10155-10162.

Krueger A B, 1993. How computers have changed the wage structure: Evidence from Microdata, 1984-1989 [J]. The Quarterly Journal of Economics, 108(1): 33-60.

Kvist J，Greve B，2011. Has the Nordic Welfare Model Been Transformed? [J]. Social Policy & Administration，45(2)：146-160.

Lesch H，2001. Arbeitskämpfe im internationalen Vergleich：Trends und Einflussfaktoren [J]. IW-Trends-Vierteljahresschrift zur empirischen Wirtschaftsforschung，28(3)：5-28.

Lessenich S，1994. Three Worlds of Welfare Capitalism-oder vier? Strukturwandel arbeits-und sozialpolitischer Regulierungsmuster in Spanien[J]. Politische Vierteljahresschrift，35 (2)：224-244.

Liesbet H，Gary M，2003. Unraveling the central state，but how? Types of multi-level governance[J]. American Political Science Review，97 (2)：233-243.

Liu T，2018. Occupational safety and health as a global challenge：From transnational social movements to a world social policy[J]. Transnational Social Review，8(1)：50-63.

Marshall T H，1950. Citizenship and Social Class [M]. Cambridge：Cambridge University Press.

Martin E C，2022. Regulating the risk of debt：Exemption laws and economic insecurity across U. S. States，1986-2012 [J]. American Journal of Sociology，128(3)：728-767.

Mayer J，2016. Dark Money：The Hidden History of the Billionaires Behind the Rise of the Radical Right[M]. New York：Doubleday.

Meltzer A，Richard S，1983. Tests of a rational theory of the size of government[J]. Public Choice，41(3)：403-418.

Miles R，Thränhardt D，1995. Migration and European integration：The dynamics of inclusion and exclusion[M]//Boundaries of Welfare States：Immigrants and Social Rights on the National and Supranational Level. London：Fairleigh Dickinson University Press：177-195.

Narayan A，Weide R，Cojocaru A，et al.，2018. Fair Progress?：Economic

Mobility Across Generations Around the World. Equity and Development
[M]. Washington, D. C. : World Bank.

Nichols A, Rothstein J, 2015. The earned income tax credit[M]// Economics
of Means-Tested Transfer Programs in the United States, Volume 1.
Chicago: University of Chicago Press: 137-218.

Noe T, Parker G, 2005. Winner take all: Competition, strategy, and the
structure of returns in the internet economy[J]. Journal of Economics and
Management Strategy,14(1): 141-164.

Nora S, Minc A, 1978. L'informatisation de la société : rapport à M. le
Président de la République[M]. Paris: La documentation française.

Palier B,1997. A 'liberal' dynamic in the transformation of the French social
welfare system[M]// Clasen J. Social Insurance in Europe. Bristol:
Policy Press:20.

Palier B, 2014. La Réforme des Retraites[M]. Paris: PUF.

Peck J, 2001. Workfare States[M]. New York: Guilford.

Pierson P, 1998. Irresistible forces, immovable objects: Post-industrial
welfare state confront austerity[J]. Journal of European Public Policy, 5
(4):539-560.

Radaelli C M, 2003. The Open Method of Coordination: A New Governance
Architecture for the European Union? [M]. Stockholm: Swedish
Institute for European Policy Studies.

Ranaldi M, Milanovic B, 2022. Capitalist systems and income inequality[J].
Journal of Comparative Economics, 50(1): 20-32.

Rotko-Wynn K. Giving USA: The Annual Report on Philanthropy[EB/OL].
(2020-06-21)[2023-03-29]. https://store. givingusa. org/pages/annual-
subscription.

Saez E, Zucman G, 2016. Wealth inequality in the United States since 1913:
Evidence from capitalized income tax data[J]. The Quarterly Journal of

Economics，131（2）：519-578.

Saletan W，2006. Course of the Young Old［EB/OL］.（2006-03-19）［2023-02-28］. https：//www. washingtonpost. com/wp-dyn/content/article/2006/03/17/AR2006031702088. html.

Scher R，2010. The Politics of Disenfranchisement：Why is it So Hard to Vote in America［M］. Oxfordshire：Routledge.

Scheve K，Stasavage D，2016. Taxing the Rich：A History of Fiscal Fairness in the United States and Europe［M］. Princeton：Princeton University Press.

Seubert S,2020. Shifting boundaries of membership：The politicisation of free movement as a challenge for EU citizenship［J］. European Law Journal，26（1-2）：48-60.

Solow R M，1956. A contribution to the theory of economic growth［J］. The Quarterly Journal of Economics，70（1）：65-94.

Song J，Price D J，Guvenen F，et al. ，2019. Firming up inequality［J］. The Quarterly Journal of Economics，134（1）：1-50.

Tönnies F，1914. Rechtsstaat und Wohlfahrtsstaat. Referat，erstattet auf dem III. Kongress der Internationalen Vereinigung für Rechts-und Wirtschaftsphilosophie ［J］. Archiv für Rechts-und Wirtschaftsphilosophie，8（1）：65-70.

Vollaard H，Van de Bovenkamp H，Martinsen D S,2016. The making of a European healthcare union：A federalist perspective ［J］. Journal of European Public Policy，23（2）：157-176.

Weil D，2014. The Fissured Workplace：Why Work Became So Bad for So Many and What Can Be Done to Improve It［M］. Cambridge：Harvard University Press.

Widfeldt A，2018. The radical right in the Nordic countries［M］// Rydgren J. The Oxford Handbook of the Radical Right. Oxford：Oxford University Press：545-564.

Wiehe M，Davis A，Davis C，et al. ，2018. Who pays：A distributional analysis of the tax systems in all 50 states[EB/OL]. (2018-10-01)[2023-03-29]. https：//itep. org/whopays/.

Xu P，Garand J，Zhu L，2016. Imported inequality? Immigration and income inequality in the American States[J]. State Politics & Policy Quarterly，16(2)：147-171.

Zapf W，1994. Modernisierung，Wohlfahrtsentwicklung und Transformation：soziologische Aufsätze 1987 bis 1994[M]. Berlin：Sigma.

Zimmerman S，2019. Elite Colleges and Upward Mobility to Top Jobs and Top Incomes[J]. American Economic Review，109(1)：1-47.

Zucman G，2014. Taxing across borders：Tracking personal wealth and corporate profits[J]. Journal of Economic Perspectives，28(4)：121-148.